會考 學測 統測 拿高分祕笈

# 用心智圖寫作文

修訂版

施翔程——著

晨星出版

# 推薦序

（依學制與校名筆劃順序排列）

語文領域的學習共分六階層：記憶、理解、應用、分析、評鑑、創造。前二階層屬「語文知識」，是語文的基礎能力；後四階層屬「語文能力」，是語文的綜合表現，而作文和口語傳達就是語文能力的具體表現。在我個人從事作文教學已逾三十年的經驗中，深刻體驗到作文是訓練學生思考能力的最佳途徑，而思考能力往往決定了人一生成就的高低，因此有遠見的語文教師，通常會特別著重「作文教學」這個區塊。

在高雄師大開設「作文師資訓練班」，常被要求推薦「理想的作文教學用書」，我總是搖頭以對，因爲根本不存在這樣的書。最近，看到施翔程老師的《用心智圖寫作文》，眼睛頓覺一亮，細讀之後，更認定是一本實用性頗高的好書。其書值得推許之處有三：

第一、用心智圖引導學生寫作文，是快速有效引導學生進入作文主題、擬定寫作大綱、尋找寫作材料的方法，而引導的過程就是訓練學生思考能力的具體作爲。書中的「聯想心智圖」是十分具體且極具參考價值的教學材料，作者能著力於此，可謂得其環中矣。

第二、學生完成一篇作文須經六步驟：審視題目、確立意旨、尋思材料、擬定大綱、逐段寫作、修改潤飾。本書各單元的安排能協助教師順利進行這六步驟的引導，即使是學生自學，也能依循書中的說明，達到無師自通的效果。

第三、「師生對照鏡」在評點學生作品後，加以改寫，可讓學生從比較中修訂錯誤、增潤詞采、領悟技巧，是十分具有創意的作法。

綜觀全書，能摒棄傳統的作文參考書，貼近學生寫作步驟來作安排，大幅度提昇了教學或自學的實用性，每一題目之下的各項解說，提綱挈領、深中肎綮，尤其每一主題都有作者自撰的「教師範文」可供觀摩，更可見作者的才華與用心，讓我深覺是一本值得推薦的好書。

高雄師範大學國文學系教授　陳宏銘

## 一本值得肯定的好書

在台灣，考試引導教學是非常普遍的現象，舉凡與升學相關的科目就特別受到眾人的關注。其中寫作測驗就是近年來很受矚目的一項，以大學入學考試（學測與指考）的國文科作文題為例，往往占該科目總分的一半，影響著成績的優劣；而在升高中的基測方面，作文不僅列為獨立的考科，若有總分相同的情形，則以作文分數做為評比標準，其重要性自不在話下。往昔在高職升科技大學的部分是不加考作文題的，但自九十九年開始，作文題伴隨著國文科目一起施測，約占總分近四分之一的比例，有著舉足輕重的地位。由此，不管是教師或學生，都需要一本優秀的作文教材，用以增進課程的效能。

翔程老師精心撰寫的大作——《用心智圖寫作文》，就是一本兼具理論與實務的好書！全書以「思考」為出發點，藉由心智圖的方式，將不同的主題以深入淺出的方式帶出，讓教師的教學生動而紮實，也使學生的學習充滿樂趣與效率，值得肯定並推薦給大家。

彰化師範大學國文學系教授　林素珍

寫作是學生展現其知識習得、情感抒發的主要工具，也是影響學習與溝通成敗的關鍵。因此，加強學生的寫作能力，已經成為各國教育的關切重點。

然而，如何呈現內心悸動的情感、介紹日新月異的新知、倡議與眾不同的見解，則需要了解寫作的主題內容，以及運用可行的寫作方法，方能寫出文情並重的好文章。

翔程老師在教學現場經營多年，充分了解學生的寫作需求，全書內容不僅可以認識不同寫作主題的特性，更以心智繪圖方式，協助學習者構思、聯想、組織寫作素材；同時，藉由學生作品的實際批閱與教師的改寫，可以使學習者得到立即的回饋與參照，使學生得到完整的學習。

本書編撰用心，是一本適合中學生學習寫作、教師教學運用的好書；樂見本書的出版，更期盼更多人從書中涵養出寫作的能力與興趣。

臺中教育大學語文教育學系副教授　楊裕貿

閱讀使人學識淵博，寫作使人思考精確。然而如何讓閱讀與寫作更有趣味與效率，一直是老師與學子的難題。以往只有數學老師在課堂上問大家「懂了沒」？國文老師則是問大家「背起來沒」？但真正的閱讀，不是只有記憶，而是一種超文本的理解；唯有對作品深度的體會，才能將作品中的能量轉化為寫作的憑資。

施老師以豐富的教學經驗所完成的《用心智圖寫作文》，用生動的例子深入淺出地帶領讀者翱翔在閱讀到寫作的天空，裡面所提供的方法深刻而實用，無論是老師的教學，或同學們想提升閱讀與寫作能力，相信都有非常大的幫助，尤其是書中文情優美，充滿愛與想像，任何時候讀，都會感到溫暖與快樂。

臺灣師範大學國文學系教授　徐國能

身爲教學現場的工作者，閱讀翊程師的力作後，充滿欣喜。如眾所知：書寫，能訓練歸納、分析、組織等能力，活絡思維，淨化情緒與人生。是以，如何使書寫模式不僵化，學習者思維不固著，不以記憶背誦代替理解、表意，更形重要。本書的「聯想心智圖」能發揮活絡思維的功用，補足了坊間作文書籍闕如之處，作者的用心與創意，令人讚賞！此外，本書對思路方向的啓發、遣詞造句的修練、謀篇構思的借鏡，均有所著墨，可以引導學習者增進自己的書寫能力。

欣見優秀的教學參考書籍問世，願推薦給需要的人！

成功中學教師　徐淑慧

執教高中多年，深感即使入學測驗考了高分的學生，許多仍欠缺基本的語文表達能力，甚至畏懼寫作，然而受限於教學時數，大多高中老師通常難有太多時間指導作文。必須能在國中階段就悟略作文的要領，才能在高中培養出更精進的寫作能力。但坊間有關中學生作文教學的書籍雖不少，或偏重於抽象的理論，或缺乏清楚的層次，或難有適合的範文。

看到施老師的這本書，的確令人耳目一新，觀其體例設計，能緊密配合教學實境，結合圖表與文字，師與生作文並列，俱見創意。觀其架構層次，能先誘導同學聯想，再提供了寫作的方法、範文、詞彙材料，繼之以精選佳句、仿句練習最後尚有相關類題、延伸閱讀，可見其縝密。

再仔細看書中題目的安排，也能跳脫傳統的分類，格外清楚具體。內容相當完備豐富，編排卻綱目井然。教師可輕鬆運用於教學中，學生也容易自修。我覺得這是一本眞正用心瞭解中學生的作文津梁，也相當樂於爲之推薦。

臺中一中教師　紀鴻斌

如果問問臺灣中學生國文科的學習瓶頸是什麼，相信絕大部分學生的答案會趨於一致，那就是「作文」。學生視作文爲畏途早已是不爭的事實；然而在競爭激烈的升學考試中，作文絕對占有決定性的關鍵地位，所以如何在課餘之暇自我充實，提升寫作能力，益發顯得重要。

坊間作文參考書琳瑯滿目，但是或內容生硬，不合時宜；或方法僵化，效果有限。施翔程老師這本書則格外令人驚豔和感動，不但內容題材活潑新穎，貼近生活經驗；而且方法步驟具體可行，從審題立意到文字修辭都能從較爲宏觀開闊的角度出發；心智繪圖的運用更能協助學生拓展思維想像空間。若能善用此書，相信寫出來的作品一定會與眾不同，產生吸睛的效果。

這是一本適用於教師作文教學，中學生課後自學的優秀書籍，非常值得向您推薦！

臺中女中教師　楊宜祥

初識翔程時，他是個十八、九歲的文藝少年，耽溺在美好文字的書寫中，他以細膩、多情手法馳騁文思，在校園中寫下一頁璀璨傳奇。浸淫中文領域多年後，他返回母校執起教鞭，在國文教學上用功日深，深獲學子的喜愛。課餘之暇，他廣泛閱讀，充實自己的學養，並且在作文教學上用心琢磨，期盼能在「詩無達詁、文無定法」的困境中爲莘莘學子理出一套別出心裁、另樹一格的作文方法論。這本《用心智圖寫作文》就是他修練多年後，將心血結晶化成的葵花寶典。

在這個地球村的時代，語文表達的重要性是不言而喻的，而語文表達中的重點不外乎「怎麼說」、「說什麼」。「怎麼說」是表現手法的良窳差異，「說什麼」是內容層次高下的問題。一本好的作文指導應該教導孩子從日常生活中找到可思可感的素材，引導他們「審題」、「立意」、「謀篇」；更要引導孩子分辨詞語的精義、了解成語、典故的用法，並教導他們熟練各種修辭技法，使文辭華贍豐美，文意清新暢達。這本書中最令人驚豔的部份是老師根據學生的習作所修改而成的文章，如果說「教師範文」是作者「自炫才學」，那麼修改文章就是「成人之美」。而以一個教師身份來說，「自炫才學」固然令人驚喜；「成人之美」顯然更是功德無量。

一個孜孜不倦的作文教師，一本「要把金針度與人」的實用指導，相信必能一新作文教學的風貌，必能引領學子一窺作文的堂奧，人人修練成「寫作好手」。

精誠中學教師　胡寶雲

好奇是天性，人人生而有之，但對世界保持好奇卻極其不易。孩童時我們新鮮於生活物事，總是躍躍欲試，當物事漸成慣常，好奇逐漸耗損，生活也變得一無所感。

學生常說，不知道寫什麼?我認爲，寫的首要該是「問」，透過問保持我們對這個世界的好奇，引領我們觀察生活異同。「問一個好問題」不是容易的事，書裡的「問題與思考」是我的最愛，禮記說「善問者如攻堅木，先得其易者，後其節目，及其久也，相說以解」，翔程教我們化身爲善問者，引導我們「怎麼問、問什麼」，從易處下手，藉由問而思，再以心智圖爬梳整理，有節有目地系統化寫作素材，學生便能從中擷取所需，羅列燦爛美好的星圖。我想，學習寫作的人都應入手一本這樣的書。

雲林縣建國國中教師　周思穎

## 飛躍的靈思

翔程老師是我參與全國語文競賽，作文集訓時認識的才俊青年。那時隨意聊起，知道他除了準備作文比賽之外，更耗費心力編寫作文書籍。

從構思到完成花費許久時間，這意味著這本書絕非應付了事，而是慢工出細活，思達到精緻實用之扛鼎作品。

市面上作文書浩如繁星，大多是以「速成」爲依歸，強調一本可以包攬全部考試。殊不知，寫作需要時間研磨，加以精釀萃取，方能鍛鍊出深邃感人的文字。

飛躍的靈思還要植基於肥沃的土壤，翔程老師大方分享生命之作，透過各種方式解構題意，挹注思想的養分，讓害怕寫作的學子不再迷霧巡航，而是有了探照有了引路。雖言文無定法，但循著前人步伐，定能走出自己一幕風景。相信此書一出，必將嘉惠無數。我很期待新書出版，更祝福他繼續在文字中深耕！

臺中市大墩國中退休教師　林世明

# 前言

## 架構完整，作文教學有所依循

這本書的發想，來自於一個宏闊浪漫的想像。初執教鞭時，我便期許自己能建構起一套教學資料庫，只要看見孩子為某個文題皺眉時，就能遞與他們一份講義解惑。為之析分裡頭範文的優缺；提供精練雋永的詞句；擬出各式大綱，演示文章裡能涵納的不同風景。

隨著各種升學考試紛紛恢復寫作測驗，許多學校於定期考試時，也開始將作文納入評量，以磨銳孩子的文筆。但寫作測驗，不像其他類科有明確的進度範圍可供依循，端賴命題者的乍現靈光。不僅容易造成孩子無從準備，放棄不理的狀況；且命題老師各異，可能會有疊床架屋，反覆演練的情事發生。若老師能在學期初始，依照本書目錄編排寫作訓練的進度，不僅可以完全避免上述缺點，還能在每次習練的過程，集中火力，補充相關的名家文章供孩子閱讀，從讀（輸入）寫（輸出）之間，厚植寫作能力。

本書所選的三十五個主題，多為具體物事，主要訓練孩子紮穩描摹、敘事的基本功，求其能文從字順，以物引情。之後再視孩子學習狀況，循序漸進，帶入說明、論述、心靈感觸、生活體驗等主題，以深化文章內涵。

## 多方切入，完整建構作文思路

寫作是一種繁複的心靈活動，混雜了記誦、模仿、體驗、討論、組織等程序，於是在寫作教學上，亦是技法紛呈。本書針對同一題目，設計了不同切入的教學方法，讓每位老師依孩子的需求，參酌使用。

您可以從「基礎思路」來指導作文。依循著本書「題目說明→審題→立意→謀篇」的單元，帶領孩子構築出正確平順的寫作步驟。

您可以藉「問答討論」來指導作文。本書「問題&思考」的單元，便設計了數個題目，供老師擷取叩問，以激發孩子的想像與思考。

您可以依「心智圖」來指導作文。每個單元的心智圖，羅列了該主題所能運用到的各種素材。您可以請孩子從圖表中，選擇幾項最有想法的素材，加以延伸聯想，排列段落，即能草擬出一篇大綱。

您可以由「模仿文句」的概念，來指導作文，帶領孩子脫離詞彙貧乏、句意難以連貫的困境。因受資訊、影像深化的影響，有些孩子在鋪陳長文時，的確顯得力有未逮。您不妨由基本詞句切入，從「精選佳句」、「詞彙鍛鍊」、「成語應用」、「仿句練習」等單元例句，來補強孩子語句的流暢度。

您還可利用「師生對照鏡」來指導作文，帶領孩子對照前後兩篇文章的異同處；或使用「延伸閱讀」以觀摩名家作品，彌補孩子生活體驗的不足。

## 突破窠臼，拒絕呆板制式內容

坊間作文書籍常見的缺失，如例句生硬、範文僵化、感想制式老套，在本書已不復見，突破窠臼，務使孩子能感受到文字的美善。

像在「精選佳句」裡頭，我摒除死板文言、陳腔濫調的教條，大量引用名家散文的段落，展現文學美感；像是「成語應用」中，我親撰例句，絕不將成語生搬硬套，偶以化用之法入文，盡顯文字的無窮變化；或在「教師範文」的記志述事中，放入眞實情感，拒唱仁義道德的高調；而「師生對照鏡」更非選用學生上乘之作，反而逆向操作，選擇學生有所疏漏的文章，先見其失，再增其美，更具學習成效。

最後，我想對許多參與本書的人，表達深摯的謝意。

感謝則穎、冠勛兩年的陪伴。週五晚間，你們各據書桌一角，推敲字句、振筆疾書，在稿紙上記錄著自己的過往與悸動。我在整理稿件時，重讀了你們的作品，雖未臻完美，卻能嗅聞到你們昔日青春的原味。

感謝彰師附工王駿揚老師，以及陽明國中莊淑美老師的裁成。兩位良師以深厚的學養、獨到的教學眼光，撥冗審訂，使本書更能切合教學需求。

後學才疏，編寫的過程中恐有疏漏，祈請各方先進不吝指正，以作爲本書日後修訂的參考。

## 擬定教學計畫

❶於每學期初，任課老師或個人自修者，可以自選章節，作爲本學期習寫範圍。

如：第一次段考範圍為「馳思」、第二次段考範圍為「人物」、期末考則訂至「萬物」的第四節「衣物」。

❷若學校段考安排加考作文，就能從習寫範圍選擇主題，讓學生能夠從書中準備及依循。

如：甲校宣布段考命題範圍為「人物」中的「熟人」，老師能自行命題，也能從相關類題中修改出題。

❸若一個月一主題，則能於課間、課餘安排進度：

第一周：課間講解「相關類題」的異同。課餘請同學演練「詞彙鍛鍊」、「成語運用」、「精選佳句」、「仿句練習」等單元。

第二周：課間講解「題目」、「審題」、「立意」。課餘請同學書寫「問題&思考」的解答，以便蒐集書寫題材。

第三周：課間講解「心智圖」脈絡、「謀篇」、「教師範文」。課餘請同學書寫大綱。

第四周：課間講解「師生對照鏡」之優劣。課餘進行寫作練習。

❹若學生尚無該主題的生活經驗，鼓勵他們利用假期先行體驗，再作書寫。

# 如何使用本書

## 體例介紹

### 題目說明、審題、立意

❶ 除考古題外，「題目」皆由作者親筆敘寫。

❷「審題」部分，拈出題目關鍵詞，佐以例句來分析優劣，並有詳細說明。

❸ 若該單元為自行命題，則撰寫多個範例以供參考，活化學生思維，加強訂題能力。

❹「立意」部分強調該題目須側重的書寫主軸，以及該避免的缺失。

**教學建議**

若遇自命題單元，教師須多協助引導。

理想
最初的夢想
說明
曾經，我們有過這樣的夢想。
想要考取哈佛大學，躋身全世界最頂尖的知識份子；想要哼哼唱唱，變成最受人崇拜的歌者；想要大筆一揮，便能畫出一幅曠世的巨作。
但是春去秋來，有的人一步一步，愈來愈接近他們的夢想；有的人卻讓自己的夢想在歲月中摧折了。
請同學以「最初的夢想」為題，讓記憶重新回溯，自己是否也曾擁有，一個等待萌芽的夢想。
審題
國小的時候，我想當大老闆。
兩個禮拜前，我突然想做立法委員。
【說明】題目給你的時間定義，必須弄清楚。
最初的夢想
我希望月考能考到班上第一名。
我希望能發現黑洞的奧祕。
【說明】儘量不要以課業成績為內容，流於平庸。
立意
❶夢想能讓我們的生命，不斷進步。
❷成功了，能不忘初衷；失敗了，也可再回溯最初的夢想，重溫昔日澎湃的熱情。

## 問題&思考

獨創問答式的作文教學法，精心設計的題目，協助學生反思己身經驗，所應答出的答案，即是最粗略的題材。再經由心智圖、謀篇等步驟，將之剪裁成篇。

### 教學建議

- 教師教學前，可請同學先在紙上書寫答案，翌日再於課堂上，口頭分享。
- 題目有連貫性，不宜一人回答一題，應讓同一位同學全部回答。
- 若同學選擇相同的書寫主題（如母親），但某題的回答卻大相逕庭，教師可於課堂上比較分析兩者的優缺或對下文的影響。
- 教師亦能突發奇想，追問問題，補足學生思慮不足處。

### 問題&思考

❶ 請問你想選擇哪一位家人作爲主角？

❷ 請問你們一開始的關係，冷淡或是熱絡？

❸ 請問你們兩人曾有的互動爲何？

❹ 是否有某一個關鍵事件，讓你驚覺對方是你最愛的人？

❺ 若有一天，此位家人離你遠去，你的感受爲何？

## 聯想心智圖

❶ 針對該單元作思想的馳騁，任何應關注側重的部分，任何可敘及描寫的角度，都鉅細靡遺的載錄。學生可由此觸發對內容的思考。

❷ 有些思路可互補、可重疊、可互換，教師宜稍作提點。

如 2-1 親人：

- 關於爺奶——衝突的思路。

有一項為「觀念差異」，亦能套用於父母與手足。

- 關於父母——事件的思路。

有一項為「生病照料」，亦能套用於爺奶與手足。

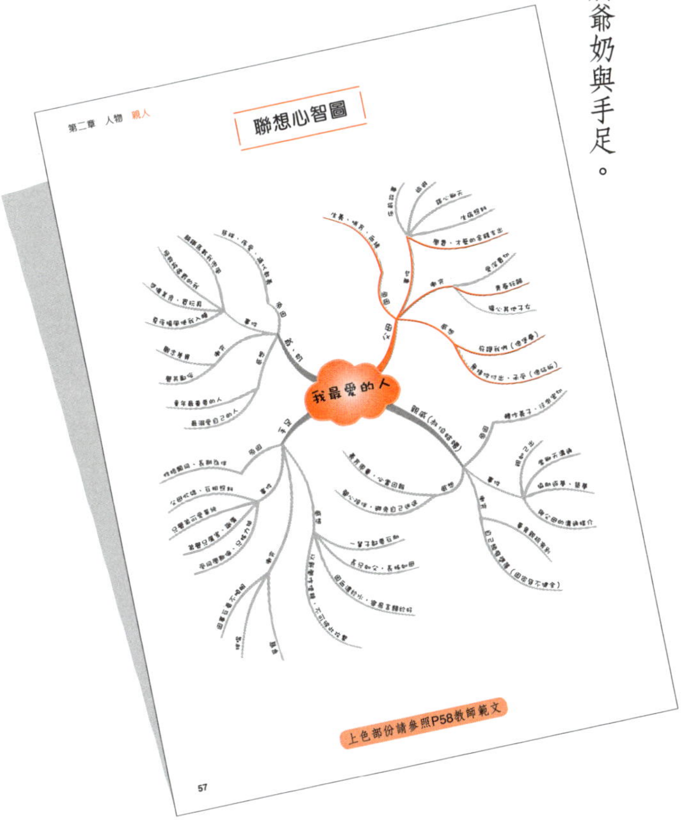

## 謀篇、教師範文

❶「謀篇」與「教師範文」，相互呼應，可讓學生觀察「如何依照大綱寫文章」。

❷「心智圖」廣拓思路，「謀篇」裁枝刪蕪，兩者有緊密關聯，可參照對看。

❸「教師範文」皆由作者親筆書寫，情感眞摯，絕非坊間教學書籍的制式文章。

❹「教師範文」的書寫視角，分以教師、學生身份輪替出現，不拘一格。

❺「教師範文」中，若遇生難字詞，亦附上解釋，讓學生能學習仿效。

**教學建議**

謀篇與心智圖皆為傳統大綱書寫的變形，也是準備提筆寫文章前最重要的部分。教師可請同學在隨堂測驗紙上書寫，再由老師收回評閱，及時提醒學生有否謬誤，也便利之後整篇文章的批改。

**謀篇**

開頭：說出自己對於「夢想」的感覺與看法。

中段：以順敘法，敘述夢想演變的過程。（二選一）

➊逐漸接近夢想。

➋逐漸遠離夢想。

結尾：（二選一）

➊離夢想愈來愈近，結尾感想可以「築夢踏實」呈現。

➋離夢想變遠了，便說：「我想，夢想只是暫時離我而去，我相信自己更成熟時，能夠重新尋回，最初的夢想與感動。」

叮嚀：整篇文章的氛圍，應營造出積極向上的感覺。

**教師範文**

### 最初的夢想

輾轉得知昔時的一位朋友，在他的工作領域裡頭，發光發熱，我爲之欣喜，卻也有種淡淡的悵然。我在靜深的夜晚，對鏡獨照，看著自己的樣貌漸漸成熟，卻離自己的理想愈來愈遠了。

## 詞彙鍛鍊、成語運用

❶所附詞彙、成語、例句，皆依該單元主題所選，使學生不會難爲無米之炊。學生亦能從裡頭觸發寫作思維。

❷例句皆由作者親自撰寫，絕不生搬硬套，講求靈活運用。

- 魂牽夢縈：自搬家後，妳嬌憨俏皮的模樣，便令我魂縈夢牽，無法忘懷。（牽縈互調）
- 如沐春風：聽老師上課，便如同沐洗在春風中，那樣的舒適自在。（化用）
- 日薄西山：日落西山時，美雖美矣，卻常令人有「只是近黃昏」之嘆。（換字）
- 曉風殘月：一夜未眠，我拖著被掏空的身軀來到庭院，聽曉風，觀殘月。（化用）
- 近鄉情怯：當我坐著搖晃的公車，沿著熟悉的街道近靠家鄉時，我突然情怯起來，疑惑起自己是個過客，還是歸人？（取其意境）

**教學建議**

可規定學生，於聯絡簿、隨堂測驗紙上任選數個詞語造句。若能適度變化者，可獎勵讚賞。

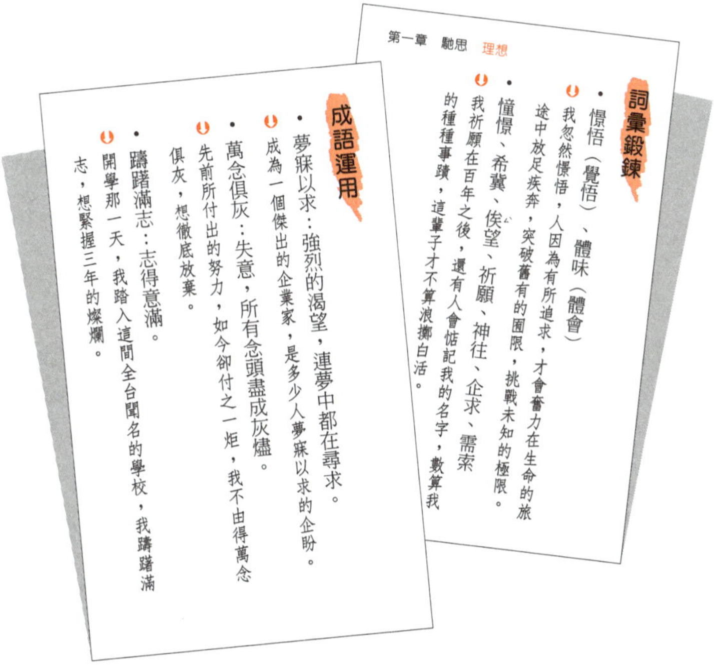
第一章　馳思　理想

詞彙鍛鍊

- 憬悟（覺悟）、體味（體會）

我忽然憬悟，人因為有所追求，才會奮力在生命的旅途中放足疾奔，突破舊有的囿限，挑戰未知的極限。

- 憧憬、希冀、俟望、祈願、神往、企求、需索

我祈願在百年之後，還有人會惦記我的名字，數算我的種種事蹟，這輩子才不算浪擲白活。

成語運用

- 夢寐以求：強烈的渴望，連夢中都在尋求。

成為一個傑出的企業家，是多少人夢寐以求的企盼。

- 萬念俱灰：失意，所有念頭盡成灰燼。

先前所付出的努力，如今卻付之一炬，我不由得萬念俱灰，想徹底放棄。

- 躊躇滿志：志得意滿。

開學那一天，我踏入這間全台聞名的學校，我躊躇滿志，想緊握三年的燦爛。

# 師生對照鏡、仿句練習

❶「師生對照鏡」的版型，以稿紙爲底，教師可依此提點學生，關於段落的比例配置、開頭與結尾的安排、段落的銜接等要點。

❷「師生對照鏡」將學生的稚嫩作品評點修改後，針對缺失重新改寫，優劣豐缺歷歷分明，方便比較解說。

❸有注解的語句，皆有襯底，使學生明白解說的語句範圍爲何。

❹注解評點，言簡意賅，絕不拖泥帶水。

❺「仿句練習」可讓學生事前習寫，增其語句鑲連的技巧。

- 例句：鄰座的同學也表示愛莫能助，因為他對數學也有極大障礙。
- 仿寫：父親也表示極為痛心，因為弟弟惹出的麻煩，已難以盡數。

## 教學建議

- 學生的缺失，大同小異。在寫作前，教師若能以此為本，強調謬誤處，讓學生避免重蹈覆轍。
- 教師亦可協助辨析，前後文章相異之處，各有何優缺，更能增加學生語感。

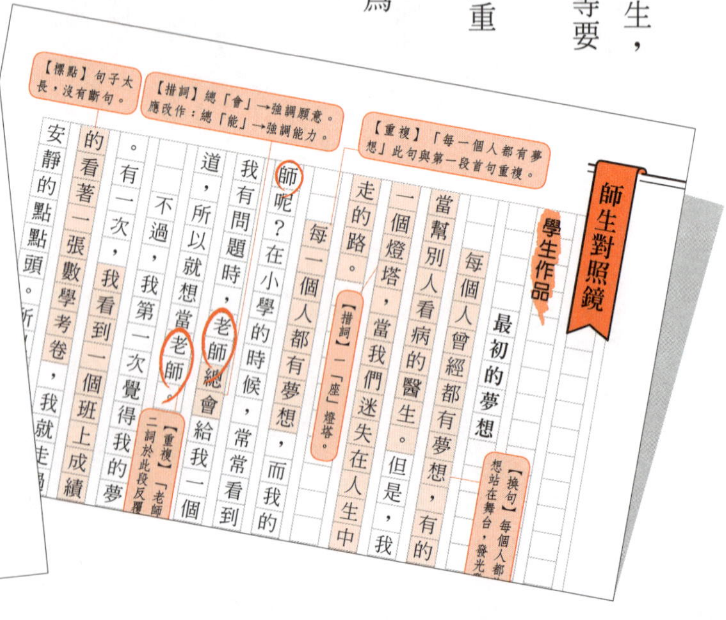
師生對照鏡
學生作品
最初的夢想
每個人曾經都有夢想，有的
當幫別人看病的醫生。但是，我
一個燈塔，當我們迷失在人生中
走的路。
每一個人都有夢想，而我的
師呢？在小學的時候，常常看到
我有問題時，老師總會給我一個
道，所以就想當老師，
不過，我第一次覺得我的夢
。有一次，我看到一個班上成績
的看著一張數學考卷，我就走
安靜的點點頭。
【換句】每個人都想站在舞台，發光
【重複】「每一個人都有夢想」此句與第一段首句重複。
【措詞】一「座」燈塔。
【措詞】總「會」→強調願意。應改作：總「能」→強調能力。
【標點】句子太長，沒有斷句。
【重複】「老師」二詞於此段反覆

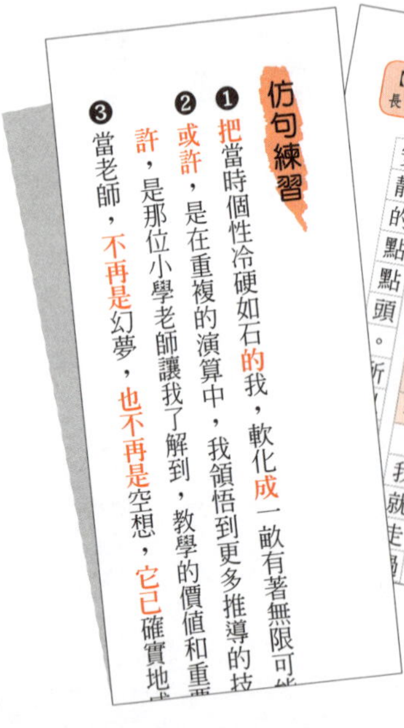
仿句練習
❶把當時個性冷硬如石的我，軟化成一畝有著無限可
❷或許，是在重複的演算中，我領悟到更多推導的
許，是那位小學老師讓我了解到，教學的價值和重
❸當老師，不再是幻夢，也不再是空想，它已確實地

## 精選佳句

❶所附佳句多從散文作品節錄，文優質美。

❷該篇散文必合符單元主題，亦可借閱、購買，一觀全貌。

### 教學建議

• 搭配延伸閱讀，擴增佳句數量，亦能分組合作，彼此共享。

• 教師能協助分析該句優美之因，如修辭、遣詞、情感等。

## 相關類題

❶羅列歷屆大學聯考、學測、指考、高中聯考、基測、語文競賽、其他類題。

❷在習寫該單元主題時，各式類題皆能充作「教師驗收」、「自我練習」之用，頗有舉一反三之用。

❸學生能於此瞭解該主題的出題重點。

### 教學建議

• 教師能在課堂上，析分各類題所側重的角度各異。

⇓ 如：2-2熟人，皆以熟人為本。〈給朋友的一封信〉應注意幾點：朋友不在身邊、書信的寫作體例、可回憶往事、詢問近況、表抒心情；但〈我從同學身上學到的事〉則側重「見賢思齊」的過程與改變；而〈真正的朋友〉必須點出真正朋友需要具備哪些條件，以及自己如何覓得。

• 亦能請同學任選數題，擬作大綱，於黑板或隨堂測驗紙，書寫分享。

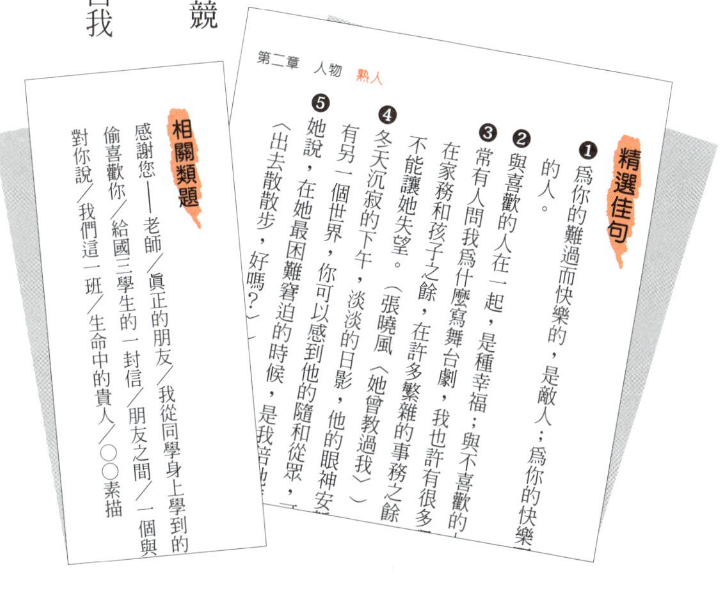
第二章　人物　熟人
精選佳句
❶為你的難過而快樂的，是敵人；為你的快樂
的人。
❷與喜歡的人在一起，是種幸福；與不喜歡的
❸常有人問我為什麼寫舞台劇，我也許有很多
在家務和孩子之餘，在許多繁雜的事務之餘
不能讓她失望。（張曉風〈她曾教過我〉）
❹冬天沉寂的下午，淡淡的日影，他的眼神安
有另一個世界，你可以感到他的隨和從眾，
❺她說，在她最困難窘迫的時候，是我陪
〈出去散散步，好嗎？〉
相關類題
感謝您——老師／真正的朋友／我從同學身上學到的
偷喜歡你／給國三學生的一封信／朋友之間／一個與
對你說／我們這一班／生命中的貴人／○○素描

# 目次

## 第三章　萬物



## 第四章　自然

# 第一章

# 馳思

◆理想：最初的夢想

◆夢境：我做了一個夢

◆職業：當一天的老師

理想

# 最初的夢想

## 說明

曾經，我們有過這樣的夢想。

想要考取哈佛大學，躋身全世界最頂尖的知識份子；想要哼哼唱唱，變成最受人崇拜的歌者；想要大筆一揮，便能畫出一幅曠世的巨作。

但是春去秋來，有的人一步一步，愈來愈接近他們的夢想；有的人卻讓自己的夢想在歲月中摧折了。

請同學以「**最初的夢想**」爲題，讓記憶重新回溯，自己是否也曾擁有，一個等待萌芽的夢想。

## 審題

- ☑ 國小的時候，我想當大老闆。
- ☐ 兩個禮拜前，我突然想做立法委員。

【說明】題目給你的時間定義，必須弄清楚。

**最初 的 夢想**

- ☐ 我希望月考能考到班上第一名。
- ☑ 我希望能發現黑洞的奧祕。

【說明】儘量不要以課業成績爲內容，流於平庸。

## 問題&思考

❶ 你的理想是什麼？有什麼特殊的際遇，才讓你萌生這樣的想法呢？

❷ 你追求理想的過程，是千山萬水，坎坷非常；抑或無憂無險，一帆風順呢？請稍作敘述。

❸ 若是遭逢的挫折太多，你會繼續堅持，還是轉換跑道？原因爲何？

❹ 若想轉換跑道，你會朝哪一個方向前進呢？

❺ 若是過程一帆風順，你最想感謝何人的幫助？

## 立意

❶ 夢想能讓我們的生命，不斷進步。

❷ 成功了，能不忘初衷；失敗了，也可再回溯最初的夢想，重溫昔日澎湃的熱情。

# 聯想心智圖

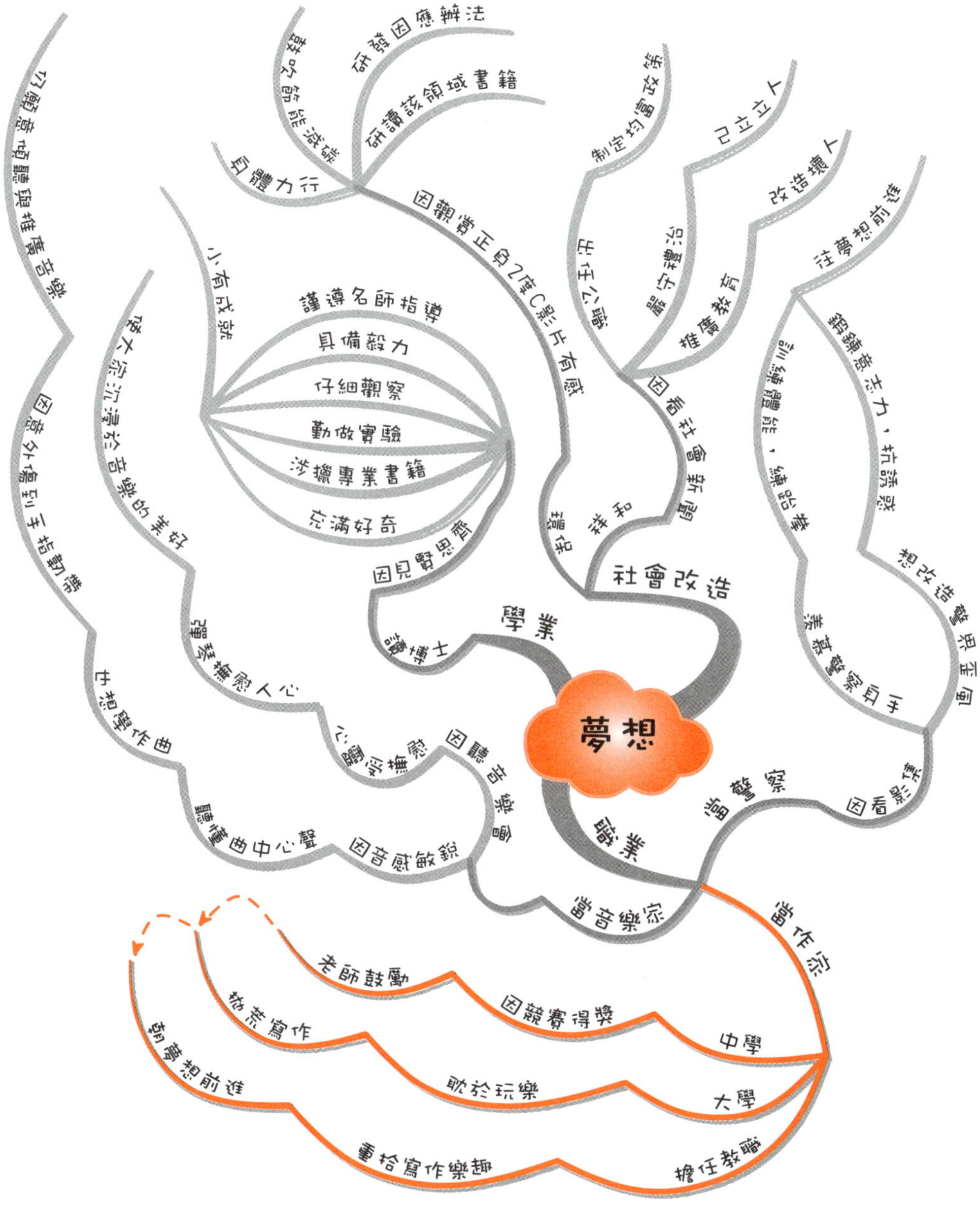


上色部份請參照P26教師範文

## 謀篇

**開頭：**說出自己對於「夢想」的感覺與看法。

**中段：**以順敘法，敘述夢想演變的過程。（二選一）

⬇逐漸接近夢想。

⬇逐漸遠離夢想。

**結尾：**（二選一）

⬇離夢想愈來愈近，結尾感想可以「築夢踏實」呈現。

⬇離夢想變遠了，便說：「我想，夢想只是暫時離我而去，我相信自己更成熟時，能夠重新尋回，最初的夢想與感動。」

**叮嚀：**整篇文章的氛圍，應營造出積極向上的感覺。

## 教師範文

### 最初的夢想

輾轉得知昔時的一位朋友，在他的工作領域裡頭，發光發熱，我爲之欣喜，卻也有種淡淡的**悵然**。

我在靜深的夜晚，對鏡獨照，看著自己的樣貌漸漸成熟，卻離自己的理想愈來愈遠了。

我的理想是什麼呢？中學時期，開始在校內的寫作競賽上，嶄露頭角，本來不擅長寫作的我，漸漸拾得信心，一枝筆愈磨愈利，許多老師也都給予我極大的期許。因此，我曾經夢想當一個創作者，能在星月閃耀的夜晚，伏坐桌前，用紙筆與內心的自己對話。

後來上了大學，擺脫升學的束縛後，整個心都玩野，筆也**拋荒**了。偶爾回到母校，老師對我說：不寫的話，太可惜了。那時的我，笑笑的回應，**率性**以爲自己的青春便是本錢，還有許多時光讓我打拚（ㄆㄢˋ）衝刺。哪裡知道，先前的雄心壯志，被**頹廢**的生活**消磨殆盡**，很久很久，我都沒有閱讀與動筆的習慣了。

直到執起教鞭之後，回到了青春熟悉的中學生活，寫作的靈魂才開始**復甦**，開始閱讀，開始**零星**寫下一些文字。我彷彿察覺到，原本**蒙塵**的夢想，又準備閃**熠**生光了。

我相信，那最初的夢想，依舊像星辰一樣居處在遙遠的彼方，看不見，但是依舊存在，等待我前往碰觸。

### 重要注釋

❶悵然：憂思失意的樣子。
❷拋荒：荒廢。
❸率性：隨著本性，放任而行。
❹頹廢：精神萎靡不振。
❺消磨：漸漸消耗、消滅。
❻殆盡：幾乎全部完了。
❼復甦：回復生命力。
❽零星：零散不成整數。
❾蒙塵：沾染灰塵。
❿熠：光耀、明亮。

## 詞彙鍛鍊

- 憬悟（覺悟）、體味（體會）

我忽然憬悟，人因為有所追求，才會奮力在生命的旅途中放足疾奔，突破舊有的囿限，挑戰未知的極限。

- 憧憬、希冀、俟（ㄙˋ）望、祈願、神往、企求、需索

我祈願在百年之後，還有人會惦記我的名字，數算我的種種事蹟，這輩子才不算浪擲白活。

- 想望、願望、企盼

成為一個職業軍人，是我最初的想望。

- 向隅（ㄩˊ）（面向角落，表失望）、無望、心死、廢然憮（ㄨˇ）然、洩氣

韌帶斷裂後，問鼎冠軍也已無望，我呆望著自己的球鞋，廢然心死，夢想於我，彷佛沒有任何意義。

- 饜（ㄧㄢˋ）足（滿足）、快意、得遂（如願）

多年前的許諾，於此刻得遂，我高舉獎盃，接受眾人的歡呼。

## 成語運用

- 夢寐以求：強烈的渴望，連夢中都在尋求。

成為一個傑出的企業家，是多少人夢寐以求的企盼。

- 萬念俱灰：失意，所有念頭盡成灰燼。

先前所付出的努力，如今卻付之一炬，我不由得萬念俱灰，想徹底放棄。

- 躊躇滿志：志得意滿。

開學那一天，我踏入這間全台聞名的學校，我躊躇滿志，想緊握三年的燦爛。

● 實事求是：做事力求眞確。

我不聰明，但是我實事求是，即使事情做得沒有別人完美，但也從無絲毫失誤。

● 穩紮穩打：穩健切實。

人生必得穩紮穩打，才能飽滿豐盈，無懼逆境的侵襲。

● 鴻鵠之志：志向遠大。

燕雀安知鴻鵠之志，唯一能停止閒言的方法，只有成功實現自己的理想。

● 水滴石穿：比喻持之以恆，事必有成。

繩鋸木斷，水滴石穿，成功其實就是一種累積的過程。

● 捨我其誰：形容人自視甚高，勇於擔當。

做大事，必要有捨我其誰的豪邁，才能於疑處決斷，於窒礙處奮力衝搏。

小筆記

學生作品

## 最初的夢想

廖則穎

每個人曾經都有夢想，有的人想站在舞台上當歌手，有的人想當幫別人看病的醫生。但是，我們為什麼要有夢想呢？夢想就像是一個燈塔，當我們迷失在人生中，它指引我們，找到一條繼續往下走的路。

每一個人都有夢想，而我的夢想是要當老師。為什麼我想當老師呢？在小學的時候，常常看到講台上的老師，認真的教書。每當我有問題時，老師總會給我一個答案。那時的我覺得老師什麼都知道，所以就想當老師。

不過，我第一次覺得我的夢想開始發芽的時候，是國中的時候。有一次，我看到一個班上成績不是很好的人坐在自己的座位安靜的看著一張數學考卷，我就走過去看看他，問他需不需要幫忙，他安靜的點點頭。所以我就開始從第一題，一個步驟，慢慢教他，他

【換句】每個人都曾經擁有屬於自己的美麗夢想。有人想站在舞台，發光發熱；有人想當醫師，懸壺濟世。

【換句】夢想如同燈塔，指引在生命中迷失的我們，航向成功的港灣。

【措詞】一「座」燈塔。

【重複】「每一個人都有夢想」此句與第一段首句重複。

【措詞】總「會」→強調願意。應改作：總「能」→強調能力。

【重複】「老師」、「當老師」二詞於此段反覆出現，不妥。

【措詞】「發芽」偏向具體的植物生長，此處宜用「萌芽」。

【重複】發芽「的時候」、國中「的時候」→應作「我的夢想開始萌芽，是在國中的時候」。

【標點】句子太長，沒有斷句。

【換句】他對數學的理解也愈來愈深入了。

也慢慢的對我的說明愈了解。從此之後，每次考完數學，他都會來請教我。終於，有一次段考，他及格了。

【冗雜】此段的敘事蕪雜。

這時我心中充滿著成就感，可以看到這麼明顯的進步，我真的是太高興了，我也漸漸對教別人愈來愈有信心了。

【換句】我欣喜若狂，對自己的教學功力，也更有信心了。

雖然夢想不一定會實現，但，只要我們努力、不放棄就可以有一個很好的結果。

【草率】結尾句數過少，內容過簡，略顯草率。

【重複】「他」字重複太多。

## 總評

- 優點：段落安排有所承轉，不會雜混。
- 缺點：用字遣詞可再精鍊。事件敘事宜掌握節奏與重點。

## 老師改寫

### 最初的夢想

我們每一個人，都須懷抱一個夢想。夢想是水，爲自己灌注能量；夢想是引擎，推送自己直抵前方；夢想是星辰，指引自己走出生命的迷障。

【開頭】譬喻加排比。先思考夢想對你而言，有什麼感覺？再思考何物也有類似的特性？再加以排比陳述，便成了第一段。例：能量與水、推力與引擎、指引與北極星。

記得在小學時，我遇到了一位溫柔的老師，她柔聲細語的勸告，把當時個性冷硬如石的我，軟化成一畝有著無限可能的田地。當老師的夢想，約莫是在那時萌芽的。

【仿句】利用映襯與譬喻，說明自己的改變。

【說明】以具體（萌芽）來表現抽象（夢想）。

後來，上了國中，在一次偶然的機會，有位同學拿數學的題本來問我。他的眉頭深鎖，彷彿被這門學科困擾很久。我於是攤開計算紙，一邊解說，一邊寫下演算的過程。漸漸的，他露出了久違的笑容，像是掌握了解題的要領。最後，向我興奮的道謝。

之後，愈來愈多的同學求教於我，我也樂於爲他們解惑。或許，是在重複的演算中，我領悟到更多推導的技巧；或許，是樂見同學笑容常掛，不再爲數學所困擾；或許，是那位小學老師讓我了解到，教學的價值和重要。

【仿句】用排比手法，點出自己內心的想法。

有些人的夢想，還沒開花便枯萎了；有些人更可悲，生命中始終沒有抱持夢想。我慶幸自己，昔日的夢想不但沒有消失，反而更加茁壯，逐漸成形。當老師，不再是幻夢，也不再是空想，它已確實地成爲我努力的目標，奮鬥的方向。

【仿句】用排比與映襯，強化結尾的肯定語氣。

## 仿句練習

❶把當時個性冷硬如石的我，軟化成一畝有著無限可能的田地。

❷或許，是在重複的演算中，我領悟到更多推導的技巧；或許，是樂見同學笑容常掛，不再爲數學所困擾；或許，是那位小學老師讓我了解到，教學的價值和重要。

❸當老師，不再是幻夢，也不再是空想，它已確實地成爲我努力的目標，奮鬥的方向。

## 精選佳句

❶連分內之事都無法全力以赴的人，幾無談論夢想的資格！

❷當你深覺夢想窒礙難行時，你可曾想過，你爲夢想付出了什麼？

❸理想就是——明知無法成功，卻還是戮力以赴；現實就是——即使竭盡心力，卻還是毫無成就。

❹需要人監督的，算不上操守；需要人肯定的，也算不上理想。

❺沒有一顆心會因爲追求夢想而受傷。

❻理想是磚與磚之間的水泥，沒有它，生命就是鬆散的。（《十句話．孟東籬》）

❼有志而無趣，生活容易枯燥；有趣而無志，就失去了方向。兩者能夠相輔，才成爲完滿的人生。（劉墉〈志與趣〉）。

## 相關類題

我所憧憬的生活／理想與現實／充滿希望的十五歲／創造美好的明天／我的未來不是夢／走出自己的路／我曾那樣追尋／心願／逐夢築夢完夢／青春的夢想／願／爲自己圓夢／美夢成眞／讓夢想起飛／明天會更好

# 夢境

## 我做了一個夢

### 說明

你曾經做過夢嗎？在某個晚上，夢到被一群猛鬼追逐，驚心動魄；夢到自己兩脅生翅，遨遊天際；夢到自己養了一隻寵物；夢到自己的父母撒手而去……夢就是這樣奇怪的東西，明明那樣虛幻，卻讓我們的感覺如此眞實。

請同學以「**我做了一個夢**」爲題，敘述夢境並試著去思考，這個夢境是否有另一層深刻意涵值得玩味？

• 脅：胸部兩側，由腋下至肋骨盡處的部位。

### 審題

**我**　**做了**　**一個夢**

☑ 我突然夢到，整個地球都扭曲變形了。

☐ 哥哥跟我說，他昨天夢到我身懷絕技，擊退流氓。

☐ 夢見台灣再度面臨大地震、總統被暗殺。

☑ 我夢見自己揹起行囊，流浪遠方。

【說明】應就單一夢境進行敘述，避免混亂。

### 問題&思考

❶ 從小到大，哪一場夢境令你格外難忘？哪時候夢見的呢？在夢中你又經歷些什麼？

❷ 你認爲當時爲什麼會有那樣的夢境？是受到現實生活的影響嗎？還是偶然發生的？

❶ 夢醒後，你會懷念那一個夢嗎？心裡有沒有湧生一些悸動？還是希望以後都不再夢見相同的東西？

### 立意

❶ 仔細描述夢境，要有前因背景、過程發展、結尾落幕三部分。

❷ 省思該夢境給了你什麼啓發？

# 聯想心智圖

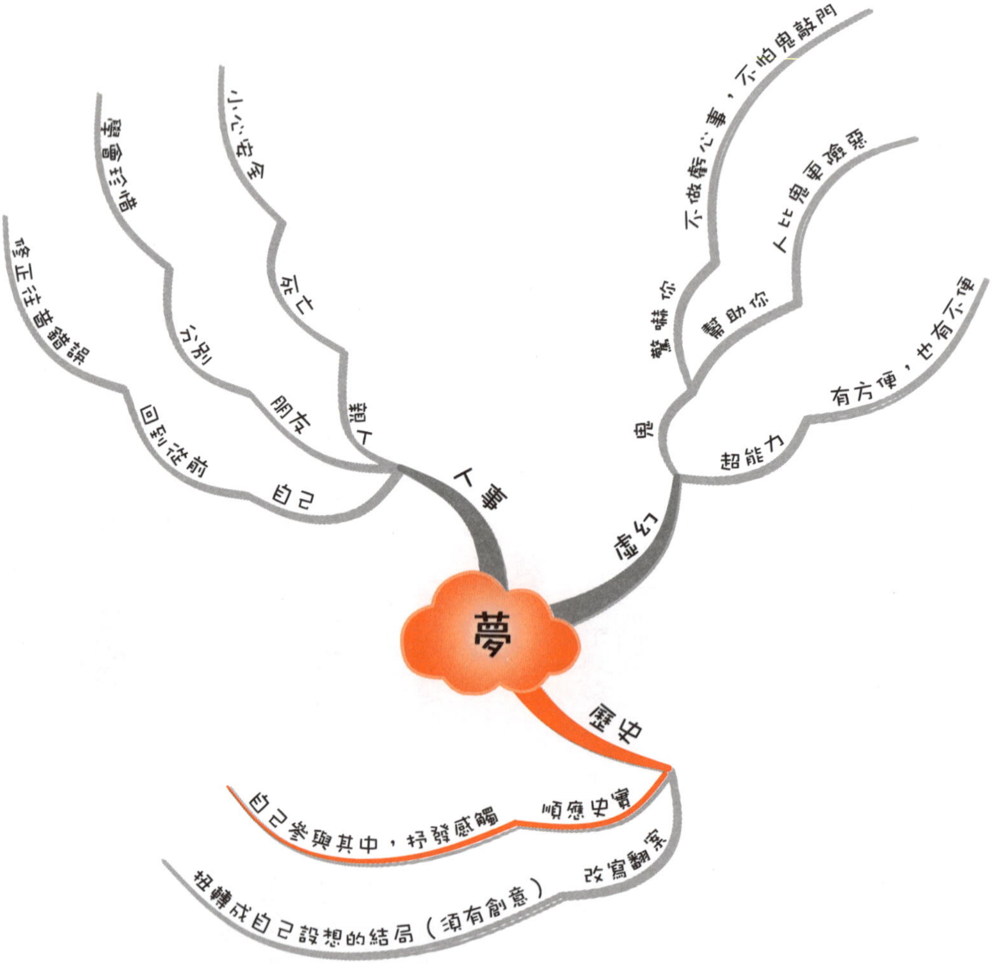


上色部份請參照P36教師範文

## 謀篇

**開頭：**此篇可採鏡框式（現實→夢境→現實）

**中段：**書寫夢境，不要拖泥帶水，以順敘方式，在同一場夢境中，擇取2～3個事件著力書寫，一個場景約占一個段落的篇幅。

**結尾：**回到現實，針對夢境部分抒發感想。感想部分，一定要特別經營，除非夢境敘述的部分已經很完美。以下略舉數例：

➊夢到朋友死去→友情

我從這樣驚懼的夢境中醒轉，趕緊撥了通電話，給在夢境中失去生命的摯友。他接了電話，對我的舉動不禁莞爾，我卻認真的告訴他，他是我的生活裡，最重要的一份陪伴。

➋夢到外星人進攻→包容

醒來，時值午夜。我突然感到一陣落寞，宇宙何其廣大，為何無法包容彼此的存在呢？在這樣尖銳的衝突之後，我們得到了什麼，又失去了什麼？我坐擁巨大的黑暗，不知該說什麼？在夢境醒來之後，我陷入了更濃重的悲傷。

➌夢到恐龍→環保

驚醒，逃離了恐龍環伺包圍的困境。我突然想起，那樣威猛、霸氣、不可一世的地球霸主，居然頃刻間消失淨盡？有人說，是根源於地球某一次的氣候遽變。那麼，現在的我們，是不是也臨近這樣的危機呢？極地的冰層消融，溫度的迅速攀升，人類滅絕的一天，是否會來臨呢？

## 叮嚀：

❶此篇著重於夢境的敘述，及醞釀出有份量的感想。

❷先來談談夢境的敘述，奇幻荒誕的夢境較少內涵，讀起來感覺也就薄弱許多。建議可從值得深思的電影故事、小說情節、歷史事件……來構築夢境，文章的質感應會厚實一點。

❸內容也可描述小時候的過往、與心儀的人告白……有關真實生活的事件，然後給予自己不同於當初的選擇。

❹與「描寫理想」比較起來，夢境更可以天馬行空的發揮。但不是要同學寫出情節極為荒誕的夢境，而是要大家找出夢境中值得省思之處。

**教師範文**

## 我做了一個夢

那天，我坐在躺椅上，慵懶的展讀一本《文天祥傳》，恰好翻閱到他被囚於元牢的章節。清風徐來，讓人睡意陡生。書，覆合在我的胸前；我，靜寐在幽涼的院中。

我做了一個奇特的夢，穿越數百年時空，我成了看守文天祥的獄卒。

當時，文先生披散著頭髮，踞坐在草堆之上，兩眼精亮，口中吟念著：「爲張睢陽齒，爲顏常山舌，或爲遼東帽，清操厲冰雪……」我在牢房外聽著，忍不住打岔：「先生您的〈正氣歌〉句句肺腑，但爲何不留著有用之身，來澤被百姓呢？」

他雙眼一瞪，怒意似箭，朝我射來。接著便大喝一聲：「吾乃宋朝狀元宰相，叛國求榮之事，不屑爲也。」我試著解釋：「忠義存於青史，不過紙上英雄，若能出任元相，策定良政，拯宋民，救蒼生，才不愧爲眞豪傑。」

文先生的眼神柔和了許多，但仍搖著頭。

突然，有一兵卒銜命而來，要領出宋囚文天祥處決。我心中一凜，有些不忍，只聽見文先生細碎的聲音叨念著：「孔曰成仁，孟云取義，惟其義盡，所以仁至。」那人把文天祥帶離了天牢，鐐銬拖行地面的清亮響聲，也愈來愈小……

我從夢中驚醒，臉上猶帶淚痕。不免思及歷史上那些擇善固執者，以生命兌換聲名的清白，這樣的代價是否過於高昂？【說明】此爲本文想表現的主要內涵。

重新把剛才未完的章節讀完，作者最後是這樣作結的：文天祥，南面再拜就死。消息傳至宋朝，聞者莫不慟（ㄊㄨㄥˋ）哭。

**重要注釋**

❶慵懶：懶惰。
❷陡：突然。
❸寐：睡。
❹打岔：打斷他人的談話或工作。
❺慟哭：非常哀傷的大哭。

## 詞彙鍛鍊

- 玄想、妄想、狂想、假想、遐想

↓ 從夢境覺醒後，我才知道方才的歡愉，僅是不切實際的妄想。

- 杜撰、虛構、臆測、虛擬

↓ 夢中我虛構出一處桃花源，沒有老師咆哮，也無父母的鞭打。

- 不虛、眞確、確鑿、屬實、核實

↓ 自夢裡醒轉，我看見床頭遺留一把梳子，才知道剛剛的夢境，真確不虛。

- 贋（ㄧㄢˋ）（假的）、假托、無稽、荒誕、僞裝

↓ 我原以為，夢是種無稽之物，只能暫時慰藉現實的失落。

## 成語運用

- 捕風捉影：追逐虛幻，憑空想像。

↓ 面對記者的捕風捉影，我絲毫不予理會，因為那真是我夢見的一個畫面，沒有絲毫欺瞞。

- 疑信參半：抱持懷疑，無法完全相信。

↓ 我聽著他所敘述的夢境，不禁疑信參半，那場景的確是我兒時的住所啊！

- 夢幻泡影：空虛不實。

↓ 這得來容易的富貴，便如夢幻泡影般，轉瞬即逝。

- 鏡花水月：鏡中花，水中月，皆爲空幻之物。

↓ 在夢中，我上天堂，入桃源，極盡人生之樂事，但我仍清醒的告訴自己，夢中的遭遇便如鏡花水月，無須耽戀。

- 子虛烏有：假設空無之事物。

↓ 關於他夢到世界末日的消息，完全是子虛烏有，以訛傳訛。

學生作品

## 我做了一個夢

廖則穎

有一天晚上，我躺在沙發上，看著體育頻道正在播一位美國史上很有名的棒球選手——路易思·蓋瑞的一生經歷。看著看著，我的眼皮漸漸變得沉重，電視還在播放著，而我慢慢睡去。

突然，我發現我置身於二十世紀的洋基球場，坐在觀眾席上的我，跟著旁邊的球迷一起在爲剛打出全壘打的游擊手蓋瑞，一起歡呼，那天是五月一號。隔天，我又和朋友來到了洋基球場，球賽進行到一半，那背號四號的蓋瑞，突然跟裁判比出暫停的動作，下去跟教練說他有點累了，不想打。這讓觀眾都很驚訝，之後幾天，也都沒看到他出場。

有一天，我在街上看到了蓋瑞，我問他可不可以幫我簽名，我也問他爲什麼最近都沒有出場？他一邊拿著筆幫我簽名，一邊叫我跟著他走。後來我們走進了一間屋子。他臉色沉重的跟我講，他得

【疑問】為什麼要把此段敘述切成前後兩天，變得複雜。建議融二為一。

【疑問】不想打球之後呢？球場上的狀況呢？裁判、教練、隊友的反應呢？蓋瑞又去哪裡了呢？沒有交代清楚。

了一種病，很快就會死了，他不知道該怎麼跟大家講。這時我跟他說：「你是一位棒球選手，但你不普通，你是這世界上最幸運的人，可以在洋基隊打球，和這些傑出的隊友在一起。你有這麼多支持你的人，你很幸運。」

【換句】遙控器從我手上滑落，鏗啷一聲，把我給驚醒了。

【疑問】對方陳述病情，理應給予安慰與鼓勵，但你的反應卻是：你很幸運……，似乎有點風馬牛不相及。

這時，我被我掉下去的遙控器吵醒了，我看到電視上的蓋瑞對著全世界的人說：「我是這世界上最幸運的人。」

聽到這句話，我笑了。他是一位熱愛自己生命的人，不會因爲要死了，就很悲傷，反而樂觀的面對。在人生中，我們也要像他一樣，遇到挫折，絕不放棄。

【疑問】夢境中他離開球場不打球，是種樂觀的表現嗎？感想若說他熱愛生命，前文應點出他身患絕症，卻無頹唐之意。

## 總評

- 「夢境敘述」，應爲寫作重點，但此篇作文敘述紊亂，事情的來龍去脈，前後矛盾，難以理解。

**老師改寫**

## 我做了一個夢

　　某天晚上，我斜躺在沙發上，看著體育頻道正播映一位美國著名的棒球選手——路易思·蓋瑞的一生經歷。看著看著，我的眼皮漸漸變得沉重，電視的畫面還在閃爍，疲倦的我卻已慢慢闔上眼睛。

　　場景瞬間轉換，我發現自己置身於二十世紀的洋基球場，場邊喝采聲不斷，我跟著旁邊的球迷，爲剛打出全壘打的蓋瑞雀躍不已。誰知身穿四號球衣的蓋瑞才跑到二壘壘包，就突然一跛一跛的移動著身子，拖了好多時間，才回到本壘，讓觀眾議論紛紛，不知他出了什麼狀況。之後幾天的賽程，也都不見蓋瑞的身影。

【仿句】誰知……，就……

　　偶然間，我在街上遇到了蓋瑞，我上前徵詢能否幫我簽名？他欣然同意。接著，我問他爲什麼最近都沒有出賽？他卻不發一語，用手勢示意我跟著他走。最後我們走進了一間屋子。蓋瑞臉色沉重的跟我講：我得了一種不治之症，本已無法出賽，但是最後一次上場的時候，我還是死撐著跑完全場。那是我最後的一場賽事，也希望它是最完美的結局。

　　這時我握緊他的手說：「你一定要奮鬥下去，沒有你在場上的大聯盟，我們這些球迷也興味索然了。」

【解釋】索然：乏味、落寞。

　　突然，我被遙控器的墜地聲驚醒，節目依然進行著，我看到電視上的蓋瑞，雖已略現病容，但在某場賽事中，他卻高舉雙手，對著鏡頭高喊：「感謝大家的支持，我是這世界上最幸運的人。」

　　聽到這句話，我也被他熱情的呼告所感動。蓋瑞是一位熱愛生命的人，不會因爲走到了生命的盡頭，就悲傷沮喪，反而樂觀的面對死神的挑戰。在人生中，我們也要像他一樣，遇到挫折，永不放棄。

【仿句】不會……，就……，反而……

## 仿句練習

❶ **誰知**身穿四號球衣的蓋瑞才跑到二壘壘包，**就**突然一跛一跛的移動著身子……

❷ **不會**因爲走到了生命的盡頭，**就**悲傷沮喪，**反而**樂觀的面對死神的挑戰。

## 精選佳句

❶夢醒後，時光依舊奔逝如流。

❷白日夢做久了，連現實生活也都混沌茫然，無所憑依。

❸當我們回憶過去，絕非單純的舊夢重溫，而是爲它們定下新的註解。

❹華麗甜美，卻已永遠不會成眞的夢，那便是一場惡夢。

❺現實沒有翅膀，惟有想像才能讓你飛翔。

❻夢中能飛，大約是由於生性浪漫，而一邊飛卻一邊又知道是夢境，大約是由於冷靜。冷靜的浪漫恐怕不能長久。果眞，後來這種夢便稀少了。人總不能一輩子賴皮做潘彼得吧？（張曉風〈夢稿〉）

❼雖然夢多半虛幻而不可把握，但在這個紛亂、狹窄又短暫的人生中，我們總該慶幸，還能擁有這麼一個寧靜、寬廣且完全屬於自己的夢中世界。（劉墉〈夢〉）

❽每一次快到家我自然就會醒來，卻並不睜眼，仍留連在睡的邊緣，全身的知覺在等待。可以聽見父母親商量著，要把我們叫醒。……當我還很幼小的時候，也曾這樣被抱在懷中，溫暖地護持著小小的夢。（張曼娟〈要不要叫醒她？〉）

❾像電影倒帶，我循著夢的河流，慢慢倒溯回去。引我走到童年的是一場濃霧。濃霧之前，是一個醫院似的灰白長廊。長廊裡，有一張病床。床上，有一個我熟悉的身影，他躺在一張狹長的病床上，慢慢被推著離開了。（楊渡〈忽然夢見他〉）

❿「浮生若夢，爲歡幾何？」此一亙古名句，道盡人世的虛幻和夢醒的空虛。人生種種，誠然如夢境一般，倏忽間有無窮盡的風景和轉折。而人生的情趣，或許也即在如夢似醒間，咀嚼所曾遍歷的酸甜苦辣？（張惠娟〈夢醒時分〉）

## 相關類題

夢／一個有趣的夢

# 職業　當一天的老師

## 說明

求學至今，你遇過許多不同的老師，如果請你當一天的老師，你會做些什麼？是在家政課上，安排學生服裝表演？還是帶領學生進行戶外教學？或是整天都面帶微笑，不責備學生？……請寫出你的想法與做法。

## 審題

□ **整個暑假**，我帶領著全班參加一部電影的拍攝。

☑ 今天，我走上了講台，當一個後段班的老師。【說明】應以一天為限。

**當一天的老師**

□ 朝會時，我站上了司令台，向全校師生訓話……

☑ 我站上講台，向同學宣布，今天將要進行一個遊戲……

【說明】應以課堂上教學的老師為主，莫以校長、主任身分出現。

## 問題＆思考

❶ 你喜歡當老師嗎？你喜歡現在的任課老師嗎？若不喜歡，請問你覺得老師應該改進的地方為何？

❷ 若有機會，你想要選擇擔任哪一個科目的老師？你教授此科目的理想與目標為何？

❸ 你想在一天的課程中，完成一個大活動，還是進行許多小活動？

❹ 在你教學的過程中，學生的反應為何？

❺ 你認為這一天的扮演，成功或是失敗？是否有額外的收穫？

## 立意

❶ 將自己夢想中，一個好老師的典範，摹寫出來。

❷ 要從日常死板的課程中，發掘出不一樣的趣味。

❸ 想法與做法可以活潑，但不可過於麻辣，違背善良風俗。

# 聯想心智圖

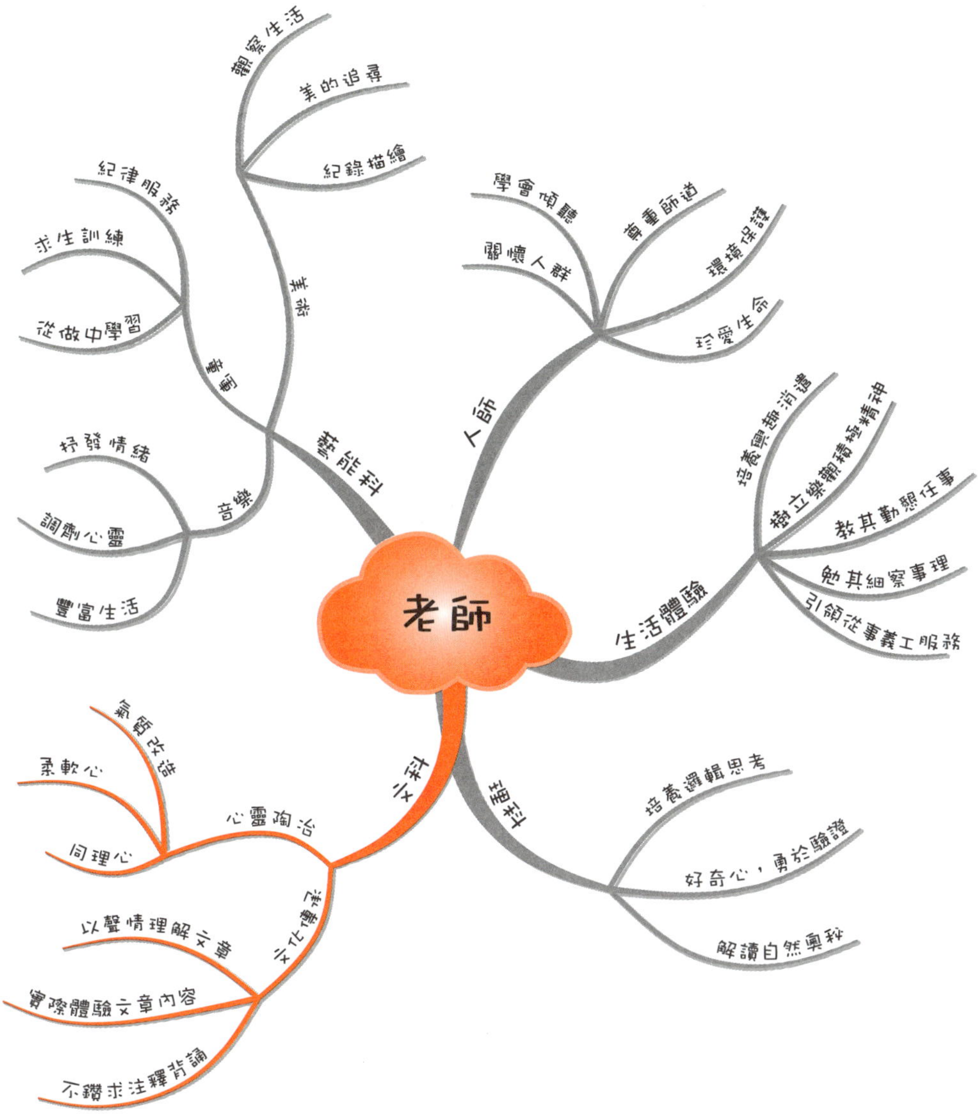
老師
藝能科
美術
觀察生活
美的追尋
紀錄描繪
童軍
紀律服務
求生訓練
從做中學習
音樂
抒發情緒
調劑心靈
豐富生活
人師
學會傾聽
關懷人群
尊重師道
環境保護
珍愛生命
生活體驗
培養興趣消遣
樹立樂觀積極精神
教其勤懇任事
勉其細察事理
引領從事義工服務
文科
心靈陶冶
氣質改善
柔軟心
同理心
文化傳承
以聲情理解文章
實際體驗文章內容
不鑽求注釋背誦
理科
培養邏輯思考
好奇心，勇於驗證
解讀自然奧秘

上色部份請參照P46教師範文

## 謀篇

**開頭：**無需贅述前因，直接以老師的身分開展本文。

**中段：**順敘法，將課程劃分出幾個重點，加強描寫。

⬇吟唸課文，了解文意。

⬇前往影城，粉墨登場。

⬇學生抒發課後感想。

**結尾：**回到現實，抒發對「當老師」這件事的感想。

**叮嚀：**

❶ 對於自己安排的課程，一定要有概念與想法，才不會在描述過程中，漫無章法，不知自己的教學目標爲何？

❷ 描述課程的進行，亦要流暢通順。

## 教師範文

### 當一天的老師

上課鐘聲響起，我拿起課本，緩緩步向任教班級。這是我初次教課，我站在門口，深吸一口氣，才跨入教室。我說：讓我們來上一場與眾不同的國文課吧！

首先，我先吟誦出課文的起伏**跌宕**，讓他們明白「木蘭詩」裡頭的種種情節。先用短音呈現整備軍品的迅速，然後尾音輕拖，略帶哭調，來表達離家千里的悶愁。奮勇殺敵的豪壯須用粗大嗓音表現，最末的笑談**晏晏**，則說盡**策馬**返家的榮耀。

然後，請他們分組扮裝，前往私人影城，粉墨登場。主角木蘭先是端坐機杼前織布，與父親相互應答。然後穿上鎧甲，跨坐駿馬，在寒風凜冽中砍殺敵軍。

沒有注釋，沒有修辭，沒有**囫圇吞棗**的背誦，只有更深刻的體驗與感受。

我還跟學生約定，今年暑假，要領著他們到大陸親遊花木蘭的故宅，傾聽千百年後，唧唧復唧唧的聲響是否依舊**縈繞**？或是**履足**北土，感受朔風如刀砍虎吼的氣勢。

我想，這一課即使沒有考試，但也應深植他們腦海了吧！

回返學校後，恰好是放學時分，同學們**喜孜孜**的告訴我，今天的國文課眞有趣，眞期待明日的課程。我乍聽之下，極爲歡喜，今天的奔波勞碌，總算有了代價。

忽然，同學拍拍我的肩，把我從自己的幻夢中拉了回來，臺上的老師依然賣力講課，我仍舊是個平凡的學生。

原本，我以為老師這職位，極為輕鬆，原來也有他努力付出的一面。尤其年華流逝，生命如粉筆一般的磨挫殆盡，我能不能保持初衷，像資深老師一樣的堅守崗位呢？想到這裡，不免因剛才的瞌睡，而感到無盡的愧疚了。

重要注釋

❶跌宕：形容文章音節抑揚頓挫。
❷晏晏：柔和的樣子。
❸策馬：鞭馬使前進。
❹囫圇吞棗：理解事物籠統含糊，或為學不求甚解。
❺縈繞：纏繞、環繞。
❻履足：踏上。
❼喜孜孜：歡喜的樣子。
❽「殆」盡：「幾乎」全部消失了。
❾初衷：最初的心願。

## 詞彙鍛鍊

- 奔波、勞碌、拚搏、謀生、餬口
  - 即使業務員這個工作，需要奔波勞碌，才能拚搏出一片天，我還是甘之如飴。
- 獎掖、拔擢
  - 作為教育界的前輩，他獎掖後進，不遺餘力。
- 降職、貶謫、解聘、解雇、罷黜、辭退、革職
  - 金融海嘯後，許多人被公司辭退，鎮日無所事事，沒有趁此機會，好好充實自己。
- 倦勤、懶散、怠惰、懈弛、疏懶
  - 在倦勤的時候，不妨給自己放幾天假吧！等到梳理好自己的心情後，再重返崗位。

## 成語運用

- 櫛風沐雨：在外奔波忙碌。
  - 父親是一位業務員，客戶在哪裡，他便跟到哪裡。台灣各地，他幾乎都走遍了，沐雨櫛風，從不喊苦。

- 尸位素餐：占著職位，卻不肯做事。

  能夠工作，是一種幸福，但有些人卻尸位素餐，想方設法，霸住自己的職務，卻不思努力進取，讓許多熱血的新人，有志難伸。

- 掛冠求去：辭職，不當官。

  面對長官的百般刁難，他立即掛冠求去，毫不戀棧。

- 孜孜不倦：勤敏不知疲倦。

  已經居齡退休，卻仍孜孜不倦的學習電腦技術。這是我最佩服他的一點。

- 殫（ㄉㄢ）精竭慮：竭盡精力與思慮。

  他對於工作，有著十足的狂熱，為了完成一件企劃案，即使殫精竭慮，他也從不喊苦。

- 夙興夜寐：早起晚睡，任事勤勞。

  由於組長是個夙興夜寐，嚴謹自持的人，因此他手下的組員也都戰戰兢兢，努力衝高業績。

小筆記

# 師生對照鏡

## 學生作品

### 當一天的老師

廖則穎

　　走進教室，我站在講臺。頓時數雙好奇的眼睛聚盯著我不放。心裡忐忑不安，但外表卻若無其事。我對臺下學生露出微笑。晨光像金粉灑滿了整個教室，溫暖的，讓我覺得舒適許多。夏日早晨，我正準備當一天的老師。

　　拿出課本，我向學生報告：今天會不同於平日。聽到此句，學生的興奮全寫在臉上。翻開課本，我要求大家闔上雙眼，想像著我所朗誦的課文。我不教單字解釋，不提文法修辭，讓學生有個無限想像的空間，去體會文中的每一個字所呈現出的感受。

　　對於教學，我一直主張親身去體驗。所以，我帶全班，邁向實驗室。我將他們的課本收起來。讓他們自行尋找科學的根本。幻想，而引起的計畫，計畫自己的發明。有了自己的發明，便帶動他們的思考與主見。

【修辭】有抽換詞彙以避重複，不錯。

【措詞】報告為下對上，此處應作「宣布」。

【標點】頓時，數對好奇的眼睛……

【疑問】不同於平日的什麼？未說詳細。

【疑問】「幻想……他們的思考與主見。」此段語焉不詳。請參考改寫範文。

【措詞】「走向」實驗室。「邁向」多用於抽象處，如：邁向成功的彼端。

【草率】此段須更深入描寫，不能說「我不教什麼」、「讓你們體會」，中間經過卻未著墨。

　　最後，我將學生們，帶入了孕育萬物的大自然。讓他們聆聽自然的組曲，觀看天然的藝術。帶他們認識人類的母親。還有教導他們，如何來守護它，讓自然保有最初的模樣。

　　回到教室，只見同學們熱烈的討論這特別的一天，而疲累的我趴在講桌上，看著他們開心的模樣，便滿足的闔上眼。

　　突然驚醒，我發現我不在講臺上，而是在自己的位子上，身旁的同學已坐下來。上課鐘響，老師走進來開始上課。或許這不是我夢中的課程，但一樣身爲老師，不管是怎樣的教法；最重要的是能讓學生學習，這才是教書的目的吧！夢見當一天的老師，讓我對只會抱怨的師長的我改觀，也受益良多。

【疑問】前文從「教室」到「實驗室」，皆為學校環境，此處跳至大自然，有些差距。

【疑問】誰跟誰一樣身為老師？你不是已醒來？

【草率】「人類的母親」這樣的形容過於簡略。於「如何認識」應多所著墨。

【疑問】上課時，老師可以趴在講桌上嗎？這樣的結局，似乎不太完美。

【刪改】「讓『我』對『只會抱怨的師長的我』改觀」→「讓慣常抱怨師長的我就此改觀」。

## 總評

- 開頭的畫面感十足，不錯。結構發展亦四平八穩。文采較弱，如修辭、措詞、描述都稍嫌不足。
- 文中的老師身分，文理兼備，較爲少見，取材時應符合現實。

【仿句】用排比手法，描寫自己朗誦課文時，想要達到的教學目標。

老師改寫

## 當一天的老師

走進教室，我站在講臺。頓時，數雙好奇的眼睛聚盯著我不放。縱使心裡忐忑，但外表卻強作鎮靜，親切地對臺下學生露出微笑。晨光自窗戶透入，像金粉灑滿了整個教室，溫暖和煦，讓我覺得舒適。夏日早晨，我正準備當一天的老師。

拿出課本，我向同學宣布：今天的課程，將不像以往的枯燥。剎時，他們的興奮全寫在臉上。我輕啓錄音機，柔柔的樂聲輕盈浮動，我請同學閉眼冥思，我用跌宕多變的聲情，來朗誦課文章句，我希望當我吟念「河流」，孩子腦海即有了蜿蜒的形象，我希望當我誦讀「飄雪」，孩子能感受到冰雪砭骨的膚觸。不鑽求解釋，不硬套文法修辭，我希望同學能有個無限想像的空間，去譯讀文章內涵。

【段落】此段承上啓下，上接「文學的體驗」，下啓「科學的體驗」。

因此，對於教學，我一直主張親身體驗，無論文學或是科學。

我請同學拋開課本，帶領全班來到實驗室，除了一些活性過高

【解釋】「砭」骨：「刺」骨。

的化學物品嚴禁碰觸，我希望他們能自己尋求創造科學新貌的可能。唯有在輕鬆的玩樂與嘗試中，才能引發出他們的思考與動機。

最後，我領著學生，來到學校角落的小小樹林。側耳傾聽蟬的私語，嗅聞草地所散發的芳香，讓他們看見山的堅毅，雲的溫柔，甚至褪下鞋襪，感受土地的體溫。最後教導他們，如何守護這一片美好，讓大自然保有最初的模樣。

回到教室，只見同學們意興遄飛的討論這特別的一天，說他們學得多，體會了更多。而疲累的我，看著他們開心的模樣，驀地有些暈眩……

突然驚醒，我伏身在自己的位子上，身旁同學已坐定，上課鐘裊裊有餘聲。老師從外頭走入，準備上課。我想，每個老師都是兢兢業業的傳授學問給學生，竭盡所能，無所偏私。夢見自己當了一天老師，讓慣常抱怨師長的我，有了新的想法與改變。

【仿句】唯有……才能

【解釋】裊裊：音調悠揚不絕。

【解釋】意興「遄」飛：興致「快速」的飛揚。遄，音ㄔㄨㄢˊ。

【解釋】驀地：忽然。

【說明】學生作品：此處描寫虛泛，改寫範文詳說「聲為蟬聲」、「看見山雲」，較為具體。

## 仿句練習

❶ 當我吟念「河流」，我希望孩子腦海即有了蜿蜒的形象，當我誦讀「飄雪」，我希望孩子能感受到冰雪砭骨的膚觸。

❷ 唯有在輕鬆的玩樂與嘗試中，才能引發出他們的思考與動機。

## 精選佳句

❶ 眞正的大師，不是擁有最多學生的人，而是協助最多人成爲大師的人。

❷ 再簡單的事，只要是第一次做都不簡單。

❸ 解除壓力的最佳方法，就是提升能力。

❹ 不要以「聲」作則，要以「身」作則。

❺ 醫生的錯誤可以埋掉，工程師的錯誤可以打掉，老師所鑄下的錯誤，則會漸漸長大。

❻ 寧可用力的揮棒落空，也不要站著被三振出局。

❼ 盡多少本分，就學到多少本事。

❽ 我們是用「自己的能力」來判斷自己，但別人是用「我們的表現」來判斷我們。

❾ 爲人類種下第一棵樹的，果然値得我們敬仰。可是，敬仰當不僅歌頌，最要緊的還是繼承，充實與擴大他的事業，把一棵樹變成千千萬萬棵的樹。（楊逵〈園丁日記〉）

❿ 「嚴子與妻」的配樂，並非他最後的絕響，因爲眞正的弦音在指停時仍琤琮，眞正的歌聲在板盡處仍繚繞，史先生留下的是一代音樂家的典型，是希聲的大音，沉寂的巨響。（張曉風〈大音〉）

## 相關類題

義工／學以致用／舵手／假使我是老師／向警察先生致敬／假如我再是國中一年級的學生／當一天的老師／我是環保小志工／如果我是○○（教育部長、校長、清道夫）

# 第二章

# 人物

◆ 親人：○○，是我最愛的人

◆ 熟人：有你真好

◆ 陌生人：○○的身影

◆ 古今名人：偶像

◆ 自己：像我這樣的男（女）孩

# 親人

## ○○，是我最愛的人

### 說明

家人對你而言，有著怎樣的意義與形象呢？是療慰你內心傷痕的雙手？還是傾聽你滿腹苦水的耳朵？或是一處讓你安心停泊的港灣呢？

想請你細細思索，在記憶中，你跟哪一位家人關係最爲親密？你和他之間又曾有過怎樣的故事呢？

請同學以「○○，**是我最愛的人**」爲題，把自己對某位家人的情感，誠實的書寫出來。

### 審題

□ **老師**，常在我困惑與慌亂時，爲我撥霧指路，掙脫迷障。

☑ **長兄**如父，當爸媽在爲事業奔忙時，全靠哥哥照料我的起居。【說明】題目已言明，要以「家人」爲主。

**○○，是我最愛的人**

□ 媽媽，是我最愛的人，但其實我也很喜歡爸爸。

☑ 年幼的弟弟最讓我疼愛，也喚醒我失落已久的責任感。【說明】以一人爲限。

### 問題&思考

❶ 請問你想選擇哪一位家人作爲主角？

❷ 請問你們一開始的關係，冷淡或是熱絡？

❸ 請問你們兩人曾有的互動爲何？

❹ 是否有某一個關鍵事件，讓你驚覺對方是你最愛的人？

❺ 若有一天，此位家人離你遠去，你的感受爲何？

### 立意

❶ 舉出自己與某位親人互動的事例，時間、空間皆要點出。要讓讀者從過往的事件，掌握到你情感的線索。可能是敬愛，可能是熱愛，也可能是愛恨交織的。

❷ 親人相較於其他人際關係，多了血濃於水的牽繫，所以在情感的描述中，多了一份不能拋卻的包袱。

# 聯想心智圖

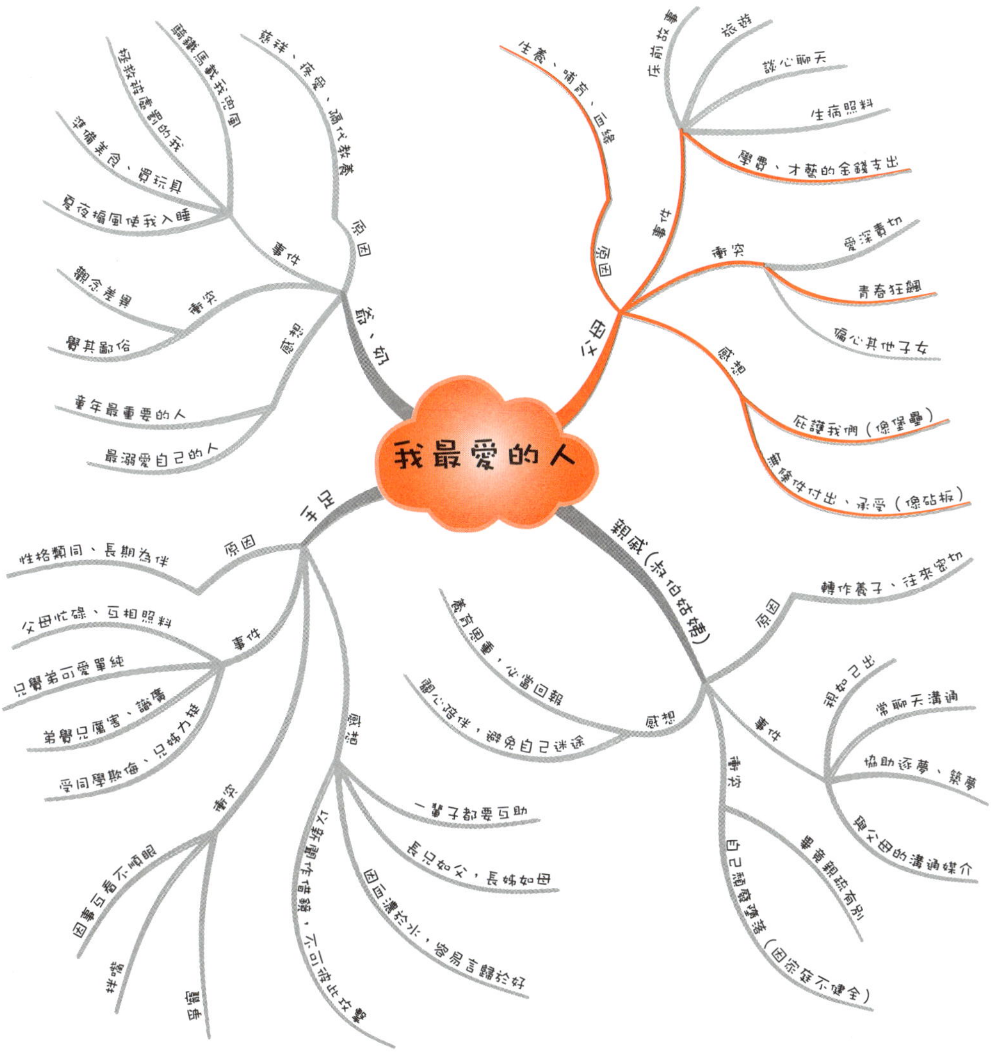


上色部份請參照P58教師範文

## 謀篇

**開頭：**可略述○○的種種，或點出○○的特色。

**中段：**以自己年齡的成長做脈絡，寫出與○○的互動及事件。如：拌嘴、冷戰、打架、開心、運動、出遊、互嘲、擁抱……（選擇兩件以上風格迥異的事件爲佳，才能多面向的表達彼此關係）

**結尾：**針對○○，抒發感謝、抱歉、不捨等情懷，並點出題目。

**叮嚀：**此篇文章，重點不在家人外表，若要提及，只寥寥數句即可。主要在中段敘事，能否深蘊感情。

## 教師範文

### 父親，是我最愛的人

生長於鄉村的樸實人家，我對於「愛」或「喜歡」這種炫目燙舌的字眼，自小便難以啓齒。當然，父親也同樣如此寡言。

自我有記憶以來，父親便承繼了爺爺的油行，每隔一段時日，便啓動器械製油，蒸氣升騰，滿地油漬。那時我曾經在心裡埋怨，怎麼叔叔是公司主管，姑姑是小學教師，都有著令人欣羨的職業，優適歡快的生活，而父親卻僅是一間小油行的負責人，粗鄙惡俗。

或許，因爲他的生活，便是困居在一處宅院裡頭，從未外出闖蕩，那時的我以爲，他不僅吝於付出愛，也不知如何表達愛。每次看見堂弟生日，叔叔、嬸嬸總如期準備一盒蛋糕爲他慶賀，從未過生日的我，不免有些悵然。

但他從不曾讓我的生活匱乏過。小學的補習費和私立中學的學費，每一次他都準時捧著一疊泛著油光的鈔票，讓我繳款。當時，青春正盛的我，直覺父親只是一台提款機罷了，除此之外，幾無任何溝通與交流。

直到年紀稍長才忽然明白，或許父親只知道構築出一處生活無虞的家園，象徵他們對於愛的踐履和保護，並不了解子女對愛的渴慕與需索，有時僅是陪伴擁抱便能滿足的。於是稚嫩的我們，往往誤解了父親的關懷，將這樣傾注心力的付出，任性的一筆勾銷。

進入大學後，我發覺昔時脾氣急躁的父親，漸漸柔軟起來；反倒是逐日壯健的我，慣常與父親激辯，尖銳硬狠，不知已傷過父親幾回。爾後外出謀職，離家他住，更是鮮少返鄉，但父親的電話，從未間斷，有時叮嚀天氣變化，有時詢問帳務繳費有否遺漏……

掛下電話的我，格外覺得羞慚。父親不言，對子女的愛數年如新，身爲人子的我，卻極少回饋些什麼，相形之下，自己的愛便顯得虛浮廉價了。

## 詞彙鍛鍊

- 拿、拎、執、掂、牽、攜、攀、捧、托、掬、攬、挽、擦、搔、拽(ㄓㄨㄞˋ)、甩、扔、搗、摑、捶、砸、挖、扯、搓揉、摩挲(ㄙㄨㄛ)、摟抱

→ 我永遠記得，在氣溫驟降時，母親總會攬我入懷，用手搓揉我的脊背，用臉頰摩挲我的前額。那一刻，我深信自己是被呵護疼惜的。

- 站、踱、踮、蹬、踢、踹、踩、蹦、跌、躍、跨、跋涉、步履、徒步、躡足、踽踽(ㄐㄩˇ)、佇立、踉蹌(ㄌㄧㄤˋ ㄑㄧㄤˋ)、屈膝

→ 看著奶奶步履踉蹌、踽踽獨行的背影，稀薄空洞，像是快蒸發似的。

- 偃臥、蹲踞、端坐、盤腿、癱、欠身、躬身、弓背

→ 父親做任何事情，都是一絲不苟，連在飯桌時也是正襟端坐。

- 昂首、翹首、垂頭、俯首、回首、掉頭

→ 父親先是俯首叮嚀，要我腳踏實地的做人。隨即掉頭而去，自此失了音訊。

- 輾轉、趴、撲、匍匐(ㄆㄨˊ ㄈㄨˊ)、翻滾

→ 爺爺說往昔我稚幼的時候，最愛撲到他身上，緊抱不放。

- 憑、倚靠、依偎、蜷(ㄑㄩㄢˊ)縮、打顫、顫慄

→ 天冷時，我便會與姐姐偎靠一處，將身子蜷縮如蟲，企圖讓肚腹暖和些。

## 成語運用

- 含辛茹苦：受盡各種辛苦。

→ 母親一人掌杓煮食，靠著一間小飯館，含辛茹苦，拉拔起我們姐妹三人。

- 無忝(ㄊㄧㄢˇ)所生：不辱父母，對得起父母之意。

→ 我希望日後能有所成就，博得些許名聲，這輩子便無忝所生，不愧對他們的栽培了。

- 無微不至：形容非常精細周到。

→ 姐姐對我們的照顧，簡直無微不至，兼代母職的她，從未有任何怨言。

- 語重心長：言辭眞誠具影響力而情意深長。

  爺爺語重心長的叮嚀我，千萬不能做出敗壞門風的骯髒事。

- 不苟言笑：嚴肅而不易親近。

  父親向來都不苟言笑，只要聽見他的腳步聲，我們就避之唯恐不及了。

**小筆記**

# 師生對照鏡

## 學生作品

### 媽媽，是我最愛的人

廖則穎

「嘿！趕快起來啦，不然你又會被老師記遲到喔！」每天早上，我的媽媽總是這樣把我吵醒，還很想睡的我只好乖乖聽她的話，趕快上學去。

我的媽媽，是個很負責任的母親，也是一位很用心的老師。記得小學的時候，我必須要搭校車去台中上課，但愛睡的我總是很晚才起床，所以媽媽只好比平常早一點起床。但我從不知道媽媽爲什麼要早起，直到有一天早晨，差不多比平常早一個小時起床。我以爲今天我是第一個起床的，但聽到房間外的水聲，我知道媽媽已經醒來了。所以，我就偷偷跑到房間外看看媽媽到底在做些什麼。原來媽媽在幫我的水壺裝水，整理我的餐盒，檢查一下我的功課有沒有寫完。辛苦的媽媽，因爲我所以才這麼早起。我眞的很謝謝媽媽爲我做的這些事。

【措詞】「記遲到」為口語文字。

【措詞】「還很想睡的我」改成「猶帶睡意的我」。

【重複】「起床」一詞重複，應重新順理文句。

【措詞】貪睡。

【疑問】水聲較無特定意指，很難從「房間外水聲」知道「母親醒來」。

【疑問】檢查作業大多數會在前一晚。

【說明】直言感謝，不如摹寫的心理悸動。

【疑問】是因母親教不好，還是自己恍神？但無論何因，都有些岔題。

上了國中，因為課業變難了，所以媽媽怕我學不好，所以常常用學校教學生的講義拿來教我，雖然我偶爾不知道媽媽在說什麼，但從她的講義，我看到了她是一位很用心、細心的老師。

我覺得，我很幸運，有一個這樣的母親，我很感謝她。每天晚上，當媽媽打開我房間的門說晚安的時候，我一定會記得回她：「晚安，謝謝妳。」

【刪改】「所以」與下句重複，刪去。

【段落】第二段開頭揭示了母親的兩種身分，但對負責任的母親著墨較多，用心的老師形象只在第三段稍微帶過。描寫時應各有側重，互相幫襯。

## 總評

- 對媽媽的感謝，稍嫌平淡累贅。如：「我的媽媽，是個很負責任的母親，也是一位很用心的老師」、「我真的很謝謝媽媽為我做的這些事」、「她是一位很用心、細心的老師」、「我很幸運，有一個這樣的母親，我很感謝她」。
- 個人心情，不應只有感謝，佩服、喜歡、依戀……，應寫出自己母親的與眾不同處。

## 老師改寫

### 媽媽，是我最愛的人

「嘿！趕快起來啦，不然又要遲到了。」每天早上，我的母親總是這樣把我喚醒，分秒不差的。有時候我較早醒轉，便故意賴在

【解釋】寤寐：寤，睡醒。寐，就寢。

【仿句】就連……，也往往因為……而……

床上，直盯著牆頭時鐘，果然時間一到，母親的聲音就開始嘹喨。

我的母親，在學校是一位很用心的老師。晚餐的時候，總是把學生的事情掛在嘴邊，絮絮叨叨的和父親討論，反而把我冷落了。就連母親答應要陪我讀書的時間，也往往因爲要與家長聯絡事情而失約了，那時剛上小學的我，心裡確實有點難過不平。

當時，我的學校位處台中，每天須搭車往返，但愛睡的我總是拖到最後一刻才起床，往往在寤寐之際，聽見廚房隱約傳來器皿撞擊的響聲。我知道那是母親準備東西的聲音，先前我總不明白，她爲何要在冷冽的早晨醒來打理家事，叮叮噹噹的擾人清夢？直到出門前，看見餐桌上排放整齊的飲水瓶、午餐盒，我才恍然大悟，母親捨棄被窩的溫存，只爲了備齊我的需要。原來母親於我，一直是悉心照料，從未失職的。

上了國中後，課業難度陡升，媽媽擔心我學不好，所以常常拿著她教授學生的講義來指導我，那是她利用假日的餘裕整理出來的資料。對她而言，學生也是孩子，讓她想多付出一些愛與關懷給他

【仿句】果然……，……就開始……

們；孩子也是學生，教導一些我從未觸碰過的經驗。
　　幸運如我，能擁有一個這樣溫柔善解的母親，身兼二職，卻扮演得同樣出色。今晚，當母親打開房門向我說晚安的時候，我一定要大聲的回應：「晚安，謝謝妳。」

## 仿句練習

❶ **果然**時間一到，母親的聲音**就開始**嘹喨。

❷ **就連**母親答應要陪我讀書的時間，**也往往因爲**要與家長聯絡事情**而**失約了。

## 精選佳句

❶ 我曾經在他嚴厲父權的影像之下長大；健碩的體魄，洪亮的聲音，是他留在我記憶底層的深刻烙印。從來沒有想過，有一天他會變得如此空茫而無助。（陳芳明〈父親的瞭望〉）

❷ 母親的手是粗糙的傭工手，一直到她死，掌上的厚繭都存在著。當去年年底，她住進了醫院，我回去看她，摸著她手上的厚繭，哭得好厲害。她畢生的心血、汗水凝成了那些繭，她用這些繭保護了我們。而我們做子女的，並沒有回報她一點點，她是一堆火，把自己燒成灰。（南方朔〈來世的許諾〉）

❸ 儘管他已成爲一個魁梧男子漢，我的印象裡仍是童年時，他在自己房中欠缺安全感，夜深以後，悄悄潛進我房裡，蜷在鞋櫃上睡覺的瘦小孩子。……當他稚幼、無依，當他恐慌欲哭地呼喚姐姐的往昔，我究竟應過幾回？……或許那時覺得自己不過比他大三歲，無須擔負。等到發現生命必得負擔才有重量，他卻已接過了扁

擔。……不知歲月如何轉換，我開始倚靠他。（張曼娟〈青青子衿〉）

❹大阿姨對我們很溫和慈愛，但我記得她的笑容，不知為何總帶點歉意。像小心客氣注意著要退後一步，站到他的人生之外，彷彿對自己的存在感到難堪似的。（張惠菁〈姨丈〉）

❺手足間，若沒有吵架、玩鬧，就沒了真正的情誼。大哥跟我玩鬧，把我壓在木麻黃樹根下呵癢。他鬧、我笑，他沒罷手，最後，我是哭了。這一哭彷彿成就了不可磨滅的意義，成為我跟大哥交集的往事。（吳鈞堯〈斷線〉）

❻每個父親在兒女的生命之中都有無可取代的地位。每一對親子，一路走來，都有獨一無二的故事與相互特別的牽記。……，我們的身分與認同衍生自我們的父親。我們因為他的緣故，而有我們的姓氏、祖籍、傳承與家風。（葉文心〈走過一世紀——懷念我們的父親葉明勳〉）

❼兄弟情切，因聲障無從表達，弟弟只能屈指比畫，做哥哥的他並無從會意。但在詩的結尾，他仍然對弟弟發出讚嘆：「宇宙大得如你手掌那麼小！」意思是弟弟的手語可變化出一個宇宙。（陳義芝〈海濱漁夫〉）

## 相關類題

推動搖籃的手／一段難忘的親情／常常我想起那雙手／請聽我說／我最懷念的人／我最敬愛的人／生命中最重要的人／天下父母心

# 熟人 有你真好

## 說明

就像徐志摩說的：你我相逢在黑夜的海上，你有你的，我有我的方向。一生中，總得和許多人相遇遭逢，然後共同交織出悲喜哀樂的故事。或許有些人，就這樣離開了；或許有些人，還逗留在你的身邊，做一個永恆的陪伴。請你細細思索，在你的生命中，是否有過這樣的一個人，陪你分享光榮與挫敗？你和他之間又發生過怎樣的故事呢？請同學以「**有你眞好**」爲題，仔細描述那個生命中極爲重要的人，並在稿紙上抄題。

## 審題

**有你**

- ☐ **蠟筆小新**陪伴我度過許多無聊的時間。
- ☑ **好友**，常於我失意時，前來殷勤問訊。

【說明】題目已言明，要以現實生活中的「人」爲對象。

**真好**

- ☐ 他常常陪我**聊天**，放假也常常帶我出去**打撞球**。
- ☑ 你讓我了解，什麼叫做**勇敢**，什麼叫做**責任**。

【說明】強調出某人對你生命的正面影響，特別且別具意義。請應以第二人稱行文較爲適切。

## 問題&思考

1. 請問你選擇的人物是誰？
2. 你們認識的時間、場合、機緣爲何？第一眼的感覺又是如何？
3. 遇見某人之前，你覺得自己有哪些缺點？他有造成你的任何正向改變嗎？
4. 遇見某人之前，你覺得自己有哪些情感上的需求？他能滿足你的任何缺憾嗎？
5. 請問你們兩人有過怎樣的互動與故事？
6. 若你沒有遇見某人，你現在的生活會是如何？
7. 若有一天，某人離你遠去，你的心情爲何？

## 立意

把遇見某人當成是個分界點，強調某人帶給我的種種影響，讓自己變得更好。例如：由叛逆變得溫馴，由自私變得大方，由怯懦變得勇敢……

# 聯想心智圖

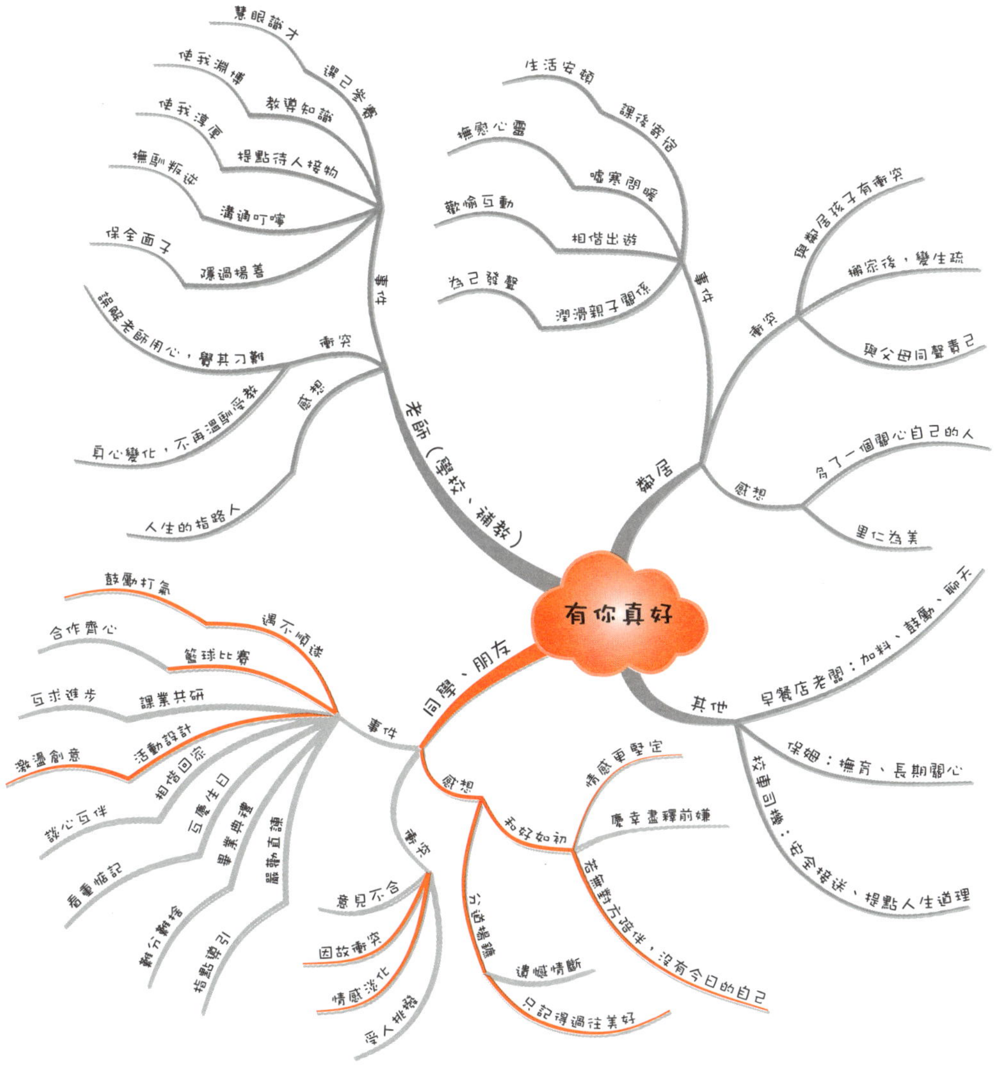
有你真好
老師（學校、補教）
事件
慧眼識才
選己參賽
使我淵博
教導知識
使我淳厚
提點待人接物
撫慰叛逆
溝通叮嚀
保全面子
隱過揚善
衝突
誤解老師用心，覺其刁難
感想
身心變化，不再溫馴受教
人生的指路人
鄰居
生活安頓
課後寄宿
撫慰心靈
噓寒問暖
歡愉互動
相偕出遊
為己發聲
潤滑親子關係
與鄰居孩子有衝突
搬家後，變生疏
與父母同聲責己
多了一個關心自己的人
里仁為美
其他
早餐店老闆：加料、鼓勵、聊天
保姆：撫育、長期關心
校車司機：安全接送、提點人生道理
同學、朋友
鼓勵打氣
遇不順遂
合作齊心
籃球比賽
互求進步
課業共研
激盪創意
活動設計
談心互伴
相偕回家
看重惦記
互慶生日
難分難捨
畢業典禮
指點導引
嚴勸直諫
意見不合
因故衝突
情感淡化
受人挑撥
情感更堅定
和好如初
慶幸盡釋前嫌
若無對方陪伴，沒有今日的自己
分道揚鑣
遺憾情斷
只記得過往美好

上色部份請參照P68教師範文

## 謀篇

**開頭：**回憶式文章適合採用鏡框式寫法。由當下的某景、某物、某話、某味道，開始引發回憶。

**中段：**敘述過去種種回憶。勿貪多，著力描寫2～3個事件。

⬇考試失誤後→你的開導，讓我變開朗。

⬇佈置壁報事件→你的勤奮，讓我陪伴參與。

⬇吵架後→你的主動道歉，讓我明白知音難尋。

**結尾：**又回到今日此刻，抒發對那人的感覺。

**叮嚀：**

❶若此人已不在身旁，進而想念起過往的種種；若此人仍在身旁，就可言及自己對他的感激。

❷兩人的互動亦需加強，包括敘事及情感描寫。

❸千萬不可透露出對方姓名。

## 教師範文

### 有你眞好

那天，恰好結束煩人的段考，我們於是在教室裡圍坐談笑。聊到喜歡的卡通，便擁護起各自支持的角色，喧鬧不止。突然，你跳到桌上，比劃起主角的招牌動作，誇張滑稽，逗得大家忍俊不已。

那是我首次意識到你的存在。

隔週，成績單如期發出，由於準備不周，我的成績極爲難看，整個人悶悶不樂，斜倚廊柱，除了深覺自己怠懶鬆散，也擔心父母的怒責。忽然，你走了過來，與我懇談許久，要我加倍努力，於下次考試扳回一城。最後不忘補充：「不過……千萬別考贏我。」

我被你搞笑的結論逗笑，心裡陰霾，頓時消散一空。你不免得意洋洋：「我又阻止一件自殺慘劇的發生了。」

從那次開始，我們漸漸熟識，你欣賞我的沉穩，我也喜歡上你的風趣幽默。

後來，班上準備籌辦一場同樂會，全班爲了佈置工作傷透腦筋。這時你挺身而出：「就交給我吧！」從那一天起，你每節下課都在位子上，設計草圖，並要我從旁協助，提供意見。最後，我們花了一整個週末，把教室弄得熱鬧喜慶。

果然，當大家踏入會場時，驚訝聲四起。天花板用藍色壁報，化爲晴空；白色棉花綴黏其上，即成行雲飄動；彩帶綁成虹橋，噴劑製成雪花……那一回的同樂會，大家玩得興致高昂。很多人都說，我們的設計很精采，才能使大家情緒如此亢奮。

那一次的合作，是我永生難忘的熱血往事。

但在臨屆畢業時，我們在球場起了衝突。起因於球賽進攻的過程中，我明明搶得空檔，可以從容出手，你卻自顧自運球上籃，不僅沒得分，還被敵隊抄截搶攻。最後裁判鳴笛，我們輸了。

下場時，我措詞強烈的抱怨，你也不甘示弱的回嗆：「你也不一定會進。」然後，兩人拎了包包，各自回家，不再像往常一樣到巷口冰店休息聊天。

走在回家的路上，我自責不已，長達三年的友情被自己的莽撞，弄得粉碎。思量許久，我決定隔天就向你道歉，畢竟朋友易得，知音難尋。

翌日，我們於廊上不期而遇。你反而先開口：昨天的事，別在意啊！我會心一笑，並且感覺篤定踏實，因為知道我們都同樣看重這段友誼。

畢業後因父親工作，舉家搬遷數次，距離一遠，關係隨之疏淡。此刻坐憶舊事，突然想對你說聲：有你真好。在相互偎伴的歲月中，你教會了我，關於樂觀、付出與珍惜，都是我原本欠缺的人生態度。

我很高興，我們的人生曾在某一剎那交會，迸發光亮。也許，從今爾後不再相逢，但我還是想跟你說一聲：你的出現，讓我的生命更加豐盈美好。

## 詞彙鍛鍊

- 面龐、臉孔、相貌、福泰、圓潤、細緻、粗獷、嚴肅、削瘦、立體、慈祥、瓜子臉

老師的五官極為立體，兩頰削瘦，面容嚴肅，靜默時便如雕像一樣，優美而勻稱。

- 紅顏、靚(ㄐㄧㄥˋ)、姝(ㄕㄨ)、嫵媚、嬌憨、冶豔、尤物、標致、俏麗、姣好、俊秀、俊俏、英姿、風流、帥勁、挺拔、慈祥

女孩已是面容姣好的俏麗少女，不再是我印象中那個嬌憨的隔桌同學。

- 凶惡、猥瑣、猙獰、無鹽、陰鬱、痲木、呆滯、鐵青

他總是坐在教室後頭，陰鬱無歡的沉思，沒人願意親近他，理解他。

- 凝脂、白皙、紅潤、古銅、粉嫩、滑膩、慘白、蠟黃、黝黑、鬆弛、乾皺、粗糙

樓下管理員的面龐，乾皺而鬆弛，那蜿蜒於額上的紋路，也顯得不那麼凹深交錯了。

- 青絲、華髮、瀏海、鬢毛、鬍鬚、披肩、綁、挽、紮、綰、繫、攏、盤、油亮、烏黑、皤然、飄逸、稀疏、濃密、蓬鬆、直順

  ⇩ 巷口販賣早點的阿姨，總愛把濃密的長髮結綰成髻，方便她料理餐點，也顯得淨潔俐落。

- 思念、緬懷、想念、懷想、懷念、惦記、難忘

  ⇩ 在你離開之後，我格外惦記你的綠色衣裳，那是去年聖誕節我送給你的禮物。有人說：「記得綠羅裙，處處憐芳草。」每當我看見窗外植株，綠影搖曳，便恍惚以為你已自遠方歸來。

- 陪伴、相偎、伴隨、跟從、靠近、守護、成雙

  ⇩ 你在身旁相偎陪伴，賦予我力量，使我能跨越生命中許多險阻難關。我知道這一路走來，有你的守護，便是我最大的幸福。

- 相逢、聚首、邂逅、會晤、交際、寒暄、久違

  ⇩ 因為相逢在最青春的時刻，所以心浮氣盛，不懂珍惜彼此的情誼。

- 分袂、告辭、話別、睽違、闊別、契闊

  ⇩ 餞別宴後，我們分袂而去，在錯身的那一剎那，你彷彿有話想對我說。

- 投契、締交、莫逆、交好、交遊、投機

  ⇩ 見了幾次面後，我倆相見恨晚，結為莫逆，直說對方定是彼此失散的兄弟。

## 成語運用

- 面面相覷：相互對視，表示驚懼或詫異。

  ⇩ 對於他的指責，我和朋友面面相覷，不知他的怒氣從何而來？

- 面如冠玉：男子面貌俊美，有如鑲飾在帽上的美玉。

  ⇩ 便利商店的那位店員，面如冠玉，態度親切，因此吸引了不少死忠顧客。

- 頭童齒豁：人頭禿齒缺，年老體衰的樣子。

  ⇩ 鄰居老伯雖已頭童齒豁，但每天清早仍拿起掃具，為社區清理環境。

- 抓耳搔腮：人在喜悅、焦慮、生氣時的神情。

  ⇩ 眼見下一輪就要出場比賽了，他緊張的抓耳搔腮，來回踱步。

- 如沐春風：比喻遇到良師誠摯教誨的感受。
  - 聽老師上課，便如同沐洗在春風中，那樣的舒適自在。
- 魂牽夢縈：十分掛念、思念的樣子。
  - 自搬家後，妳嬌憨俏皮的模樣，便令我魂縈夢牽，無法忘懷。
- 一見如故：第一次見面就相處和樂融洽，如同老朋友一般。
  - 第一次約會，我們便一見如故，笑談風生，彷彿有種莫名的情緣牽繫。
- 促膝談心：對坐著談心裡的話。
  - 那夜，你帶我到中正紀念堂散步，走累了，便覓地而坐，促膝談心，交換著一些悲喜交纏的往事。
- 休戚與共：彼此關係密切，憂愁喜樂、禍害幸福都關聯在一起。
  - 當我們決定締結友誼，未來就應當不分彼此，休戚與共。
- 相濡以沫：人同處於困境，而互相以微力救助。
  - 儘管未來再多挑戰，我們依舊信任彼此，願意相濡以沫，相互扶持。

小筆記

學生作品

## 有你真好

廖則穎

下課的鈴聲響了，走在充滿歡笑聲的走廊上，我隱約聽見了熟悉的聲音。再往下走，果然，我看見了我國一時的數學老師，看見她還在認真教導著教室裡的學生，讓我想起以前的日子。

還記得一年級的時候，我是一個非常討厭數學的學生。每次上課都聽不太懂，老師給的作業總是很多都沒寫。直到第一次段考後，我發現我有很多的觀念都不懂，問了同學，同學也說得不清不楚。終於，我鼓起勇氣去問老師，老師就從頭把以前教過的東西慢慢跟我講。這時的我發現，數學並不難。

老師上課雖然很無趣，但她講的公式及概念，都會有清楚的解釋。老師總是不時的問，有沒有問題，如果有人有問題，她也會很樂意的回答我們。雖然老師出的作業很多，但我漸漸發現，練習愈多，考試就會愈好，老師讓我原本只能考六、七十分變成了八、九

【換句】老師將最基礎的觀念，一一為我重述。

【換句】老師給的作業，總有很多未能完成

【換句】也未能解開我的疑惑。

【重複】上下句主詞相同，宜統整合一。

【措詞】「無趣」較負面，應改作「老師上課較正經，不常以笑話取悅我們」

【標點】老師總是不時的問：「有沒有問題？」

十分。或許這就是爲什麼我們的數學總是得到全年級的第一名。

雖然現在老師已經不教我們了，但我還是會去問她問題，她總是很開心看到我來請教她。現在數學已經不是我的困擾了，每當有人問我：你最喜歡什麼科目。我總是回答，數學。老師，這段時光，有妳眞好。

【換句】不是我們班的任課老師了。

【換句】我總是回答：數學。然後，便想當面向我最摯愛的老師說句：這段時光，有妳真好。

**總評**

- 文章中有兩個地方的敘述，包括「向老師問問題」、「成績愈來愈好」，較爲鬆散，可參考改寫文章的相應段落。

## 老師改寫

### 有你眞好

下課時，我行經某間教室，隱約聽見了熟悉的聲音從裡頭傳來。再靠近些，果然，我看見了國一時的數學老師，仍賣力的在講台上解題，一如往昔。

記得剛升上國一時，我對於數學極其厭惡，上課時呆傻悶坐，課後老師吩咐的作業也都沒有完成。直到第一次段考前，發現自己對這次的內容毫無概念，心底忐忑不安。鄰座的同學也表示愛莫能助，因爲他對數學也有極大的障礙。

　　在某次下課，我鼓起勇氣求教數學老師，她對我之前的怠懶沒有絲毫責備，只說亡羊補牢還是有機會的。她要我每次午休都到她的座位上，慢慢的把與這次月考相關的觀念與公式講解給我聽。當然，她這次派發的作業，我全都如期完成。慢慢的，我發現之前的恐懼，多半肇因於自己的懶散，數學，並沒有想像中的難。

　　度過月考的難關後，我開始認眞聽課。老師上課不常以笑話取悅我們，她只是清楚的，解釋著每一個公式及概念。每上了一小節，就會停下來詢問我們：有沒有問題？若有人舉手發問，她便會放慢速度再上一次。不僅我的數學成績慢慢攀升，到後來，班上數學的平均分數也獨占鰲頭，讓其他班級稱羨不已。

　　雖然升上二年級後，班上的數學老師換人了，但我現在還是會去找她爲我解答疑惑，彷彿又回到了一年前，她犧牲午休時間，陪

【仿句】……也表示……，因為……

【解釋】肇因：引起事故的原因。

【說明】與前段的「時間」與「聽課狀況」做了區隔。

【仿句】……不常……，……只是……

【仿句】不僅……，……也……

【說明】可呼應前面情節。

伴我衝破難關的那段時光。現在數學變成我最有成就感的一個科目，下次見面，我真想向她說聲：老師，謝謝妳，有妳真好。

## 仿句練習

❶鄰座的同學**也表示**愛莫能助，**因爲**他對數學也有極大的障礙。

❷老師上課**不常**以笑話取悅我們，她**只是**清楚的，解釋著每一個公式及概念。

❸**不僅**我的數學成績慢慢攀升，到後來，班上數學的平均分數**也**獨占鰲頭。

## 精選佳句

❶爲你的難過而快樂的，是敵人；爲你的快樂而快樂的，是朋友；而爲你的難過而難過的，就是那些該放進心裡的人。

❷與喜歡的人在一起，是種幸福；與不喜歡的人相處，是種藝術。

❸常有人問我爲什麼寫舞台劇，我也許有很多理由，但最初的理由是「我遇見了一個老師」。……在教書之餘，在家務和孩子之餘，在許多繁雜的事務之餘，每年要完成一部戲是一件壓得死人的工作，可是我仍然做了，我不能讓她失望。（張曉風〈她曾教過我〉）

❹冬天沉寂的下午，淡淡的日影，他的眼神安靜深邃，你跟他談話，他讓你走入他的世界，可是，顯然地，他還有另一個世界，你可以感到他的隨和從眾，可是你又同時感到他的孤獨。（張曉風〈大音〉）

❺她說，在她最困難窘迫的時候，是我陪她度過的，所以，在人生得意須盡歡的時刻，不能沒有我。（張曼娟〈出去散散步，好嗎？〉）

❻老師就像一陣天風，至大至剛，從千里之外吹來，從遙遠的古代吹到現代，從中國吹到台灣，把消沉將熄的中華文化的灰燼吹醒了，給無數年輕人帶來光明和力量。（賴聲羽〈懷念毓老〉）

❼不斷回想起青春舊日，以為變得模糊的影子，存在於生命中的破碎線索，迢遙入夢。想起彼日，我們清純無比交換藏書和收集一大鞋盒的卡片，央著對方出借所有小說。收藏和情感是如此難以比擬，但我們還是笑著交換了所有。（凌明玉〈遠方〉）

## 相關類題

感謝您——老師／眞正的朋友／我從同學身上學到的事／給朋友的一封信／最要感謝的人／影響我最深的人／偷偷喜歡你／給國三學生的一封信／朋友之間／一個與眾不同的人／給師長的一封信／他不笨，他是我同學／我想對你說／我們這一班／生命中的貴人／○○素描

# 陌生人

## ○○的身影

### 說明

滾滾紅塵中，你曾否注意過萬象百態的人物，在於身邊來去流轉？像是晨起的老人、修路的工人、賣早餐的單親媽媽、斯文俊帥的上班族、搖曳生姿的少女。他們在與我們交會的刹那，有的光芒四射，展其姿采；有的卻低調隱歛，僅留擦肩之緣。

我們或許有機會，與他們稍作攀談；或是靜靜的在旁觀察他們的舉止。請同學以「**○○的身影**」爲題，仔細描述與那個陌生人交逢的過程，並在稿紙上抄題。

### 審題

**○○的身影**

□有位禿頭的老人，躡手躡腳躲到牆角，隨地撒尿。

☑公園裡的孩子，快樂無憂，像是一顆顆熱力十足的金黃太陽。

【說明】所選人物，必能引帶出個人想法。如孩子可帶出回憶、希望、快樂、未來性，若寫禿頭老人撒尿似乎沒有絲毫意義。

□可憐的遊民，全身髒兮兮的，沒有人理他。

☑他駝著身子來回踱步，身著襤褸衣衫，路人投以厭惡的眼光。

【說明】視覺摹寫的成分要深入刻畫，不能草草帶過。

### 問題&思考

❶請問你想選擇何人，作爲書寫對象？原因爲何？

❷請問你在哪一個場合遇見他？怎麼會注意到他？

❸請問你們兩人是否有任何身體或言語的互動？

❹你會羨慕他的身分嗎？還是會悲憫他的處境？又或是想與他成爲朋友呢？

❺目送他的身影離開後，你的心中會湧現什麼情緒？

### 立意

❶由於對象是陌生人，故此篇較適合保持距離，少有過於熱切的互動。且須在文章前段的某處，將眼前之人的身形、外貌、動作，一一描繪。

❷若無攀談的機會，你便須從他的打扮、神情……，猜測出「他的身分」、描繪「他現在在做什麼」、揣想「他之後想做什麼」？

❸若有攀談的機會，可從他的談話內容中，找出切入點，抒發感想。

# 聯想心智圖

## 背影

### 小孩
- 情狀
  - 熱情活力
  - 小心呵護
  - 喜好音樂
  - 罵髒話
  - 向小孩撒嬌
  - 表情溫暖
  - 哭鬧
  - 有趣、可愛
  - 小孩唯一玩具
  - 商嘴
  - 要好好管教
- 感想
  - 父母無言
  - 最幸福的時刻
  - 學習 如海綿吸收新知
  - 遊戲 暢快無憂
  - 長大後也應保持童真
  - 想回到童年
  - 小孩可愛，令人開懷
  - 盡力保護孩子的快樂童年

### 司機
- 情狀
  - 聊天
  - 使上學路途中減輕鬆
  - 溫馨親切
  - 沿途說真色笑話、邊開車唱歌
  - 馬路殺手美觀的新名英雄
- 感想
  - 犯規
  - 一絲不苟
  - 合作
  - 梳著夜色
  - 一起撿雜物
  - 檢拾垃圾無遺
  - 負責
  - 牧勤
  - 流汗

### 清道夫（服務）
- 情狀
- 感想

### 老人
- 感想
  - 老吾老以及人之老
  - 老者如寶礦
  - 社會福利
  - 智慧
  - 家人探望 孤單
  - 皺紋、談吐
  - 落寞凄涼 耳背蹣跚
- 情狀
  - 小孩心性
  - 運動健行
  - 活力壯壯
  - 噓寒問暖
  - 應認真面對人生
  - 令人鼓舞 蓬頭垢面
  - 令人嘆息 不事生產
  - 令人深覺虛擲人生 頹廢幻自由

### 遊民（乞丐）
- 情狀
- 感想
  - 蔑視路邊，感嘆付出
  - 違規跨距 及眾衝突 民眾應體諒
  - 看著母親 汗流雨淋 勞苦
  - 老闆娘 辛勞努力 付出犧牲
  - 細心

### 少女
- 情狀
  - 結伴成群 看重友誼
  - 蓬勃半興 熱情熱情
  - 嘻嘻鬧鬧 求知若渴
  - 神情飛揚 青春無敵
  - 面露憂愁 青春迷惘
  - 流淚 感情跳挫
- 感想
  - 青春精采飛揚
  - 青春脆弱易折

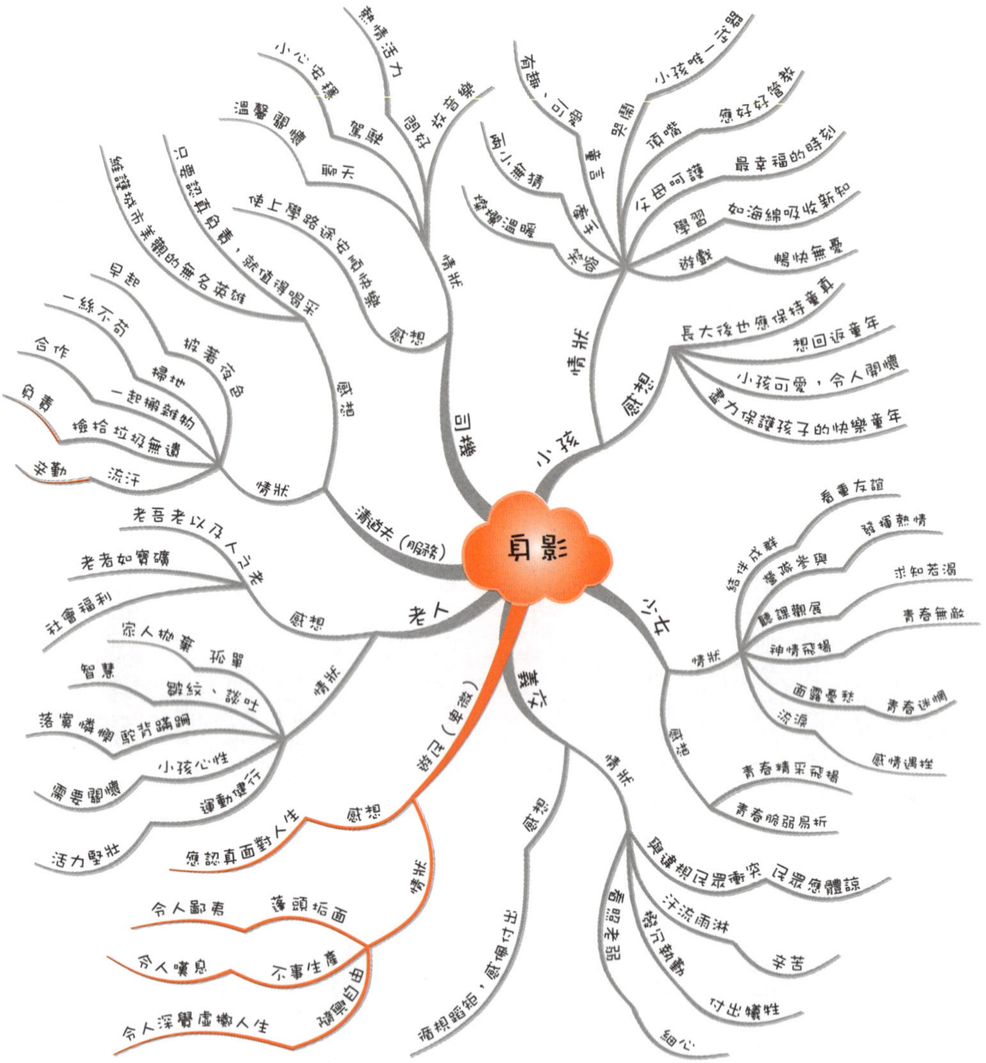


上色部份請參照P79教師範文

## 謀篇

**開頭：**點出對方出現的地點與特徵。

**中段：**描述須圍繞對方，不可岔出。

- 寫出對方身分、摹寫其外形。
- 寫出自己對他的看法。
- 猜測他們的來由。
- 質疑對方的想法。

**結尾：**寫出自己對他們的想法、心中湧現的情感。

**叮嚀：**選擇書寫某人，定是對他有許多的想法（包含：愛惡、猜測、評價……），千萬不可流於單一平淡的感想（喜歡他、欽佩他、他好可憐）。

## 教師範文

### 遊民的身影

每回行經車站，我總忍不住探頭張望那些身影，寂寞孤伶，卻又強烈的存在於城市的這個角落。

那是一群遊民，**蓬頭垢面**，衣衫襤褸，遊魂似的逡巡穿梭。可能隨意席地而坐，或是覓著一張長椅，便**大剌剌**（ㄌㄚˇ ㄌㄚˇ）的橫躺其上，渾不在乎其他市民的異樣眼光。他們的時間，似乎比平常人多上幾倍，可以緩慢從容，可以浪費虛擲。

但我相信，沒有人會願意肖似他們。我們身上雖然肩負工作壓力，卻也驗證了自己的價值；我們雖然沒有隨意自在的生活，但至少覺得每一分秒都充滿意義。更重要的，我們有一個美好的家，可以風來擋風，雨來遮雨。

他們是如何自家庭被流放逐出呢？是因爲子女不孝，家人排擠，不得已浪跡天涯？抑或己身的荒唐胡爲，頹廢沉淪，才使親人避之唯恐不及呢？背後的原因，或許已不堪深究，一個社會現象的產生，絕對隱含眾多因素。

只是我也不免懷疑，**一枝草一點露**，只要他們願意，梳洗整齊，謙卑勤懇，一定能尋得足以糊口的工作，即使無法過著優渥的生活，但覓得一處棲身安居的地方亦是綽綽有餘的。究竟他們是無能爲力，還是怠懶不願呢？

總之，看著他們的身影，我百感交集，有時同情憐憫，有時卻滿是鄙夷不屑，不管是自願或是被迫，輕易的**註銷**自己的人生，都不是一種聰明的作法。

離開車站，陽光瞬時潑灑在我的身上，我不由得對於自己所擁有的，深覺感恩與珍惜。

**重要注釋**

❶ 蓬頭垢面：頭髮散亂、面容骯髒。
❷ 大刺刺：大模大樣。
❸ 一枝草一點露：雨露無私均霑，天無絕人之路。
❹ 註銷：取消。

## 詞彙鍛鍊

- 高挑、頎長、壯碩、偉岸、魁梧、虎背、健實、侏儒、短小

→ 靠在車邊的男子，身形頎長，剪裁合宜的西裝，更襯出他的清瘦。若有似無的風，吹起他額前的髮，以及身上淡淡體香。

- 肥胖、肥碩、笨重、發福、臃腫、圓潤、富泰、豐腴

→ 那位拾荒的老婦，雙頰圓潤，體態豐腴，拉著疊滿雜物的板車，顯得格外吃力，整件外衣汗濕了一片。

- 苗條、纖細、精瘦、清癯、清瘦、單薄、孱弱、削瘦、嶙峋、乾癟、羸弱、枯槁

→ 那位獨居老人，兩頰凹陷，髮色濁亂，全身盡是嶙峋瘦骨，宛若從墓裡爬出的木乃伊。

- 勻稱、合宜、窈窕、輕盈、綽約、婀娜、玲瓏

→ 她勻稱且凹凸有致的身材，令人稱羨，尤其隨著音樂款擺搖曳的軀體，更美如花動枝擺。

- 含蓄、典雅、端莊、嫻雅、嫻靜、雍容、靈秀、斯文、儒雅、飄逸、脫俗、灑脫、倜儻、翩翩、瀟灑

→ 他們夫妻倆，一個嫻雅，一個瀟灑，書中所描述的神仙眷侶，大抵如是了。

- 俚俗、粗鄙、庸俗

→ 那人穿著粗劣，口裡操著粗鄙的話詞，便大聲嚷嚷起來了。

- 壯闊、昂揚、英發、勃發、風發、颯爽、叱吒、軒昂、氣沮

→ 往昔的他，何等雄姿英發，孰料公司倒閉後，他整個人廢然氣沮，荒誕過日。

• 自在、安逸、恬然、悠哉、逍遙、愜意、寫意、優遊、從容、奕奕、抖擻、恍惚、憔悴

⇩ 某日入山，看見蟄居林間的住民，種花蒔草，逍遙愜意，耽看光影的挪移，側聽風雨的嘯歌。

• 卑微、渺小、偉大、重要

⇩ 清道夫的存在，或許渺小到讓人容易遺忘，但他們以汗水換來的潔淨世界，卻無私的讓我們共同享受。

## 成語運用

• 形銷骨立：形容人極其瘦弱。

⇩ 隔壁病床的老伯，患病年餘，在化療的折磨下，形銷骨立，令人憐惜。

• 穠纖合度：形容身材適宜，胖瘦恰到好處。

⇩ 鄰婦雖已生養六個孩子，但身材仍是穠纖合度，毫無變成黃臉婆的跡象。

• 蕙質蘭心：比喻女子芳潔的心地、高雅的品德。

⇩ 那女子攙扶著瘸腿的老婦，穿越了如流的車陣。那體貼溫柔的舉止，顯見她蕙質蘭心的一面。

• 俗不可耐：形容言語舉止庸俗得使人難以忍受。

⇩ 他的談吐，俗不可耐，彷彿除了金錢與地位，人生再無其他意義了。

小筆記

# 師生對照鏡

## 學生作品

### 老先生的身影

廖則穎

在生活中，①我們常常會與很多不認識的人擦身而過。②我們可能一生中都不會知道那些人是誰，③也不會跟他們講到一句話。但我們卻可以從他們身上學到一些事情。

【冗雜】這三句意義類似（可參見改寫範文的最後一段）。

【段落】此段內容偏向感想，適宜擺在文末。

一早的清晨，我在附近國小的操場上，正在爲我們班的一千五百公尺競賽做練習。跑著、跑著，突然發現一位老先生一邊做操，一邊看著我，我就跑過去跟他說聲早，他也滿臉笑容的跟我說：「早啊！」後面又加上了一句讓我覺得很疑惑的一句話：「要懂得愛護這個環境啊，年輕人。」聽到這句話，我想了想，覺得奇怪，他爲什麼要叫我愛護環境啊，難道他是清潔隊的人嗎？

【措詞】做伸展操。

【換句】老先生也高聲回應

【疑問】作者並沒有丟垃圾的舉動，老人此言，有些奇怪。

後來的幾個早晨，我都看到那個穿著白色運動服的老先生在那裡做運動。之後，有一天放學回家，我看到那位老先生拿著一個垃圾袋在撿垃圾，還順便把附近掃了一下，那時的我，終於了解到他

【疑問】早晨運動跟下午撿垃圾有關聯嗎？為何要寫在同一段？

那句話的意思了。

看到了那位老先生的行爲，讓我不禁想，學校教室裡總是有許多紙屑，那爲什麼很多人看到了都沒有撿，反而由一位已經很老的人會願意幫助這個環境呢？

【換句】反而是由一位上了年紀的老人，親身躬行，維護環境整潔。

【疑問】前段老先生主要於操場整理環境，此處怎會討論教室的垃圾呢？

每天放學回家，我總會繞到附近的國小，去看看那位老先生的身影，在心裡默默的跟他道謝。

【段落】結尾的動作，有些矯情，違悖常理。

## 總評

- 描摹對方的外貌、動作等處，稍嫌不足，無法使讀者的腦海中，浮現其形象。
- 與陌生人的互動，點到爲止。太熱絡反而讓人奇怪，敘事的眞實性也大大減低。

## 老師改寫

### 老先生的身影

爲了節省時間，我平日的早餐，總是在步行上學的路程中，草草解決。吞食掉三明治後，便隨手把垃圾亂扔，只要清風一吹，那凝眼的塑膠袋便飛得不見蹤影。邊走邊吃的惡習，也積累漸深。

【仿句】為了……總是……

【說明】描寫應有層次（三）：抽象，利用譬喻加深老人形象。

猶記那年的冬晨，我因為即將到來的校運接力，很早就出門訓練體能，繞著公園的人行道，一圈又一圈，不斷的跑著。直到結束第五圈時，才稍作歇息，坐在側旁的涼椅，啃食起我的早餐，然後順手一丟，垃圾瞬息即逝。突然，我眼角的餘光瞥到一個奇怪的身影，在不遠的人行道上，每走幾步，腰就向地上一彎，像是在撿拾些什麼。

【說明】描寫應有層次（一）：具體，簡短而模糊。

忍不住好奇心的驅使，我趨前一看，原來是一位年邁的老先生。頂上戴著個毛氈帽，身上穿著一件薄外套，也不知能否擋住襲人的寒氣。他挪步的動作有些遲緩，更別說彎腰撿拾物品了。

【說明】描寫應有層次（二）：具體，因自己位置移動後，變得仔細而清楚。

他像個朝聖的僧侶，慢步向前，執著的，把眼前的髒亂給驅逐乾淨。突然，我看見他手上拾起一個透明塑膠袋，剎那間，我感到羞赧，那不正是幾分鐘前我丟棄的垃圾嗎？

【仿句】剎那間，我感到……

這個環境，我們居處的時間極長，卻總是殘酷無情的蹂躪它；那老人則用他的餘生，竭命守護著這塊土地。我慚愧無語，趕忙湊上前去，幫老人清除剩餘的垃圾，他瞧了瞧我，眼神略帶笑意。

【段落】用己身與老人的映襯，抒發感想。

我想，即使連一句話也沒有交談過，老人用他堅毅的身影，教會了我一些事情。自此，我也不曾在路上丟棄過任何垃圾了。

## 仿句練習

❶ **爲了**節省時間，我平日的早餐，**總是**在步行上學的路程中，草草解決。

❷ **剎那間**，**我感到**羞赧，那不正是幾分鐘前我丟棄的垃圾嗎？

## 精選佳句

❶ 他每刨完一次，便再度用手撫摸那刨過的地方。好像因爲一種細心的愛護疼惜，所有的不平和刺激都服貼下去了，木板上，逐漸消失了疙瘩和木刺，變得光滑平整了。（蔣勳〈雕刻匠〉）

❷ 這些臉上包裹了布巾，看不見五官表情的捕網的婦人，卻如雕像一般，有著堅實動人的肢體，有著令人不能忘懷的姿態；是如岩石、山巒一樣，永恆常留的姿態，當一切浮華的美麗逝去，他們是大地唯一可供紀念緬懷的雕像吧。（蔣勳〈補網的婦人〉）

❸ 原本不是太美的這位西施，因爲滄桑的侵蝕，也失去了她原有的白淨清純的質地，好像被用來盛醃漬食物的瓷器，失去了她白玉一樣的光澤。（林清玄〈檳榔西施〉）

❹ 他身穿一套藏青色的中山裝，熨燙得非常齊整，他的胸前左右都掛滿了勳章。（林清玄〈戴勳章逛街的人〉）

## 相關類題

認眞的人最美／體諒別人的辛勞／讓我們關心銀髮族

## 古今名人

# 偶像

### 說明

在成長的過程中，我們總會從某個人身上學習到一些優點，把他視爲我們所追求的一個典型。像是三國諸葛亮在南陽躬耕時，自比爲管仲；歌壇天后王菲，也常言鄧麗君帶給她的影響至深。

請同學以**「偶像」**爲題，寫出你與他的因緣際會，並且描述其成就，以及帶給你的種種影響。

### 審題

**偶像**

□諸葛亮／愛迪生／王永慶／父母親
☑我擅長圍棋：張栩／我喜歡跳舞：林懷民
【說明】平日應深入了解一位傑出人物，否則臨場只能找到常見浮濫之例。
□論說文：闡論崇拜偶像之優缺，以及種種因偶像生的社會現象。
☑記敘文：形容他吸引你的地方，並如何影響你？
【說明】若單以「偶像」二字來說，兩種文體皆可，但以本文爲例，根據說明文字的指引，純論說較不適合。

### 問題&思考

1. 請問你想選擇哪一位古今名人作爲主角？你從哪裡認識他的？如電視、雜誌、他人的傳述……
2. 他一開始就成名了嗎？有沒有經過一些挫折與流言的攻擊？他又如何面對這一些困境的？
3. 他個人的成就爲何？他的人格特質爲何？這些是你欣賞他的原因嗎？
4. 熟悉他的背景後，你的內心是否有所震撼？
5. 你對他是否有更高的期許，更誠摯的祝福？
6. 如果沒有受到他的正面影響，現在的你會是怎樣的一個人呢？

### 立意

1. 細述他的成就，進而吸引你的注意。
2. 吸引你的注意後，你如何被他深深影響。包含人格、人生目標。
3. 避免寫到政治人物或其他爭議性較大者。
4. 避免寫到偏屬偶像派的影歌星，較爲乏善可陳。

# 聯想心智圖

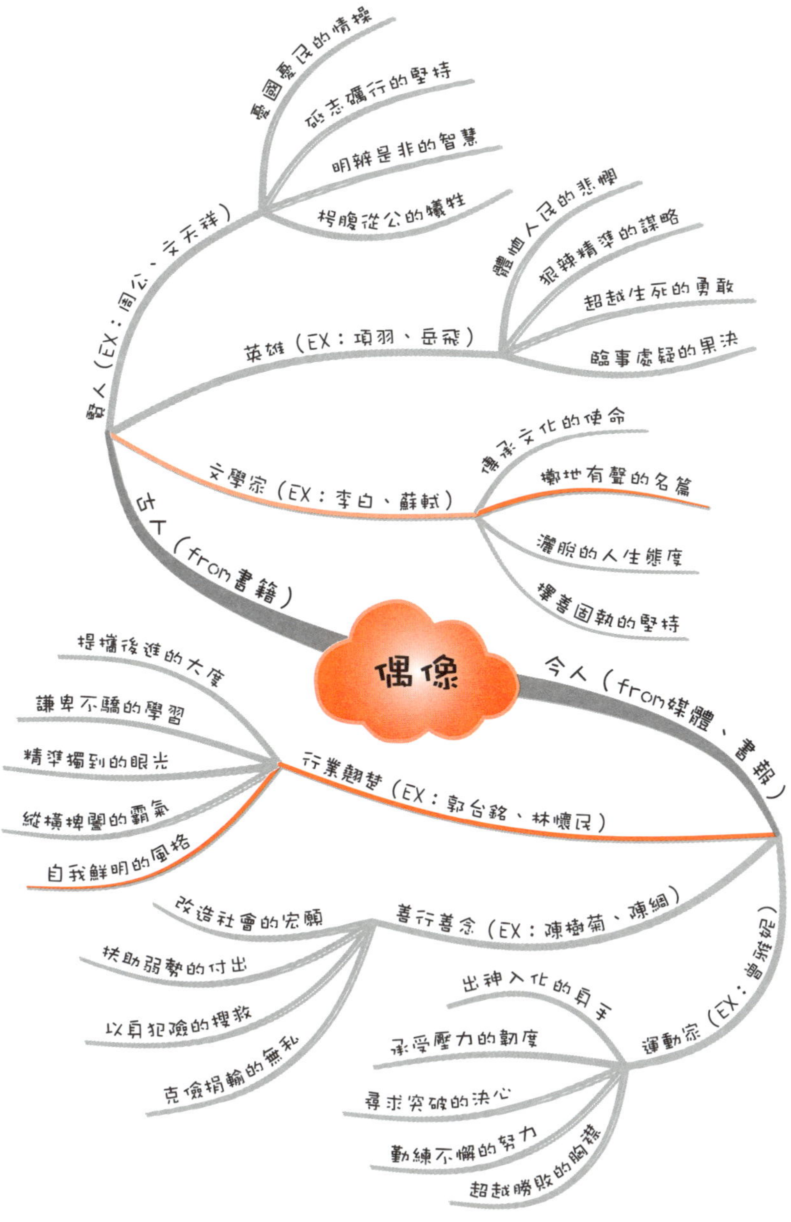
偶像
古人（from書籍）
賢人（EX：周公、文天祥）
憂國憂民的情操
砥志礪行的堅持
明辨是非的智慧
捐軀從公的犧牲
英雄（EX：項羽、岳飛）
體恤人民的悲憫
狠辣精準的謀略
超越生死的勇敢
臨事處疑的果決
文學家（EX：李白、蘇軾）
傳承文化的使命
擲地有聲的名篇
灑脫的人生態度
擇善固執的堅持
今人（from媒體、書報）
行業翹楚（EX：郭台銘、林懷民）
提攜後進的大度
謙卑不驕的學習
精準獨到的眼光
縱橫捭闔的霸氣
自我鮮明的風格
善行善念（EX：陳樹菊、陳綢）
改造社會的宏願
扶助弱勢的付出
以身犯險的搜救
克儉捐輸的無私
運動家（EX：曾雅妮）
出神入化的身手
承受壓力的韌度
尋求突破的決心
勤練不懈的努力
超越勝敗的胸襟

上色部份請參照P88教師範文

## 謀篇

**開頭：**先介紹偶像的相關資訊。

- 描述是怎樣的因緣際會，結識了他。
- 描述他的外表、成就、特質。再從他的成就特質引申出——他如何吸引你。
- 一定要寫出自己的見解，獨特不膚淺。如以範文第三段為例，絕不能寫說：「她的每一本書我都喜歡。」或是：「大家都喜歡她的小說，我也很喜歡。」

**中段：**介紹這位偶像對你的影響。

- 前段我們寫到「他如何吸引你」，此段就可以承接，其成就與特質如何影響到你？
- 這個影響必定造成人格與人生目標的改變。

**結尾：**寫出對偶像的期許，或希望自己能向其看齊。

**叮嚀：**若能寫出對方對你的影響，近似人生轉捩點般深刻，更能打動讀者。

## 教師範文

### 偶像

走在書局陳列的櫥櫃間，新書堆疊成山，我隨手拿起一本封皮素潔的書冊，裡頭的文字婉約依舊，營造出一種沉靜的氛圍把我環繞，正如多年前，我第一次接觸到她的書一般……

她嫻熟於文字的排列組合，擅長演繹故事的曲折。從《海水正藍》開始，她以特有的風格席捲文壇，讀者一邊閱覽她的小說，也一邊梳理著自己的過往，在浪漫的情節中喚醒溫柔，在感動的結局裡學習包容。

她雖以小說成名，我卻獨愛她的散文。從《緣起不滅》一直到《那些美好時光》，我閱讀不同的篇章，拼湊出她多姿的生活，她總以關懷的眼觀察世界，然後用溫煦的情感書寫記錄。

其中《風月書》是我最喜歡的一本文集。以風、花、雪、月依序編排，內頁則以作者勻淨的手寫字跡取代死硬的鉛體字型。簡單雋永的散文小品，挾帶著如詩的韻律，在風卷的〈嬉戲〉裡，她寫道：

風來了，一次又一次將蓮葉從水面抬起，像要帶走，然後放下，像是放棄了。

蓮葉從不理會，因為知道風的性情，知道風從來不認真，只是愛嬉戲。

很多人心中，都藏著一個可供學習效法的對象，期許自己有為者亦若是。剛升上國中的我，在閱覽她的文章後，也隨之開始了寫作的旅程，在文學的世界悠遊成長，雖然不曾旁聽過她的授課，卻感謝她對當時生澀茫然的我，帶來如此深重的啓發。

我蹲坐在櫃旁，安安靜靜的將她的新書讀完，然後端詳著書頁裡的相片，發現多年前長髮披肩的她，如今已削成了短髮，而往昔稚幼的我，也追隨她的腳步，站上講台，為學生講述中文的美好。

她是張曼娟，一位始終勤墾文學花畝的園匠。即使時光奔逝，我對她的孺慕與欽服，始終不曾更易。

## 詞彙鍛鍊

• 泰斗、功勳、表率、舵手、文豪、巨星、大師楷模、典範、先驅、引路人

➜ 林懷民先生將中國文化涵納入雲門的舞步中，創古未有，展其大師風範。

• 謳歌、推崇、讚頌、折服、表彰、褒獎

➜ 李安導演即使已滿身載譽，但態度依然謙恭溫讓，令人折服。

• 敦厚、卓越、執著、崇高、果敢、勤勉

➜ 敦厚謙退的吳寶春師傅，即使有一身驚人藝業，依然毫不藏私，將麵包祕方公諸於世。

• 造謠、詆毀、譏諷、揶揄、中傷、斥責、吹捧、調侃

➜ 周公輔佐成王之時，飽受小人中傷，誣其欲篡帝位，但他依然勤懇如常，守得雲開見月明，讓時間證明他的赤忱。

• 正直、穩重、慷慨、從容、泰然、謙退

➜ 一個領袖人物，必有正直的性格、開闊的氣度、穩重的形貌。

• 低潮、挫折、羞辱、叛逆、鄙夷、懷疑

➜ 在他成功之前，親人的冷落、朋友的質疑、旁人的羞辱，排山倒海而來，若非擁有過人的意志力，這樣的壓力，很容易把一個人的信心整個摧毀。

• 努力、毅力、辛勤、雖千萬人吾往矣

➜ 他們之所以能成功，不是憑藉運氣，也不是空待機會。而是面對目標後，便排除萬難的前進，胸懷一股「雖千萬人吾往矣」的精神。

## 成語運用

- **擊節讚賞**：多用於指對詩文創作或藝術表演的讚嘆。
  - 每每看到蔣勳在文章中，抒發對「美」的詠歎，我便不禁擊節讚賞。
- **豁達大度**：心胸寬闊、度量宏大。
  - 我相信唯有豁達大度的人，才有辦法折服群眾，成就大業。
- **出類拔萃**：形容才能特出，超越眾人。
  - 菲爾普斯的泳技出類拔萃，但誰能想到，幾年前母親還為他的過動，深感苦惱。
- **高瞻遠矚**：見識遠大。
  - 郭台銘的鴻海帝國，能如此龐大興盛，完全肇因於他的高瞻遠矚，準確的掌握時機。
- **懷瑾握瑜**：懷有高貴的美德與才能。
  - 大家都聚焦於諸葛亮的神機妙算，我卻獨鍾他懷瑾握瑜的德性，鞠躬盡瘁，只為昔日的茅廬三顧。
- **不屈不撓**：不因爲受阻礙而屈服。
  - 我格外欣賞蘇麗文在場上奮戰的精神，不屈不撓，令觀眾為之動容。

小筆記

## 師生對照鏡

### 學生作品

# 偶像

廖則穎

　　偶像，是燈塔，他引導我們走向正確的路；偶像是引擎，他讓我有動力走向夢想。每一個人都有自己的偶像，而我的偶像是紐約洋基隊的侯給．波沙達。

【標點】句型相同，斷句也應一致。

【冗雜】「每一個人都有……我的是……」此種句型儘量避免。

　　波沙達是洋基隊一位很重要的捕手，①他的許多隊友都非常尊敬他。②蹲在本壘板後方的他，有一套很好的配球方式，總是讓打者傷透了腦筋，不知到底要不要揮棒。波沙達在打擊方面更是不得了，他不但會用右手打擊，也會用左手，不管是左投或右投都很怕他。波沙達曾經在同一場比賽各用左手和右手打出了一支全壘打，創造了大聯盟的第一個紀錄。

【疑問】①為結論②為原因，應前後互調。

【重複】左、右重出，顯得瑣碎。

　　當然，在成功的背後總有辛苦的一面。波沙達還年輕時，他只是個二壘手，也只會用右手打擊。但他爸爸卻跟他說：「如果你想要在棒球場上出名，那你就要必須去當捕手，也只能用左手打擊。

【疑問】為何要當捕手才能出名？請說明原因。

【換句】也要學會用左手打擊。

」波沙達剛開始很不願意，但經過辛苦的練習，讓他終於用左手揮出了第一支安打，也愈來愈熟悉捕手的工作。到了最後，他終於被洋基隊給看上了。

【換句】他的球技終於獲得洋基的青睞。

這個偶像讓我知道了：成功的人，做不成功的人不願做的事。

【換句】樂於做失敗之人所不願做的事。

在日常生活中，我們必須做一些我們平常不想做，或不願意的事，讓我們更有經驗，更有成就。

## 總評

- 作文一定要「有我」。寫自己的經驗、想法。參考改寫第二段。
- 此篇似乎遺漏了「偶像對你的影響」，殊為可惜。

## 老師改寫

### 偶像

偶像是燈塔，投射光束，指引我們前進的方向；偶像是引擎，驅動希望，推助我們直抵夢想。

有一段時間，我貪圖安逸的生活，面對許多新事物，都不願意

【說明】①為前段感想②為後段引言。以「天才」一詞為扣，銜接緊密。

【解釋】過江之鯽：人多。

稍作嘗試。像是母親要我學習彈琴，我總是極力抗拒，因爲害怕接踵而來的，是無止盡的辛苦與疲憊。後來，在一份報紙的報導中，我看到了這樣的一位人物。

【說明】點出轉折處。

侯給．波沙達是洋基陣營中的一位王牌捕手，蹲在本壘板後方的他，有一套屬於自己的配球方式，總是讓對方打者傷透腦筋，遲疑著出棒與否。他的打擊力更是驚人，不但能左右開弓，還曾在單場比賽中，用左右手各擊出一支全壘打，締造了大聯盟的新紀錄。隊友談到他，都豎起大拇指極力誇讚。

①我不免訝嘆起來，眞是個傑出的天才啊！

②但後來發現我錯了，他的傑出無庸置疑，但他絕非天才。

波沙達年輕的時候，只是默默無聞的二壘手，也僅會運使右手打擊。但父親卻告訴他：「如果你想在大聯盟爭得一席之地，你就必須學習當一個捕手，忍受護具帶來的悶熱及蹲姿的難耐痛楚。優秀的野手多如過江之鯽，傑出的捕手卻少之又少。」父親又說：「你不僅右手能打擊，左手也要能敲出全壘打。你要當一個全方位的

【仿句】如果你想……你就必須……

球員。」

波沙達起初不太願意，但辛苦的練習漸漸讓他嶄露頭角。面對右投手，他從容的從左手敲出一支安打；嫻熟的配球策略，讓球隊連連勝利。最後，終於讓洋基球團注意到了他。

【解釋】嫻熟：技巧熟練。

我這才明白，成功的人，樂於接手失敗的人不願做的事情。我們無法確定機會何時降臨，但我們卻可以不斷的充實自己，挑戰各種不同的可能。

【仿句】我們無法……但我們卻可以……

我開始不再害怕接受新的嘗試，因爲我相信，接受各種試煉的我，將會是下一個波沙達。

## 仿句練習

❶ **如果你想**在大聯盟爭得一席之地，**你就必須**學習當一個捕手，忍受護具帶來的悶熱及蹲姿的難耐痛楚。

❷ **我們無法**確定機會何時降臨，**但我們卻可以**不斷的充實自己，挑戰各種不同的可能。

## 精選佳句

❶ 然而，在他風趣幽默的談吐背後，卻有顆易感、善感的心。他不喜歡生離死別，命運卻要他一一向摯愛告別。

（《全民大講堂・吳念真》）

❷他走出沉默，成立基金會，大力推動弱勢孩童的教育輔導，企圖全面提升他們的教育程度，讓知識帶希望回家，讓窮孩子不會落入貧窮的輪迴中。（《全民大講堂‧李家同》）

❸為了幫助家計，江蕙九歲起在溫泉鄉走唱賣藝，所有的委屈忍耐，只為了讓刻布袋戲偶的父親手上可以少幾個傷口，只為了讓煎蔥油餅的母親可以少幾個被熱油燙腫的水泡。（凌性傑〈聽江蕙唱歌〉）

❹他，有書有筆有肝膽。他，亦狂亦俠亦溫文。他俯仰吞吐間就是一個盛唐。他的人間道路，每每被附會與傳說。被視為浪漫派詩人的李白，以其鮮明的形象、煥發的文采寫就燦爛的一生。（凌性傑〈屬於李白的，自我感覺良好〉）

❺這樣的超脫，或許與他複雜的思想背景有關。東坡有著儒家的根基，加上莊子的哲學與佛法的智慧，造成他達觀明朗的積極人生觀，與文學上豪放不羈的風格。（張曼娟〈回首向來蕭瑟處，歸去，也無風雨也無晴〉）

❻我也常常想起林覺民，想起他留書出走的最後一夜。與父母，與妻子訣別，他比任何人更有兒女私情，他比任何人更貪戀這人世的美好，情愛的纏綿。（蔣勳〈革命者〉）

❼她是個等愛的女人，才能把親密愛人演繹得絲絲入扣；她是個條理分明的女人，才能把女人花唱得深情如斯。而她又不僅只是個女人，在劉嘉玲裸照風波中，她臂上纏著「天地不容」的布條，疼惜又忿怒地攙護著劉嘉玲，分明是個男人，是個大俠。（張曼娟〈永恆豔芳女人花〉）

## 相關類題

專家／偶像／行行出狀元／談偶像／勇者的畫像

自己

# 像我這樣的男（女）孩

## 說明

告別了孩提的愚騃ㄞˊ，我們長成，或是添增了男性的豪氣，或是散發出女性的溫柔，在身心急遽變化的青春期，我們開始能夠返身回顧，各自曲折的人生歷程，如何造就了當下的自己。

像我這樣的男（女）孩，有著怎樣的性格與嗜好？有著怎樣的喜悅與煩惱？請你以「**像我這樣的男（女）孩**」爲題，描述有關自己的一切。

## 審題

□ 我喜歡養狗，因爲狗可愛且忠心，還能陪我遊戲，打發時間。

☑ 我喜歡養狗，因爲我害怕寂寞，我需要有一個生命相互偎伴。【說明】敘事時，須圍繞自身的特質作描寫。

**像我　這樣的　男（女）孩**

□ 我是國中生，每天在學校與補習班間來去。

☑ 像我這樣的男孩，善感且多愁，喜歡書寫文字，記錄時光。【說明】「這」代表「你自己」。「樣」代表「個性」、「特質」。

## 問題&思考

❶ 請問你覺得自己是怎樣的一個人？而親人與朋友眼中的你，又是怎樣的人物呢？

❷ 你的個性爲何？是不馴的獨行俠，或是受人簇擁的萬人迷？塑成此種個性的原因何在？

❸ 你有何嗜好與專長？從事這些活動時，你會有什麼收穫呢？

❹ 你喜歡現在的自己嗎？還是想要有所轉變呢？

## 立意

❶ 介紹自己，剖析自己。（可分爲自己的陳述、他人的感覺）

❷ 具體的外表：美型、醜陋。（約略帶過）

❸ 具體的背景：家庭狀況、人際關係。

❹ 抽象的性格：開朗、憂鬱、恬靜、聒噪、熱心……（重點）

❺ 抽象的嗜好：畫圖、拍照、寫作……

❻ 其他：血型、星座……（約略帶過）

# 聯想心智圖

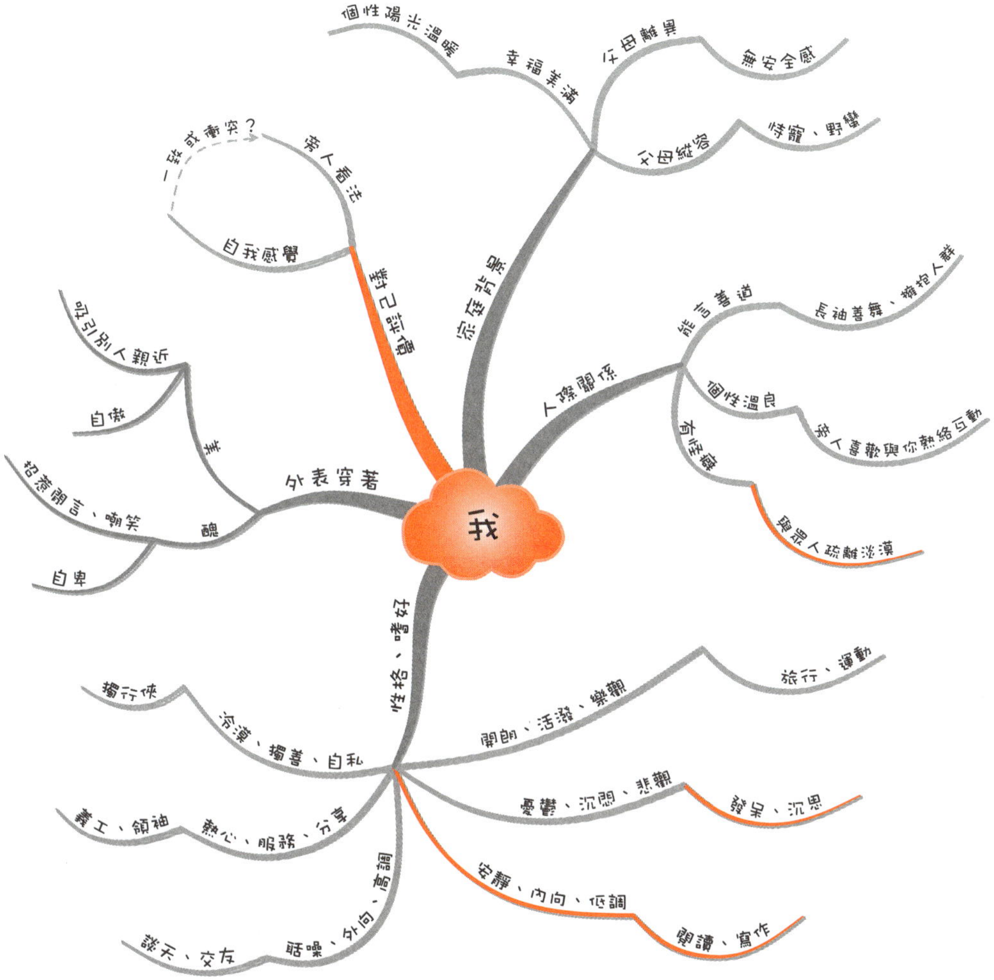


上色部份請參照P98教師範文

**謀篇**

**開頭：**設計一個場景，引發自身的思考與探問。

**中段：**分別找出自己的幾個特質，可以具體敘事或抽象思索。

- 多愁善感、內心柔軟、胡思亂想、愛好文學。
- 冷靜沉穩、行俠仗義、善述道理、邏輯思考佳。
- 調皮搗蛋、活潑樂觀、思考靈敏，身手矯健。
- 生僻孤傲、木訥寡言、慣常發呆、冷眼觀察。

**結尾：**中段應有一小部分，是書寫自己的困頓迷惑，才能在結尾感想時，找出解答，幫助自己脫離迷惘。

**叮嚀：**

此篇文章，抽象（性格、想法）、具體（嗜好、專長）應兼有之，才能具體呈現出人的形貌。不要只提到自己「成績很好」、「數學超強」。若有提及，也應寫成「在演算數學的過程中，我培養起邏輯推演的能力，思考變得活潑多元」。

## 教師範文

### 像我這樣的男孩

有時，走過鏡前，我會不由自主的停下腳步，對著投映其上的身影，愣傻的看著。昔日稚嫩的身軀，在時間的捏塑下，逐漸厚實熟成，體內的靈魂也不斷變化，醞釀著令人難以索解的祕奧。在凝望的同時，我忖度推想，究竟我是個怎樣的男孩？

印象中，我是木訥寡言，不擅與人攀談的。交際應酬，有太多言不由衷的話需要堆砌，我總認為那過於虛矯，徒然耗費氣力。我反而喜歡一個人，安靜的閱讀書籍，一面透視作者的人生曲折，一面聆賞其中的深沉感觸。我相信這樣的交流與呼應，才能撞擊出燦美的火花。

於是，我的心境變得易感，生活中偶起的波瀾，總能撩撥著我的情緒，尤其是身邊朋友的親疏來去，都令我備感煎熬。後來，我嘗試用文字爬梳載記那些幽微的心緒，彷彿時光瞬間縮影於紙稿上，只有自己知解其中的密碼。

年紀漸長，我慢慢明白，人情的濃淡從來不由自己，割捨與挽留都得看開灑脫。我同時發現，閱讀與寫作已成為一處桃花源，隨時供自己憩息隱蔽。

然而，擁有易感的性格，便容易顯得善變不定。昨是今非，朝憂暮喜，每一分秒，我都在改換不同的目標與好惡。每年選上幹部時，意氣風發，熱血沸騰，決心要拚搏出不同以往的新氣象，但往往幾週過去，立即萌生請辭的念頭。老師每每告誡我，定要戒除這個陋習，但似乎是本性難移。

同時，我渴望自由，不願被任何規定束縛綑綁，與父母的衝突，多半肇因於此。幼時，他們習慣計畫指導我的人生，選學校、選老師、選朋友、選才藝。但在狂飆的青春期時，我開始衝撞他們畫定的藍圖，我相信，未來必須仰賴自己的嘗試與前進，才能找到出口。

看著鏡子，我深知自己仍是輪廓模糊的矛盾男孩，還有許多未知，等著圓滿我的生命。我期待自己能多點樂觀、少些孤傲，勇於任事、絕不逃避。或許，不久的將來，人生即能迸現光芒，從男孩蛻變成一個令人注目的男人。

## 詞彙鍛鍊

- 豁達、樂觀、直爽、熱情、聰敏、機靈、伶俐、穎慧、坦率

➜ 我生性樂觀豁達，即使遭遇再多磨難，依然願意熱情的擁抱世界，歌頌生命的美好。

- 踏實、真摯、從容、穩重、坦蕩、堅毅、倔強

➜ 我始終踏實的完成分內工作，真摯的與朋友交遊，從容的看待一切險厄。

- 謹慎、木訥、緘默、寡言、莊重、矜持、自持、謙和

➜ 我向來寡言木訥，在說與不說之間，我總是謹慎以對。

- 豪放、粗獷、豪邁、灑脫、隨性、粗線條、不拘小節

➜ 我的個性，細緻溫柔，常常為了某件事就鑽牛角尖。因此，我十分欣賞那些豪邁灑脫的人，做事不拘小節，灑脫非常。

- 焦躁、憤慨、狂暴、氣憤、凶悍、咆哮、猙獰、蠻橫、殘忍

➜ 每當我焦躁難安時，臉上表情便顯得凶惡猙獰，讓人不敢接近。

- 怯懦、膽小、畏懼、扭捏、內向、拘謹、沉悶、冷靜

➜ 我的膽小怯懦，令我無法真誠面對自己的情感，只能徘徊觀望，黯然神傷。

- 陰鬱、孤傲、乖僻、自卑、懦弱

我習慣一個人，獨來獨往，在別人眼中，我是一匹陰鬱孤傲的狼。但他們不明白的是，我的封閉，完全是為了掩飾自己的卑微。

- 貧嘴、刻薄、招搖、狡猾、狡黠(ㄒㄧㄚˊ)、滑頭

朋友總說我的嘴巴刻薄又毒辣，一下評論，幾令人難以招架。

- 消沉、失意、沮喪、悽愴、苦悶、慘然、哀愁、鬱結

自朋友離逝後，我的心頭總鬱結悽愴，像是被重石擊壓，難以喘息。

- 小氣、窮酸、吝嗇、節儉

朋友常嫌弟弟是個窮酸鬼，衣服總是撿我的舊衣，文具也都是與我共用。但弟弟不以為意，他說：媽媽獨立扶養我們，已經很辛苦了，不要再造成她的負擔。

## 成語運用

- 喜不自勝：高興得不得了。

當我獲知得獎消息後，喜不自勝，將身旁的友人緊緊抱擁。

- 不卑不亢：形容處事待人態度得體，不傲慢、不卑屈。

母親跟我說，做人須得不卑不亢，嚴守中庸之道。

- 規行矩步：舉止守法，毫不苟且。

我做事一向規行矩步，絕不便宜行事，使人有非議的空間。

- 胸無城府：爲人坦率正直，沒有心機。

同學說他最欣賞我胸無城府的個性，有話直說，相處互動，極為舒坦。

- 桀驁不馴：倔強凶悍，傲慢不順從。

父母的高壓管制，造塑出我桀驁不馴的個性，尤在青春正盛之時，更形劇烈。

- 直截了當：說話或做事乾淨俐落，毫不拐彎抹角。

我喜歡直截了當的真誠，不愛拐彎抹角的虛浮。

- 巧舌如簧：講話滔滔不絕。

小學時的演講訓練，讓我今日在面對萬人演講的場面，能夠巧舌如簧，無所畏懼。

- 諱莫如深：隱瞞得非常嚴密，不爲外人所知。

他對自己的家世，諱莫如深，讓人無法窺得端倪。

- 天眞爛漫：性情率眞，毫不假飾。

我的個性天真爛漫，如孩童赤子，讓朋友都樂於親近。

- 孤芳自賞：自命清高，自我欣賞。

有時，大家並不了解我的想法，更有甚者，胡亂出言抨擊。我只好學著孤芳自賞，迴避與別人的衝突。

- 瞻前顧後：比喻做事謹愼周密。或作猶豫不決，顧慮太多。

父親常嫌我，做事總瞻前顧後的，沒有勇氣去挑戰制度，突破傳統。

- 妄自菲薄：過於自卑而不知自重。

年輕時候的我，以為課業即是一切。因此當成績一蹶不振時，便開始妄自菲薄，以為前途無光。

- 特立獨行：行爲獨特，不隨俗、不和眾。

在朋友眼中，我是一個特立獨行的人，對任何事情都有自己的個性與見解。

- 反求諸己：反過來要求自己。

當我為人際關係的疏離而困惑時，老師勸我凡事反求諸己，慢慢磨修掉那些不完美的性格，便會有人願意親近交遊了。

小筆記

學生作品

## 像我這樣的男孩

王冠勛

置身在教室的一隅，看著同學，有的開朗大方展現自己，有的文靜乖巧認眞讀書，有的害羞內向……，那我呢？在他們眼中，是一個怎樣的男孩呢？

像我這樣活潑外向的男孩，課堂上少不了我的幾句引人發笑的言談，常逗得大家捧腹大笑，老師們也因此深深記住我這號人物，記得有一次，我請假，臥病在床，隔天，一到學校，便被團團包圍，你一句、我一句的，說個沒完，還不停嚷著：「沒有你，好無聊啊！」令我頗爲愉悅，原來我這麼有影響力。

像我這樣愛運動的男孩，任何體育活動都少不了我，運動會賽跑，替班上奪下冠軍，一下課，人一溜煙就消失了，原來是到球場上，盡情揮灑汗水，往往引來旁人佩服的目光。但也惹上了不少麻煩，只顧運動，而荒廢學業，被罵個狗血淋頭，還是要文武皆備才

【刪改】害羞內向與文靜乖巧極為類似，改之，方能呈現同學的百樣。

【疑問】「在他們眼中，像一個怎樣的男孩呢？」既以此話作結，表示下段應銜接「別人眼中的我」，但下段所言，明顯為「自己認為的我」。

【冗雜】「隔天……無聊啊」敘事極為繁瑣。

【標點】此處應改為「句號」

【措詞】本段敘述，頂多只能說「同學喜歡我、想我」，而不能斷定「我有影響力」。

是啊！

【段落】此段敘述薄弱，宜將陽光開朗的形象營造出來。且段末提到荒廢學業有點岔出段意，亦顯八股。

　　像我這樣固執己見、不知變通的男孩，大家總對我沒輒，別人對我的作法給意見，不採納就罷，還會發脾氣，要別人不要多管閒事，這可苦到跟我一起做事的同學，只要我說一就是一，他也總順應著我，這樣做，眞感到羞愧。

【換句】他們也總順著我，現在想想，這樣的態度，真令自己感到羞愧。

　　像我這樣的男孩，帶給大家歡笑，也有不少困擾，但總是群體中不可或缺、獨一無二的存在。

【刪改】「誰」有不少困擾？應改成「也帶來不少困擾。」

## 總評

● 各段以不同方式切入，描繪出獨特的自己，甚佳。唯語句淺淡，失分不少。

## 老師改寫

### 像我這樣的男孩

　　置身在教室的一隅，我的眼神遊移著，觀察周圍同學的一舉一動。有的文靜乖巧，在自己座位勤讀；有的妙語如珠，高聲談笑；

【說明】較之學生作品，此處描寫較詳盡，亦較多樣化。

有的精力過人，在走道間任意蹦跳跑竄，引起不少驚呼。

【說明】此處感想，銜接上段敘述。由別人反思己身，開啓下文。

在這個小小的空間，每個人都是如此獨特的存在著，那麼，像我這樣的男孩，是否也有著令人注目的特質呢？

像我這樣的男孩，活潑外向，喜歡打破沉悶，炒熱氣氛。課堂上我隨意迸出的話語，常逗得全班捧腹大笑，讓老師印象極深。有次因病告假，朋友事後轉告，那天班上氣氛枯燥至極，連老師都不斷打探我的狀況，希望我能早日病癒返校。這樣的牽念，令我備感窩心，也有些小小得意。

【仿句】……令我……也有些……

像我這樣愛運動的男孩，任何體育活動都少不了我。運動會競跑，我的飛毛腿替班上奪下冠軍；下課鐘聲一響，人就瞬移到球場上，運球跑跳，揮灑汗水，靈活的身手往往能引來旁人佩服的目光和驚呼。

【說明】相較前兩段，此處段落開頭可稍作變化，不然會流於呆板。

但有時，我也頗讓人頭疼，固執己見、不知變通，別人給我建議時，都被我拒於千里之外，或是被我高聲駁斥。幸得身旁好友，貼心包容我的任性，做任何事都順著我。我想，這是一項必須改善的缺點，才能讓自己變成一個更好的人。

像我這樣的男孩，帶給大家歡笑，也帶來不少困擾，但無論如何，總是群體中不可或缺、獨一無二的存在。

【仿句】……帶給……，也帶來……

## 仿句練習

❶ 這樣的牽念，**令我**備感窩心，**也有些**小小得意。

❷ 像我這樣的男孩，**帶給**大家歡笑，**也帶來**不少困擾。

## 精選佳句

❶ 我對自己「只能出現於這個時間和空間的局限」感到另一種可貴，彷彿我是拼圖上扭曲奇特的一塊小形狀，單獨看，毫無意義，乃至恰恰嵌在適當的時空，卻也是不可少的一塊。天神的存在是無始無終浩浩莽莽的無限，而我是此時此際此山此水中的有情和有覺。（張曉風〈我在〉）

❷ 唯有在愛裡，我才知道自己的名字，知道自己的位置，並且驚喜的發現自身的存在。所有的石頭只是石頭，漠漠然冥頑不化，只有受日月精華的那一塊會猛然爆裂，躍出一番歡忭欣悅的生命。（張曉風〈矛盾篇之一〉）

❸ 所以，生命裡第一個愛戀的對象應該是自己，寫詩給自己，與自己對話，在一個空間裡安靜下來，聆聽自己的心跳與呼吸，我相信，這個生命走出去時不會慌張。（蔣勳〈情慾孤獨〉）

❹ 有時，你幾乎不敢相信那就是你自己，似乎很陌生，有些尷尬，有些錯愕，有些不敢置信，似乎你並不像你自己想像的那麼完美，卻也不十分糟糕。（杏林子〈走向自己〉）

❺十八歲了。我看向躺在地板上一如過去毫無生息的自己，好冷，每一次都會有的寒冷。此時我想到剛出生的嬰兒從母親溫暖的羊水裡接觸到外界的空氣，想必是很痛苦的吧，必須學習自己呼吸、自己進食，而不能再在羊水裡自在地泅游。十八歲的我也像是嬰兒一樣在十七歲的我的體內悄悄地成長，然後，就出生了，然後，要學習活著。（江佩津〈房間〉）

**相關類題**

看重自己，關心別人／青年與國家／我們這一代／路是自己走出來的／凡事看重自己／做一個受人敬重的青年／做個有用的人／走出自己的路／發揮自己的長處／看看別人，想想自己／反省自己，關心別人／知識青年的社會責任／我要做個有用的人／向自己挑戰／走自己的路／做一個受歡迎的人／利用環境塑造自我／給自己一些掌聲／超越自己／全球化下的群己關係／廿年後的我／做自己最快樂／肯定自己，欣賞別人／青年應有的抱負

# 第三章

# 萬物

◆ 動物：以〇〇為師
◆ 植物：自訂／疾風後，才知草勁
◆ 身體：選身體任一部位為題／牙
◆ 衣物：衣物與我的故事
◆ 古蹟：自訂／靜待楊桃落—記鹿港意樓
◆ 飲食：自訂／一盅雞湯
◆ 歌曲：我的心中有一首歌
◆ 禮物：一份難忘的禮物
◆ 建築：自訂／山海線的交會—彰化車站
◆ 電器：自訂／不只千里傳音—手機

# 動物

## 以〇〇為師

### 說明

天生萬物，賦予不同的資質與本性，各有所長，各具所短。但人類常自詡爲萬物之靈，驕矜倨傲，往往輕鄙其他物種，卻忘記雞的固鳴足以爲法，牛的樸拙踏實亦值得學習。

請以**「以〇〇爲師」**爲題，仔細思考，在你的印象中，何種動物的習性與形象，可讓我們取之借鏡。

### 審題

- ☑ 牛任勞任怨，踏實穩重，死後還捐肉贈皮，供人類使用。
- ☐ 蟑螂的生命極具韌性，只要些許食物，就能生存下去。

【說明】所選動物，值得書寫的習性要多，且以積極向上爲標準。

**以 〇〇 為師**

- ☐ 我想要蝴蝶當我的老師，教我跳舞採蜜。
- ☑ 以毛蟲爲師，學習牠的守愚待變。

【說明】此指「學習效法的對象」，絕非制式的「我的老師」。且所舉習性，應具深度意涵。

### 問題&思考

❶ 請問你想選擇哪一種動物，當作書寫的題材？

❷ 我們對這種動物的刻板印象爲何？

❸ 牠的習性有哪些，屬於正面積極的？你從哪個場合觀察到的？

❹ 該動物正面積極的習性，是你所缺乏的嗎？可否稍微簡述你的缺點？

❺ 該動物正面積極的習性，是一般人所缺乏的嗎？可否稍微簡述有哪幾點？

❻ 你會覺得，以人類之尊向動物習法，是否有些不自在？還是你有另外的思考呢？

### 立意

從動物身上，多列舉出值得效法的習性與形象，且是自己或是全人類較缺乏的德性，相互映襯比較。

# 聯想心智圖

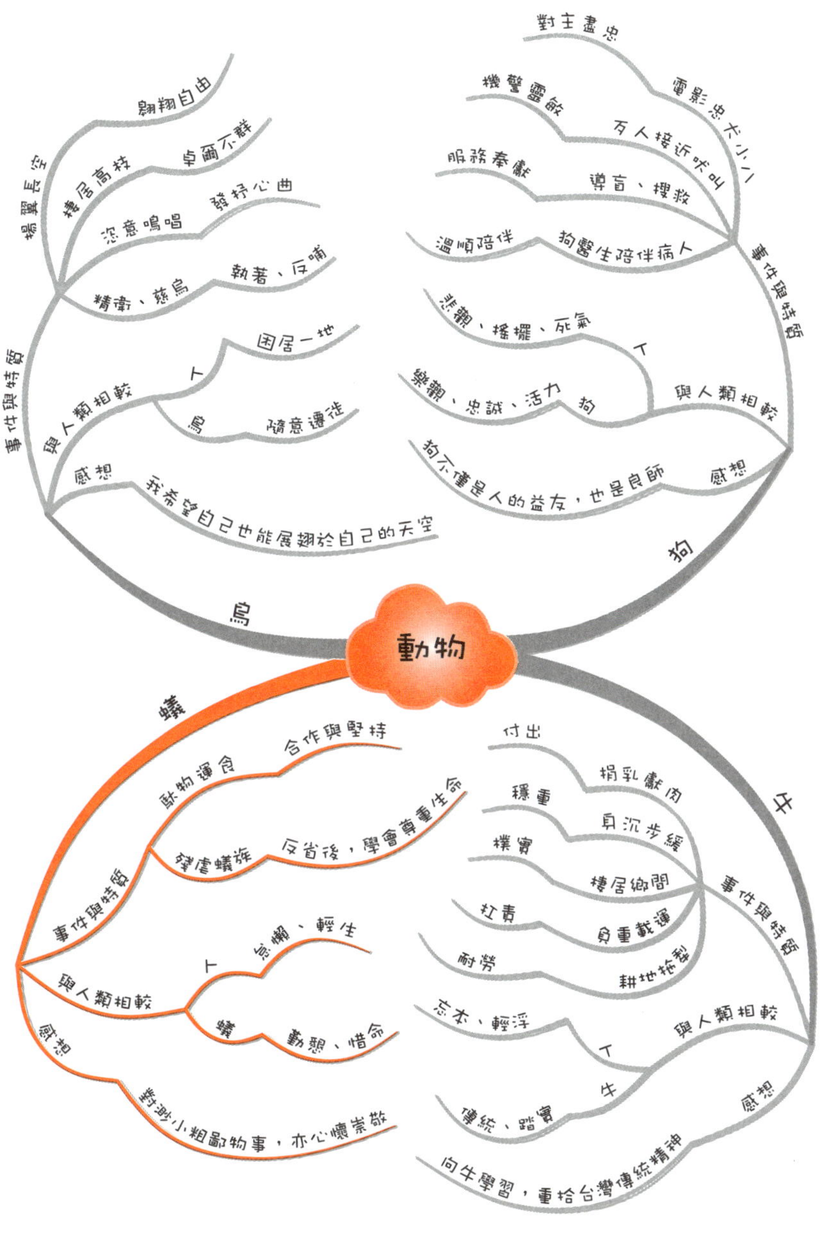
動物
鳥
事件與特質
揚翼長空
翱翔自由
棲居高枝
卓爾不群
恣意鳴唱
發抒心曲
精衛、慈烏
執著、反哺
與人類相較
人
困居一地
鳥
隨意遷徙
感想
我希望自己也能展翅於自己的天空
狗
事件與特質
對主盡忠
電影忠犬小八
機警靈敏
有人接近吠叫
服務奉獻
導盲、搜救
溫順陪伴
狗醫生陪伴病人
與人類相較
人
悲觀、搖擺、死氣
狗
樂觀、忠誠、活力
感想
狗不僅是人的益友，也是良師
蟻
事件與特質
動物運食
合作與堅持
殘虐蟻族
反省後，學會尊重生命
與人類相較
人
怠懶、輕生
蟻
勤懇、惜命
感想
對渺小粗鄙物事，亦心懷崇敬
牛
事件與特質
付出
捐乳獻肉
穩重
負沉步緩
樸實
棲居鄉間
打責
負重載運
耐勞
耕地拖犁
與人類相較
人
忘本、輕浮
牛
傳統、踏實
感想
向牛學習，重拾台灣傳統精神

上色部份請參照P110教師範文

## 謀篇

開頭：描繪螞蟻運食的過程。

中段：

➊承接首段，點出第一個學習的目標→合作與堅持。

➋另舉虐玩螞蟻之事，點出第二個學習的目標→尊重生命。

結尾：對於渺小物事，亦要心懷崇敬。

叮嚀：由敘事帶入動物的特徵，再拈出值得學習的抽象特點。千萬不要省略敘事。

## 教師範文

### 以螞蟻爲師

在地表壁沿，常能見到迤邐蟻蹤，結伴而行。牠們身上總會馱著各式各樣的食物，小至米粒，大至蟲屍，像個負重耐勞的苦行僧，將之運回穴巢貯存。

眾蟻合作分工，無人偷閒，也無人私藏，大伙齊心協力，只求一個不畏飢寒的冬天。有時，故意用手撥開牠們背上的食物，便見蟻群的慌亂躁動，但牠們隨即收整隊伍，扛起遺落地面的重負。有時丟置雜物，橫擱在牠們歸家的途徑，牠們便會不辭勞苦，攀越千山萬水，重新建構起一條運輸路線。合作與堅持，是我在螞蟻身上所能看見的美好特質。

曾經，我輕鄙過牠們的無用。相較於聰敏的人類，螞蟻的身軀墨黑如炭，微渺如沙，直教人不屑一顧，將之視作玩物。

我記得幼時，常將誤闖桌面的螞蟻，視作取樂的對象，或用立可白染漬體表，或執小刀斷截腰部，或以指腹揉壓其軀。卻往往在施虐後，才發覺這樣的行徑不僅毫無快感，反而蠻橫否定了牠們生存的意義。

直到成熟懂事後，才慢慢轉思換念，學會尊重生命，欣賞不同族群的美善。尤當世風日下，眾人汲汲名利，妄想一步登天之時，我深覺螞蟻的勤懇樸實，徹底反映出人類的醜態。更別說那稍遇挫敗，便殉身逃避的懦夫，連偷生的螻蟻都譏其笨蠢。

當我們望見高山峻岳時，便湧現敬崇習效之心；留連於美景麗日時，便生發戀慕親近之情。卻極少對於渺小的物事，留意深析，採擷眞理，殊爲可惜。今日，我從小小的螞蟻身上，學到合作堅持，學到敬重生命，看似淺淡的領悟，卻足以讓我受用一生。

## 詞彙鍛鍊

- 【豬】臃腫、可愛、懶散、乾淨、粉嫩

⇩ 豬又臭又肥又懶，完全是一般人的誤解，牠其實非常注意身體的潔淨程度，喜歡跑到泥漿打滾，做泥巴浴。

- 【貓】撒嬌、神祕、慵懶、跳躍、靈巧、猛撲

⇩ 貓輕靈的身影，常在房子裡的桌櫃床椅，飛快來去，稍一眨眼，牠可能又窩在你的腳邊，舔舌撒嬌。

- 【狗】忠實、撒嬌、活潑、嗜吃、保護、吠叫、溫順

⇩ 狗兒活潑又愛吠叫，像是個小娃娃一樣，喜歡膩在主人身邊，撒嬌玩樂。

- 【螞蟻、蜜蜂】勤奮、努力、渺小、團結、嗜甜

⇩ 螞蟻與蜜蜂同樣嗜甜，但蜜蜂會從花心中自行釀蜜，螞蟻僅會在路面上，找尋殘存的甜膩。

- 【烏龜】長壽、緩慢、穩重、膽小、怯懦

⇩ 膽小的烏龜，因為行動緩慢，無法迅速逃離威脅，只能夠將頭足縮入殼中，暫時隱遁起來。

## 成語運用

- 飛蛾撲火：自尋死路、自取滅亡。

⇩ 撲火已成飛蛾的宿命，看見跳躍的焰光，牠便著魔似的趨近。

- 笨鳥先飛：弱者唯恐辦事落後，往往比別人先動手。

⇩ 母親總告誡我，笨鳥都會先學飛了，只有你還傻傻憨憨的悠哉過活。

- 狗急跳牆：比喻走投無路時，不顧後果的冒險求生。

⇩ 伏高竄低原是貓的特長，但是一旦遭逢危機，狗急也是會跳牆的。

- 齜（ㄗ）牙咧（ㄌㄧㄝˇ）嘴：張嘴露牙，形容凶狠。

⇩ 流浪狗有兩類，一是狼狽怯懦，躲在暗角，另一種則是糾伴成群，齜牙咧嘴的攻擊過路人。

- 籠鳥檻猿：比喻人不自由。

⇩ 分隔兩地的我們，彷若籠鳥檻猿，各自被各自的生活所綁縛，無法相依伴隨。

• 動如脱兔：動作十分敏捷。

好友在排球場上的表現，令人驚豔。身手矯健的他，動如脱兔，總能把將墜地的球輕鬆救起。

• 爲虎作倀（ㄔㄤ）：助人爲虐。

他不願意繼續為虎作倀，毅然決然的辭去了主管的職務。

小筆記

## 師生對照鏡

### 學生作品

**蜜蜂**

廖則穎

　　看見花園裡，一隻隻的蜜蜂飛來飛去，辛苦的採著花蜜。讓我不禁想，牠們能廣泛的採集，再提煉出黃橙橙的蜜糖，最後變成一罐罐的蜂蜜，那不是很好嗎？

　　這些小小的蜜蜂，本領是很大的。無論在廣闊的平原田野，還是在高聳的高山，只要有鮮花盛開的地方，都會看到蜜蜂。蜜蜂是很辛苦的，如果想要有一公斤的蜜，就必須飛四十五萬公里。蜜蜂這種不管有多累，都要採到花蜜的精神，是值得我去學習的。我常常做事都不夠勤勞，做事做到一半就休息，如果連一隻小小的蜜蜂都做得到，那我呢？

　　當蜜蜂把花釀成蜜，到最後這些成品還是到了我們的手中。這些蜜蜂辛苦了一年，但卻沒享受到自己的果實，這樣是很不好的。在我們的生活中，也有些人也像這樣，他一年慘澹經營，但最後留

【說明】蜂蜜製成的過程不夠仔細。

【疑問】此句感言，讓人匪夷所思。請問「很好」的原因在哪邊呢？

【刪改】「蜜蜂本領大」的概念，非此次著墨的特點，宜略去。且到處都可見蜜蜂，就能稱作本領大？

【措詞】「果實」應改作「成果」

【疑問】為何不好？如何不好？蜜蜂不好？人類不好？此句概念模糊不清。

下來的，卻不是自己享受。這種一生勤勞的人，不也跟一隻隻可愛的蜜蜂一樣嗎？

我覺得蜜蜂眞的是很偉大，如果今天是我，我可能做不到這樣。

【換句】偉哉！蜜蜂。牠那勤奮不懈的生命態度，是我永遠難以企及的。

看到這一隻隻蜜蜂，讓我知道，要努力，才有甜美的果實，不論有多辛苦。每當我在享用那甜美的蜂蜜時，不要忘了——蜜蜂的辛苦。

【結尾】感想最好能重新提點前面曾敘述過的想法。且不要從頭到尾，只重複「辛苦」。

**總評**

- 全文沒有轉折，重複強調「辛苦」的概念。句法口語，導致內容有些淺淡。

## 老師改寫

### 蜜蜂

看見花園裡，群蜂狂舞，在不同的花心間奔波，辛苦地採集花蜜，最後送回蜂巢，積蓄成黃橙橙的蜜液。我在一旁欣賞著，由衷讚嘆大自然的安排巧設。

蜜蜂形體雖小，卻是努力勤懇，堅毅不撓。書上曾經介紹，牠

【仿句】○○○○，彷彿已成為一種○○。

【仿句】……不曾……，也不曾……

們若要採足一公斤的蜜汁，來回飛行的平均里程便高達四十五萬公里。牠們不曾要求有更多的休憩，也不曾算計這樣的付出是否值得，反而懶惰如我，常常事未竟功就休息怠惰，或是抱怨事情瑣碎無趣，面對蜂群的孜孜矻矻，我不免汗顏羞慚。

【解釋】孜孜矻矻：勤勞努力不懈怠。

也曾經在遠處，細察蜜蜂採蜜的過程。倘若群花是色彩繽紛的舞台，那麼牠們便是躍舞其上的舞者，東邊一點，西邊一踏，腳上自然而然就沾染花的甜蜜，對牠們而言，採蜜會不會是一件極爲有趣的事情呢？我不免思及，倘若能把自己分內工作視爲一場遊戲，樂在其中，定能減少很多抱怨與愁緒。

【仿句】倘若……，那麼……

但牠們奔波勞碌後所釀成的蜜汁，最後卻被我們人類蠻橫奪去，一滴不剩。那可能是蜂群辛苦一整年，所換得的報酬啊！當牠們看著自己的蜂巢被人家摘取，內心究竟是憤怒還是不以爲意呢？又或是默默的，重新鼓動起翅翼，找尋下一叢藏蜜的花堆，無法停閒，彷彿已成爲一種宿命。

所以，我對牠充滿著敬意與感謝，不僅爲人類世界增添甜蜜，也同時教會了我，關於勤勞，關於奉獻，關於面對生命的態度。

## 仿句練習

❶ 牠們**不曾**要求有更多的休憩，**也不曾**算計這樣的付出是否值得。
❷ **倘若**群花是色彩繽紛的舞台，**那麼**牠們便是躍舞其上的舞者。
❸ 無法停閒，**彷彿已成為一種**宿命。

## 精選佳句

❶ 白蟻出沒的地點，果然多在陰暗潮濕的角落。這些見不得人的傢伙，當然缺乏光明磊落的德行。牠們總是默不作聲地埋頭啃噬：浴室和書房的交界、地毯覆蓋下的地板、臥室和廚房轉角的地方，黑色瘢點浮出之後，緊接著便成淪陷區，幾乎毫無例外的。（廖玉蕙〈向白蟻宣戰〉）

❷ 這種微不足道的昆蟲，其實或許也有各自的面貌身段特色，只是大部分的人都像我這般自以為是，把牠們看做一個樣子也說不定。不知道從蒼蠅眼中看出來的人類是否也是一個模樣呢？（林文月〈蒼蠅與我〉）

❸ 螞蟻的世界眞是一個秩序井然，組織健全的社會。以蟻后為中心，每隻螞蟻都各有所司；像兵蟻擔任巡邏守衛，工蟻則負責覓食、造屋、哺育、清理等工作，可說沒有「閑雜蟻等」。牠們處處表現出團結無間、精誠合作的精神；尤其難得的，任何一隻螞蟻，都是「絕對的奉獻」。（吳卿〈螞蟻與我〉）

## 相關類題

水族箱中的魚／貓與狗

# 植物

## 自訂／疾風後，才知草勁

### 說明

天地浩渺，各式植株綴點其間，伸展姿影，暗吐香氛，尤當團簇之時，更顯蓬勃生機。

綠竹挺直有節，山梅清香雅潔，堤柳畫意詩情，玫瑰執著熱情。不同的植株，便有各異的性格，它們有著專屬自己的方式，向世界發聲。

文人多情，亦用敏銳的詩心，來解讀植物的私語。周敦頤觀蓮，彷彿看見君子的有爲有守；鄭思肖繪蘭，寄託自己漂泊無定的亡國愁緒；陶淵明種菊，象徵棲身於田園生活的俗淡。

請同學選擇任一種植物入文，題目自訂。除了細摹外貌，敘述自己與它的互動，更要寫下它帶給你的啓示與觸發。

### 審題

以下試作數題，僅供參考：

- 含羞草：碰觸我，就害羞、請容許我的羞澀
- 榕樹：校園裡的老者、樹茂有鬚
- 仙人掌：刺身

### 問題&思考

1. 請問你想選擇哪一種植物，當作書寫的題材？
2. 該植物的外形、色澤、香味，可否深度描摹？
3. 該植物的特性與意涵爲何？
4. 該植物可否讓你聯想到某人、某事、某情、某景？
5. 歷史上也有該植物的愛好者嗎？他們欣賞該植物的哪個地方呢？

### 立意

以「竹」爲例，主要在刻畫出「中華文化的底蘊」：

- 形貌與抽象意涵：竹林（古典美）、竹香（淡雅）、打狗棒（武俠世界）、中空（虛心）、有節（節操）。
- 其他部位：竹筍（歹竹出好筍）、竹葉（包裹食材）
- 具體功能：編竹器、蓋竹屋、乘竹筏。
- 生活事例：山林景致、居家裝潢。
- 歷史事例：蘇軾——無竹令人俗；文與可——胸有成竹。

# 聯想心智圖

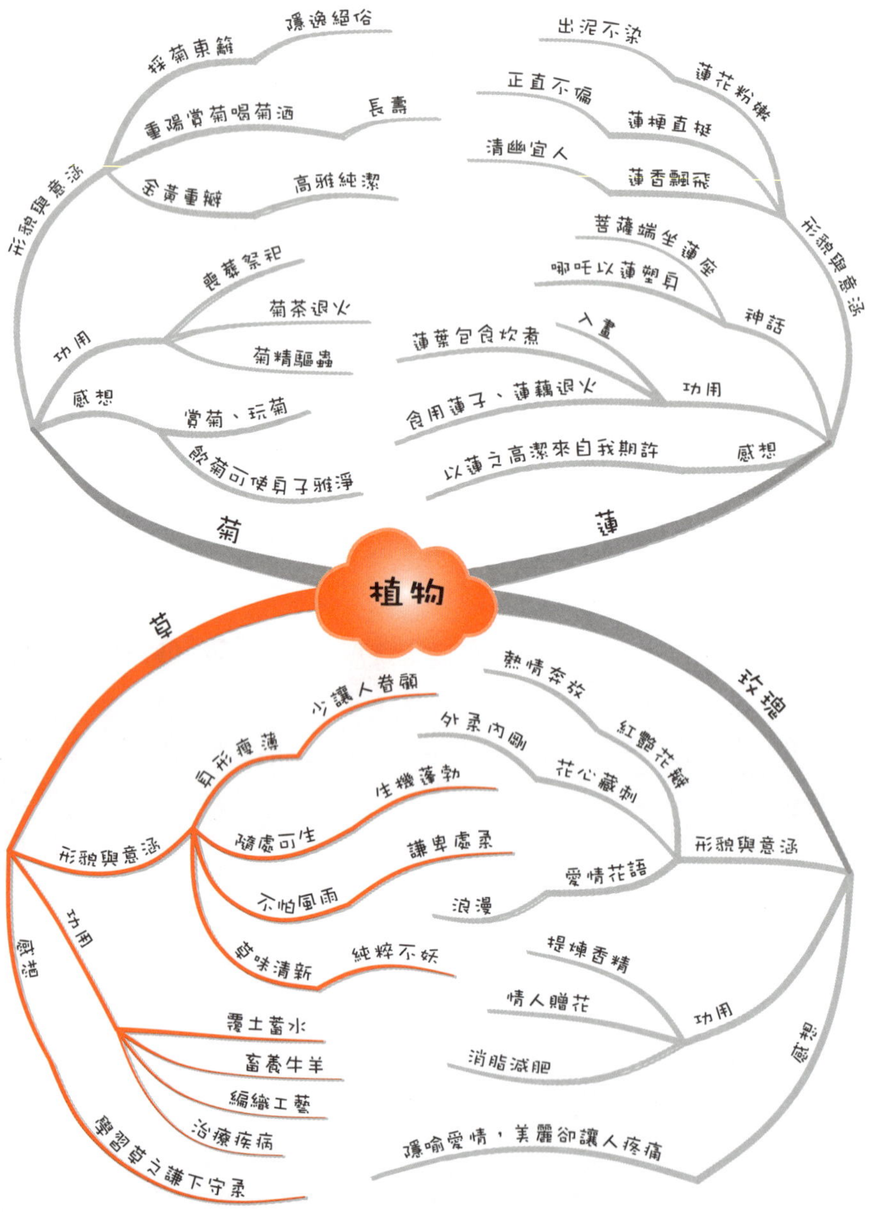
植物
菊
形貌與意涵
採菊東籬
隱逸絕俗
重陽賞菊喝菊酒
長壽
金黃重瓣
高雅純潔
功用
喪葬祭祀
菊茶退火
菊精驅蟲
感想
賞菊、玩菊
飲菊可使身子雅淨
蓮
形貌與意涵
出泥不染
蓮花粉嫩
正直不偏
蓮梗直挺
清幽宜人
蓮香飄飛
神話
菩薩端坐蓮座
哪吒以蓮塑身
功用
入畫
蓮葉包食炊煮
食用蓮子、蓮藕退火
感想
以蓮之高潔來自我期許
草
形貌與意涵
身形瘦薄
少讓人眷顧
隨處可生
生機蓬勃
不怕風雨
謙卑處柔
草味清新
純粹不妖
功用
覆土蓄水
畜養牛羊
編織工藝
治療疾病
感想
學習草之謙下守柔
玫瑰
形貌與意涵
熱情奔放
紅豔花瓣
外柔內剛
花心藏刺
愛情花語
浪漫
功用
提煉香精
情人贈花
消脂減肥
感想
隱喻愛情，美麗卻讓人疼痛

上色部份請參照P119教師範文

## 謀篇

**開頭：**以敘事揭始，發現小草蹤影，並摹寫外形。

**中段：**

➊小草極有韌性。

➋小草的默默付出。

➌小草受人輕鄙。

➍自己喜愛小草的清香。

**結尾：**小草對我們的啟示。

**叮嚀：**取材時，必須找到一個最好發揮的植物。比如外形摹寫，若該植物視摹、嗅摹、觸摹兼具，書寫時的材料就變得較多。比如抽象意涵，若能從該植物聯想到更多特性，寫作時就能左右逢源。

## 教師範文

### 疾風後，才知草勁

一如往常，我沿著歸途返家，突然，在鄰靠住家的街角，發現一株新長成的嫩草，從牆磚的**隙罅**(ㄒㄧㄚˋ)鑽出，鮮綠盎然，隨風微微擺動。我安靜的側立在旁，欣賞這乍現的驚喜。

雖然它無花無果，無豔色無濃香，但在它瘦薄的身形下，卻隱隱流動著蓬勃的生機。

嬌花尚須溫室，給予栽植呵護，蔓藤亦靠堅物，才能攀附生長。小草卻是強韌非常，野火燒不盡，春風吹又生。不管在乾硬的裂土中，或在牆裂柱傾的廢墟裡，都能看見它那微小的身軀，以柔勁迎對生命中的飄風驟雨。

除此之外，小草還能披覆黃土，蓄涵水源；碧綠青青，團簇成景；牧場供食，畜養牛羊；工藝編織，精巧可人；入載綱目，治痾(ㄜ)療傷。它默默的供給人們所需，從未邀功驕慢。

可惜的是，眷顧珍視它的人，始終少之又少。花匠不曾將它栽塑盆景，祭者從未將它供上廳堂，畫師亦極少將它描繪入畫，彷彿它僅適存於莽莽野地，難登大雅。

我也極愛嗅聞小草的甘美芬芳，幽幽淡淡，在空氣中飄逸著。沒有其他花朵的嗆鼻香味，它只是用著極為純粹的味道，鬆綁我們的靈魂，奔向自然的曠野。

小草或許在多數人眼中，是株微不足道的賤物，但我卻深切明白，小草總在隱晦處啓示著我們，關於謙卑付出、隨遇而安的至理。

> 重要注釋
> ❶隙罅：裂縫。
> ❷痌：傷病。

## 詞彙鍛鍊

- 蓓蕾、花苞、花蕊、花萼、花瓣、重瓣、枝葉、莖條
  - 提柳款擺枝條，隨風舞動搖曳，像剛從詩篇走出來一樣，有著古典的韻致。
- 翠綠、鵝黃、雪白、胭脂、粉白、嫩紅、深紫、黝深、黃澄澄
  - 在霜雪過後，白梅在黝深的枝條上，傲然綻放。自此，這樣的畫面給了我們重要的啓發，越是遭遇艱難，越要凌駕苦痛，展現自尊與自傲。
- 芬芳、清馨、濃郁、清幽、馨香、暗香、疏淡
  - 金黃雛菊雖暗藏於叢草中，但其馨香仍無從掩蔽，傳芳千里。如同賢者低調謙退，其才其德卻能為人周知。
- 抽芽、萌動、初放、怒放、含苞、吐蕊、凋零、枯萎、殘敗
  - 我看見園中的花草樹木，春季萌動，秋冬凋萎，始知生死一瞬之理。
- 嬌柔、美豔、姿弱、常青、恬靜、頑強、雅致、柔弱、卑賤、韌性、搖曳、詩意
  - 嫩綠的小草，抽芽於磚牆的縫隙，用它短小柔弱的身軀，為世界帶來一點活力生機。
- 蔥蘢、蓊鬱（ㄨㄥˇ ㄩˋ）、繁茂、扶疏、萋萋、葳蕤（ㄨㄟ ㄖㄨㄟˊ）、蔚然
  - 父親退休後，種了滿園的植株，一片蓊鬱蔥蘢，觀之心曠神怡。

## 成語運用

- 欣欣向榮：草木繁盛的樣子。
  - 大地春回，一片欣欣向榮，我也拋開了往昔的不順遂，重新向世界開展我的笑顏。
- 凌霜傲雪：不怕霜雪的侵襲。
  - 山巔的古松，凌霜傲雪，不論氣候遷變，始終固執著它的青綠。

- 奼紫嫣紅：花開得鮮豔嬌美。
- 經過她的巧手悉心照料，原本疲軟黯淡的植栽，突然活了過來，奼紫嫣紅，美豔盡現。
- 明日黃花：過時的事物。
- 生命中的美好，若未及時珍惜，待成明日黃花後，一切都將追悔莫及。
- 風行草偃：比喻在上位者以德化民。
- 古代仁君的施政恰似春風，當其吹拂過後，人民便如青草，順從的依著風向而倒偃。
- 含苞待放：含著花苞而將要開放的花朵。
- 女孩如同含羞的花苞，只為知解她的男孩開放。
- 根深柢固：根柢長得深且穩固。比喻基礎堅實，牢不可拔。
- 服務人群的觀念，已在他腦海中根深柢固，並且付諸行動去實踐。

小筆記

## 學生作品

# 薄荷

廖則穎

　　早晨，在我剛從睡夢中醒來，總會將桌上那一小盆的薄荷，舉至鼻子前，深深的呼了一口氣，感覺一下薄荷的氣味。

　　薄荷的氣味，清清淡淡的，沒有花朵那嗆鼻的香味，也不像市面上薄荷口味商品的味道，是那麼的涼，濃豔到讓人覺得不舒服。雖然淡，但我特別喜愛這香氣，純粹中帶了點清涼，像晨霧清冽，像水晶澈淳，使我的靈魂鬆綁了。

　　薄荷不會長得像樹一樣高，它那薄薄的葉，細細的莖，使它看起來格外的脆弱。但其實它的生命力是非常的驚人的。我還記得教室外的花圃裡，原是些雜亂無章的草，和一株株的薄荷摻雜在其中。但某天突然要換上鮮豔的花朵，所以必須將原有的植物剷除。但我怎麼看都覺得這些花，鮮豔得有點刺眼，比較喜愛以前翠綠模樣，所以拿了些根部完整的薄荷來種植。

【措詞】應是「吸」了一口氣。

【標點】上下句文意連貫，應改用逗點。

【標點】上下句句意連貫，中間逗號應刪去。

【換句】我拿了些根部完整的薄荷來種植，試圖恢復昔日的翠綠模樣。

【遣詞】此處的草與薄荷，欲與後面豔花做喜厭的對比，卻用了負面形容詞「雜亂無章」，不太搭調。

【措詞】濃「豔」應指外形，非氣味。

【刪改】因前段已說明原有植物已剷除，為避免讀者疑惑，此句應刪去。

　但過了幾天，它便慢慢的枯萎了，本來以爲有希望能夠生存。當我準備將它丟棄，赫然發現土中有綠色的新芽，讓我吃驚不已。再跑到教室外的花圃看看，也發現薄荷又從土裡探出了頭。而那株我種的薄荷，現在也安穩的生長在我的書桌上。

【換句】改成「安穩的在我的書桌上生長」。

　薄荷讓我見識到生命的強韌，也提醒了我，遇到事情的失敗，不要以爲就結束了，而可能是個新的徵兆。以後如果有人問我薄荷是怎樣的植物，我便會吟一句：「山窮水盡疑無路，柳暗花明又一村。」來形容它。

【刪改】此處詩句應是描述事件，而非形容「某物」。

## 總評

- 此篇以桌上薄荷的曲折身世，引帶出自己看待挫折的人生觀。段落鋪排極有次序。
- 大部分的句意未能精準表意，修辭亦稍嫌不足。惟第二段段末的「薄荷香氣」，寥寥數句，暗藏排比、譬喻、轉化等修辭，用字也頗爲精鍊，是一亮點。

## 老師改寫

### 桌角的薄荷

　早晨，當我自夢中醒來，第一件事，便是將桌上那一小盆的薄荷，舉至鼻前，然後深深的吸一口氣，試圖讓自己混沌的腦袋振奮清醒。

薄荷的氣味，清逸淡遠，沒有花朵濃郁嗆鼻的香味，也不像市面上的薄荷製品，味道那樣的刻意虛矯。薄荷植株的味道雖淺，卻是底蘊十足，純淨中略帶清涼，像晨霧清冽，像水晶澈淳，輕輕嗅聞，就能使聞者神怡心曠，靈魂鬆綁。

【仿句】沒有……，也不像……

在我的印象中，薄荷總是侷促一角，不與群樹競高，薄葉細莖，看起來格外脆弱，誰知在團簇的綠意之後，竟飽含著傲人的生命力。猶記昔日國小課室外的花圃，原本滿栽各式綠草與薄荷，後來不知怎地，被校工草率拔除，棄置在旁，取而代之的，是成叢的俗豔花朵，擁擠而刺眼。我突然嘆惋起那些逐漸暗淡的綠色精魂，覷空到花圃旁，尋些根部完整的薄荷殘軀，移植到玲瓏瓦盆中，希望它能因此重生復甦。

【解釋】覷空：找機會。

本以爲它還有一線生機，但種了幾天後，它卻慢慢枯萎轉黃，枝條垂軟。當我準備放棄時，赫然發現土中竟孵現細小的綠色新芽

【仿句】當我……，赫然發現……

，當下的我，又驚又喜，彷彿已能預兆，來日的盎然翠綠。果然，今時此刻，那株新生的薄荷，已安穩的在我的桌前落籍，持續發散著那宜爽的清香。

　薄荷曾讓我見識到生命的強韌，也順帶提醒我，凡事遭逢困頓失敗時，不要就此萎靡不振，也許它便是一個成功的轉機。以後如果有人問起關於薄荷的種種，我一定會這樣回答：「它，看似平凡，卻擁有無限的可能。」

## 仿句練習

❶ **沒有**花朵濃郁嗆鼻的香味，**也不像**市面上的薄荷製品，味道那樣的刻意虛矯。

❷ **當我**準備放棄時，**赫然發現**土中竟孵現細小的綠色新芽。

## 精選佳句

❶ 我手中拈著一朵落花，五片花瓣，被一個綠色小小的蒂承接著。也許花朵落下或留在樹上，是用不同的方式完成了自己，我們所知有限，常常徒自驚恐哀傷。（蔣勳〈桐花〉）

❷原來，這世界對於強韌的生命力是無可奈何的。一地的牽牛花，它哪裡懼憂花朵被踐踏、藤蔓被截掉？踩得碎花，可踩不碎潛藏於大地腹部那雙蠕動的巨掌。只要巨掌動，自有花朵不停地迸出來；只要有泥有土，便天地間自由來去。牽牛花，何屑於區區一瓶供水？（簡媜〈碗公花〉）

❸人是不是也像菅芒花的種子，在某地某一個秋天偶然飛起，與前世的親友、情人在此相會，隨著業力的風在宇宙飄流？這是不是就是輪迴的祕密呢？（林清玄〈滿山菅芒花〉）

❹我所夢想的花是那種可以猛悍得在春天早晨把你大聲喊醒的梔子，或是走過郊野時鬧得人招架不住的油菜花，或是清明節逼得雨中行人連魂夢都走投無路的杏花，那些各式各流的日本花道納不進去的，市價標不出來的，不肯許身就範於園藝雜誌的那一種未經世故的花。（張曉風〈花之筆記〉）

❺不管你活得顯赫，也不管你生得卑賤，我們知道：當生命終了，我們都不免「與草木同朽」；但是，幸好我不忘以草木為師，所以，當災難來時，我才能「與草木同生」。（陳恆嘉〈與草木同生〉）

❻我總記得少年時節去竹山溪頭，滿山坡一竿一竿修長的孟宗竹，綠蔭森森，一路走去，竹梢高處，在風中交柯，滿耳都是「空」「空」的聲音。孟宗竹挺秀俊拔，在風裡靜靜搖曳，瀟灑自在，映照著日光，看起來潔淨光明，坦蕩磊落，難怪古人把竹子比喻為「君子」。……，大家熟知的句子「瞻彼淇奧，綠竹猗猗」，「瞻彼淇奧，綠竹青青」，使人至今仍然感覺到，淇水凹曲幽靜的岸邊，風和日麗，千萬竿青翠綠竹搖晃，兩千年來，竹林深處，似乎還是一樣綠意幽森。（蔣勳〈美學裡的竹子〉）

**相關類題**

樹／○○的自述／種子

# 身體

## 選身體任一部位為題／牙

### 說明

擁有一個健康活力的身體，是我們最大的寶藏。我們用眼睛攝收山光海景，然後側耳傾聽禽鳥的呢喃細語；兩手能彈琴鼓瑟，雙足則可遨遊千里。或是美食當前，用鼻子先輕輕嗅聞蒸騰的香味，然後伸出舌頭試驗鹹淡，最後再從容地用牙齒磨切咀嚼。

請同學以身體器官爲範圍，自擬文題，如手、腳、眉毛。寫下此器官各種不同的用途，如何幫助你體驗生活、探索世界，然後挖掘出生活中的種種感觸。當然，你也不妨想想，倘若某日該器官失去功效，你又將面臨何種處境呢？

### 審題

選擇一個聯想性最強，能夠透徹發揮的器官：

- 手：操作、撫觸、幫助（援手）、鼓勵（拍手）……
- 腳：立足、舞蹈、跳躍、旅行……
- 耳：傾聽（樂音或噪音）、接收……
- 眼：觀看、閱讀、賞玩、傳情、觀睟察性……

### 問題&思考

❶ 請問你想選擇哪一個器官，當作書寫的題材？

❷ 此器官有何作用？如「口」能發聲、吞食、親吻……

❸ 記憶中，此器官給予你最大的協助爲何？過程有值得細述之處嗎？

❹ 此器官曾否受到任何損傷？在短暫失去作用時，你心裡的感受爲何？

❺ 此器官是否有任何相關的成語、俗諺，各有何意涵？

### 立意

❶ 這篇文章屬於「小題大作」，一定要馳騁想像，擴張思緒，才不會讓文章無以爲繼。

❷ 以「牙」爲例：

- 具體功用：咀嚼食物。
- 抽象聯想：堅忍（咬緊牙關）、憤怒（咬牙切齒）、口才（能言善道）、報仇（以牙還牙）。
- 生活事例：牙醫、冰食敏感。
- 歷史事例：張巡死守睢陽城。

# 聯想心智圖

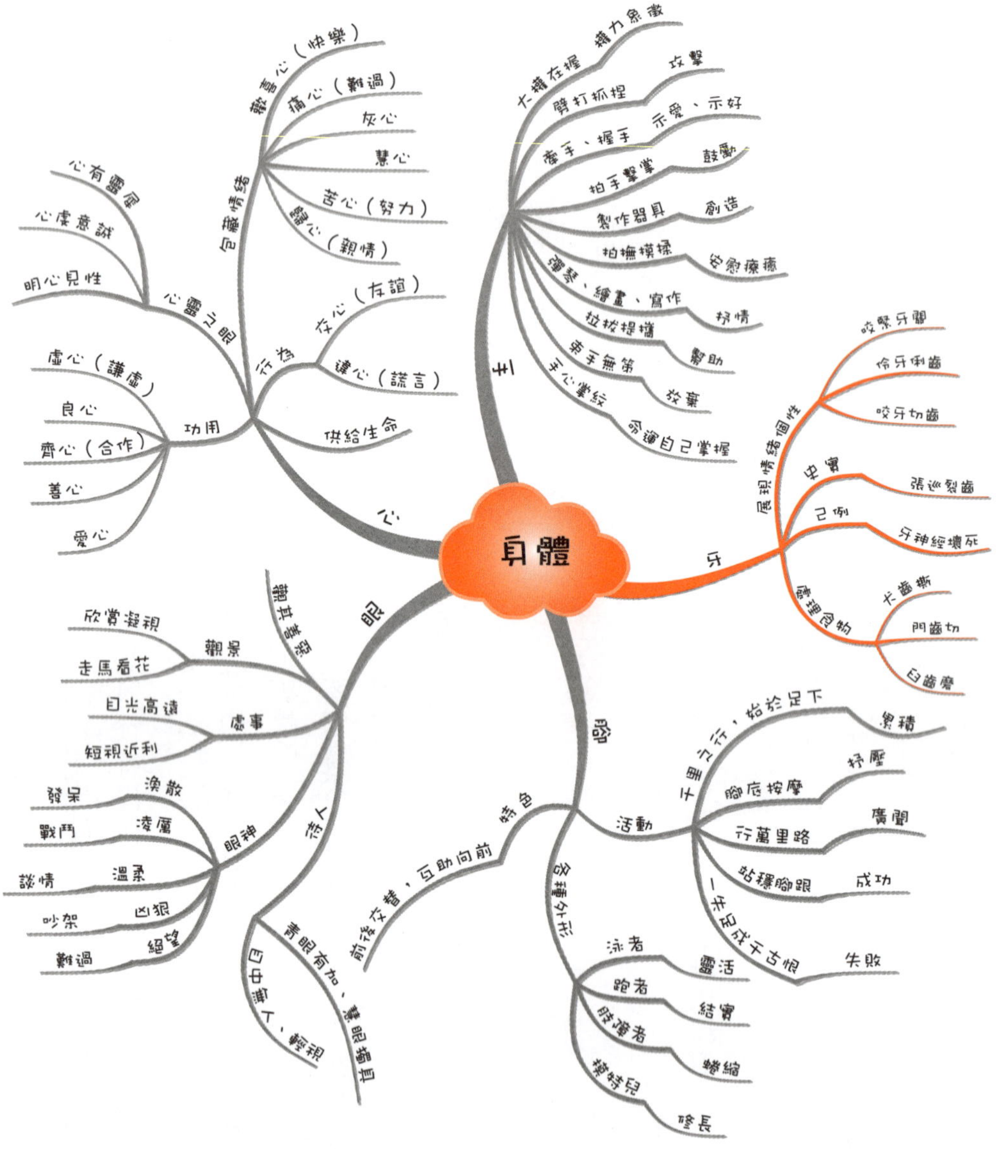
身體
心
包藏情緒
歡喜心（快樂）
痛心（難過）
灰心
慧心
苦心（努力）
關心（親情）
心靈之眼
心有靈犀
心虔意誠
明心見性
行為
交心（友誼）
違心（謊言）
功用
虛心（謙虛）
良心
齊心（合作）
善心
愛心
供給生命
手
大權在握
權力象徵
劈打抓捏
攻擊
牽手、握手
示愛、示好
拍手擊掌
鼓勵
製作器具
創造
拍撫摸揉
安慰療癒
彈琴、繪畫、寫作
抒情
拉拔提攜
幫助
束手無策
放棄
手心掌紋
命運自己掌握
牙
展現情緒個性
咬緊牙關
伶牙俐齒
咬牙切齒
史實
張巡裂齒
己例
牙神經壞死
處理食物
犬齒撕
門齒切
臼齒磨
眼
觀其善惡
觀景
欣賞凝視
走馬看花
處事
目光高遠
短視近利
眼神
渙散
發呆
凌厲
戰鬥
溫柔
談情
凶狠
吵架
絕望
難過
待人
青眼有加、慧眼獨具
目中無人、輕視
腳
特色
前後交替，互助向前
活動
千里之行，始於足下
累積
腳底按摩
抒壓
行萬里路
廣闊
站穩腳跟
成功
一失足成千古恨
失敗
各種外形
泳者
靈活
跑者
結實
肢障者
萎縮
模特兒
修長

上色部份請參照P129教師範文

## 謀篇

**開頭：**描寫「牙」的具體作用——吃食。並詳述各齒類的功用。

**中段：**

❶此器官能表現出「人的情緒」——以成語作主軸。

❷此器官有關的歷史事件——爲張睢陽齒。

**結尾：**看牙醫的生活經驗。

**叮嚀：**敘事絕不能過長，否則很容易稀釋了該器官的重要性。應多方延伸，展現其各式各樣的風貌。

## 教師範文

### 牙

我喜歡細細體驗尖牙處理食物的過程。

先用犬齒將大塊食物撕開，再用門齒切割成細碎片段，最後用臼齒研磨口中食物，讓蘊藏於其中的美妙滋味在舌唇間逸散，然後才吞嚥入喉，完成了繁複神聖的進食儀式。

原本以爲「牙」只是一種藏於體內的簡單餐具，半開半隱，隨時可用，但後來才赫然發現，原來堅硬如白玉的它，也能婉轉的展現一個人的情緒與個性。

【說明】前爲轉折段落。

我們說，某人面對困境時所表現出來的堅忍態度，叫做「咬緊牙關」；某人情緒激憤，彷彿要把敵方啃骨噬肉，這便是「咬牙切齒」；某人能言善道，顛倒黑白，旁人便會讚他是「伶牙俐齒」。

小小的一顆齒牙，不僅涵納了人情悲喜，還曾在歷史流光中，映現了令人心驚的一幕。

【說明】前爲轉折段落。

記得孩提時，每讀張巡死守睢陽的故事，都會讓我慷慨激昂。裡頭詳述張巡每回出戰，總裂眥（ㄗˋ）嚼齒，恨己力之不足保民，事後被捉，賊將掀嘴一瞧，裡頭幾無全牙。難怪文天祥在〈正氣歌〉中擊節讚賞：爲張睢陽齒，爲顏常山舌，或爲遼東帽，清操厲冰雪。

近日疏於保養牙齒，在食用餐點的過程中，往往感覺到微隱的痛楚，只得硬著頭皮拜訪牙醫，讓他恣意在我的口腔內鑽削敲補，維修我搖搖欲墜的齒牙。

其中一顆犬齒，神經已然壞死，醫師將其抽出，攤放在我的掌心，如一根黑褐的菌絲。我原本暗地竊喜，再也不必忍痛了，醫師卻說：沒了神經的牙齒，極易脆弱斷裂，一定要小心保護。

我忽然想起自己。那敏銳多感的情緒，幾度讓我飽受煎熬，曾經想過，若能將之割捨淨盡，便能過著自在從容的日子。

但一個不會嘩笑哭泣的人，還有什麼意義呢？只能像一顆失去神經的牙齒，逐漸透明輕脆，等待斷折的某個時刻。

**重要注釋**

眥：眼眶。

## 詞彙鍛鍊

※可與第二章 人物 互相參照

- 臥蠶、劍眉、柳眉、愁眉、眉宇、眉梢、挑眉、蹙眉、皺眉、深鎖、橫眉、緊顰、倒豎

➜ 劍眉鋒利，英氣足以逼人；柳眉嬌俏，媚態中帶古雅。愁眉卻糾結成團，令人觀之興嘆；倘若好事將近，定當眉飛色舞。

- 明眸、眼眶、秋波、深邃、銳利、犀利、羞澀、迷濛、勾魂、晶瑩、機靈、炯炯、明澈、渙散、惺忪、失神、混濁、焦灼

➜ 那孩子的眼睛，憂傷深邃，似乎藏著什麼心事，凝視著遠方。

- 瞧、盼、望、瞥、視、瞅(ㄔㄡˇ)、盯、瞄、瞪、注視、定睛、逼視、諦視、瀏覽、飽覽、觸目、舉目、側目、目睹、審視、凝眸、端詳、睥睨、環顧、顧盼、掃視、俯瞰、眺望、窺伺

➜ 舉目四顧，竟無一人伸援，行人頂多斜眼一瞄，便匆匆離去。我只能自行牽起被撞倒的機車，緩緩站起，瞪著肇事司機，要他給個解釋。

- 鼻、酒糟鼻、鷹勾鼻、鼻樑、鼻孔、鼻尖、毛孔、粉刺、塌扁、朝天、秀挺、嗅、聞、擤、屏息

➜ 外國人高挺的鼻樑，微聳的鼻尖，十分容易吸引眾人的目光。

- 薄嘴、香唇、闊口、溫軟、抿、噘、嘟、吐、啐、撇

➜ 她嘟著櫻桃小嘴，看似溫柔可人，言談間卻是牙尖嘴利。

- 耳畔、耳垂、耳根、側耳、傾聽、聆聽、諦聽

➜ 站在樹林裡，我側耳傾聽大自然的聲響，巨大繁複的天籟，都被我收攏至玲瓏小巧的耳朵。

【綜合】

➜ 他臉部的線條分明，粗獷豪邁，十分有男人味。眼睛深邃迷人，有種歷經世事後的滄桑；嘴唇緊抿，靜定

而內斂：兩手平攤，指頭不停的輪敲桌面，猶如在彈奏著琴鍵。我在旁看著他的側影，不禁怦然心動。

## 成語運用

• 禍從口出：說話不謹慎，往往招致禍害。

千萬不可肆恣的高談闊論，以免禍從口出，為自己招惹麻煩。

• 目光如炬：目光有神。

心不在焉時，老師那如炬的目光便朝你射來，彷彿能收魂攝魄，讓自己專注聽講。

• 眼觀四面：觀察周詳。

來到異地，定要眼觀四面，查勘逃遁的動線，才能全身而退。

• 齒如編貝：牙齒齊整潔白。

女模林志玲顧盼生姿的倩影，令不少男人迷醉，尤當她漾起微笑，露出編貝般的齒牙，更是無限風情。

• 獐頭鼠目：形容人相貌鄙陋，令人生厭。

那些小人獐頭鼠目的面容，讓人作嘔，尤其當他們興風作浪，無所不為的時候，更教人憤恨。

小筆記

學生作品

【段落】此段點出手有「打理」、「幫助」、「創作」、「傳接」。但只有「幫助」於後文有加以著墨，其餘皆無提及。改寫範文只取「創作」之意，此段改以敘事體呈現。

## 手

廖則穎

在一個溫暖的早晨裡，我舉起我那乾燥又有著許多傷口的手，看見它的傷口，讓我想起它爲我做過的事。

手，是幫助我打理身邊週遭事物的最佳利器。手，讓我有幫助別人的力量；讓我有自由創作的能量；讓我有傳接的功能。做任何一件事，都少不了它。我很感謝我的手，感謝它的付出。

【措詞】打理＋事務（泛稱抽象各事）；拿起＋事物（泛稱具體東西）

【刪改】「傳接」功能不就被「打理事務」涵括其中，此句宜刪。

看了看我的手，再將兩手掌互相拍擊，發出了一個響亮的聲音，讓我想到勝利的球員，互相擊掌的動作。

手，可以表達出感情。當手掌對手掌，拳頭對拳頭，互相觸擊時，可以表達出彼此之間的默契、喜悅。這一個小小的動作，勝過了那長長一串的言語。

【段落】三、四段可以合成一段，意義更完整。改寫範文以敘事體呈現。

再將兩手握緊，可以感覺到溫暖，可以感覺到希望，這個動作讓我想到，兩個互相幫助，互相扶持的人。

【刪改】兩個互相幫助扶持的人。

手，表現出了互助的精神。當有人需要幫忙時，我總是伸出援手，幫助他人。當有人需要心靈上的支持，我用我的手，去溫暖他人。

【段落】五、六段可以合成一段，意義更完整。改寫範文把它挪到第二段，以敘事體呈現。

手，不但在我們的生活上幫助很大，它也有很多的涵義。當我們再次看看這雙手，卻只看到它那平凡的外表，卻有著這麼多的意義，眞是不能小看。

【重複】此段「手有意義」之意重出；「卻」字重出。

【全段刪改】雙手看似平凡無奇，握執拍拈間卻能化腐朽為錦繡，我慶幸著自己的生活有了他的陪伴，增添了無窮姿彩。

## 總評

- 文中羅列了手的各式用途，卻似在覽閱「使用說明書」般，毫無任何感觸，多而淺薄，不夠深入。
- 且沒有帶入自己經驗，缺乏故事性的支撐，很難引人入勝。故改寫範文中，幾乎把手的某一功能，都帶入自己的一件人生體驗。

## 老師改寫

手

春陽暖暖，我在晨光中端詳我的雙手，乾燥又滿佈傷口，每一處瘀痕，彷彿都藏了一個祕密。我突然想起過往歲月中，它曾那麼忠誠的陪伴自己。

　它曾經幫我牽起親人的疲憊雙手，傳遞溫暖與力量到他的身上。

　那時，父親的酗酒，母親的出走，讓表弟的生命遭逢前所未有的困境，母親邀他到家中同住了一段時日，照料他的起居，也看顧著他的心情。某天散步時，表弟對我說：我的家已經支離破碎了。我沒有回答，只是在寒風中將他的雙手緊握，不一會兒，我察覺到手背沾滿了溼潤的淚珠。

【仿句】○○他的……，也○○他的……

　它也曾經執起墨筆，一筆一劃的書寫出我內心深藏的情意。從小我就喜歡塗塗寫寫，喜歡在靜靜的夜裡，把每天的經歷化作文字收藏。記錄愉快的記憶，可以溫暖胸臆；記錄痛苦的過往，可以療傷止痛。

【仿句】○○……的……，可以……；○○……的……，可以……

　它也曾經爲我拍擊好友的厚實手掌，掩抑不住的喜悅，都化爲清亮的響聲。那年，他代表班上跑回了大隊接力的冠軍，我們排列在終點處，狂肆的喧叫，並且一一與他擊掌祝賀。當彼此掌心互相貼合的剎那，充分表達出默契與欣喜，一個小小動作，勝過了一串

【仿句】當……，充分…………

長長的言語。

我看著手中的掌紋，想起它深蘊的安定力量，虛掌盈握，感覺無比豐實。

【說明】前段的「撫慰」、「文藝創作」、「鼓勵」的共同特點，便是幸福安定。

## 仿句練習

❶ 照料**他的**起居，也看顧著**他的**心情。

❷ 記錄愉快**的**記憶，**可以**溫暖胸臆；記錄痛苦**的**過往，**可以**療傷止痛。

❸ **當**彼此掌心互相貼合的剎那，**充分**表達出默契與欣喜

## 精選佳句

❶ 成雙，應該像手，修長手指，緊密交握；應該像腳，左右追逐，依戀不捨。（張曼娟〈成雙〉）

❷ 而長年的攜手，我們已彼此把掌紋疊印在對方的掌紋上，我們的眉因爲同蹙同展而銜接爲同一個名字的山脈，我們的眼因爲相同的視線而映出爲連波一片，怎樣的看相者才能看明白這樣的兩雙手的天機，怎樣的預言家才能說清楚這樣兩張臉的命運？（張曉風〈愛情篇〉）

❸ 齒更是恥。當我在治療椅上躺臥下來，眼睛遇見直擊的照射燈不得不閉上，牙醫便拿著工具在我舌尖攪和，它彷彿一個知曉年輪與密碼的人，看透了我寫在齒間的祕密。（孫梓評〈牙齒細節〉）

❹耳朵該要學會類別嗎？讓情緒的顏色擁有各自的調色盤，讓聲音有它的路標，可以循靠，去到它想去的地方。（孫梓評〈福耳朵〉）

❺我喜歡你手指的體態、色澤，指甲上淡淡的粉紅色，和一種特殊的，你的味道。你手上的味道透露出你的生活、心情和種種。你擁抱我之後，留下眷戀的味道；你用指尖問候我的眉間，封鎖住一則想念……（孫梓評〈悲傷的第三根手指頭〉）

❻於是，在他開始用很多愛嬌的身段表達愛情，用很多的「不要」去表達「渴望」，她似乎就能透澈的看穿這種雙魚男的把戲。他用堅實的牙齒啃咬他的至愛，讓疼痛具體他的愛意；下一秒他用雙手捧著她的臉，無言的審視，撫摸，似乎在推敲他與她的感情，多深，多重；與另一個男人相較，孰多，孰少。（劉淑慧〈雙魚男〉）

❼直到上小學，父親興沖沖地爲我帶回了漂亮的包書紙。他利索地用手量書、掀紙、剪裁、摺疊，很快就把課本包好了。父親滿意地笑著，伸出手，微彎著後面二指，點著書對我說：「要愛惜書，好好學習知識！」我這才發現父親的手掌很厚，手指光滑而修長，十分靈巧。那是握慣筆的手。……我低下了頭，一下看到了父親的那雙手：掌面上結著老繭，指關節有些僵硬，而手背上還交織著一道道刀痕，有的剛結了痂。……如今，父親已垂垂老矣。每次回家，陪他外出爬樓梯或攙扶他上床，父親總喜歡張開手掌，把那青筋暴起、佈著老人斑的手慢慢地覆蓋在我的手上。這是他的手喜歡做的又一個動作。（王聖貽〈父親的手〉）

### 相關類題

赤子之心／手腦並用／推動搖籃的手／遠大的眼光，踏實的腳步／打開內心的一扇窗／腳印／我的雙手／掌聲

# 衣物

## 衣物與我的故事

### 說明

「青青子衿，悠悠我心。」詩中天藍色的衣領，已成思念的標誌；牛希濟亦道：記得綠羅裙，處處憐芳草。在離別時，給了對方一個近似永恆的叮嚀。

春季飄飛的裙幅、冬季暖熱的大衣，這些生活中極爲貼膚的陪伴，其實它們全都瀰漫著來自記憶裡的芬芳。請選擇一件你深戀的服飾，詳述這件衣服的來由、曾經穿戴的場合、以及它對你的獨特意義。

### 審題

☑ **我的西裝**，是過世的母親挑選的，讓我在領獎時，能穿得體面光鮮。

☐ **母親的圍裙**，沾上許多漬痕，都是爲了家庭辛勤付出的證明。【說明】所寫衣物必與自己相關。

**衣物與我的　故事**

☐ 制服可象徵學校形象，可襯托學生爽朗的精神。

☑ 被我護惜許久的衣裙，在某次車禍中，被擦磨得破爛汙穢。【說明】敘事應圍繞在「我」與「衣物」之間。

### 問題＆思考

❶ 請問你想選擇哪一件衣物，當作書寫的題材？

❷ 此衣的來源？

- 在何時何地購置？
- 與何人一同購買？自購，或是家人、朋友、情人相贈……
- 購買原因？生日、參加比賽或宴會、禦寒……

❸ 初見此衣的感覺爲何？穿上此衣的感覺？

❹ 現在還常穿它嗎？還是已經藏放在衣櫃的深處了？此刻它對你的意義爲何？

### 立意

❶ 摹寫敘述：

- 衣物來由的敘述。→與自己結緣的起始。
- 衣物外表的敘述。→由此衣特點，可引出自己戀惜的心情。

❷ 馳思抒情：

- 穿上衣物的感覺。→美麗、甜蜜、榮譽、驕傲……
- 衣物在生命中的意義。

# 聯想心智圖

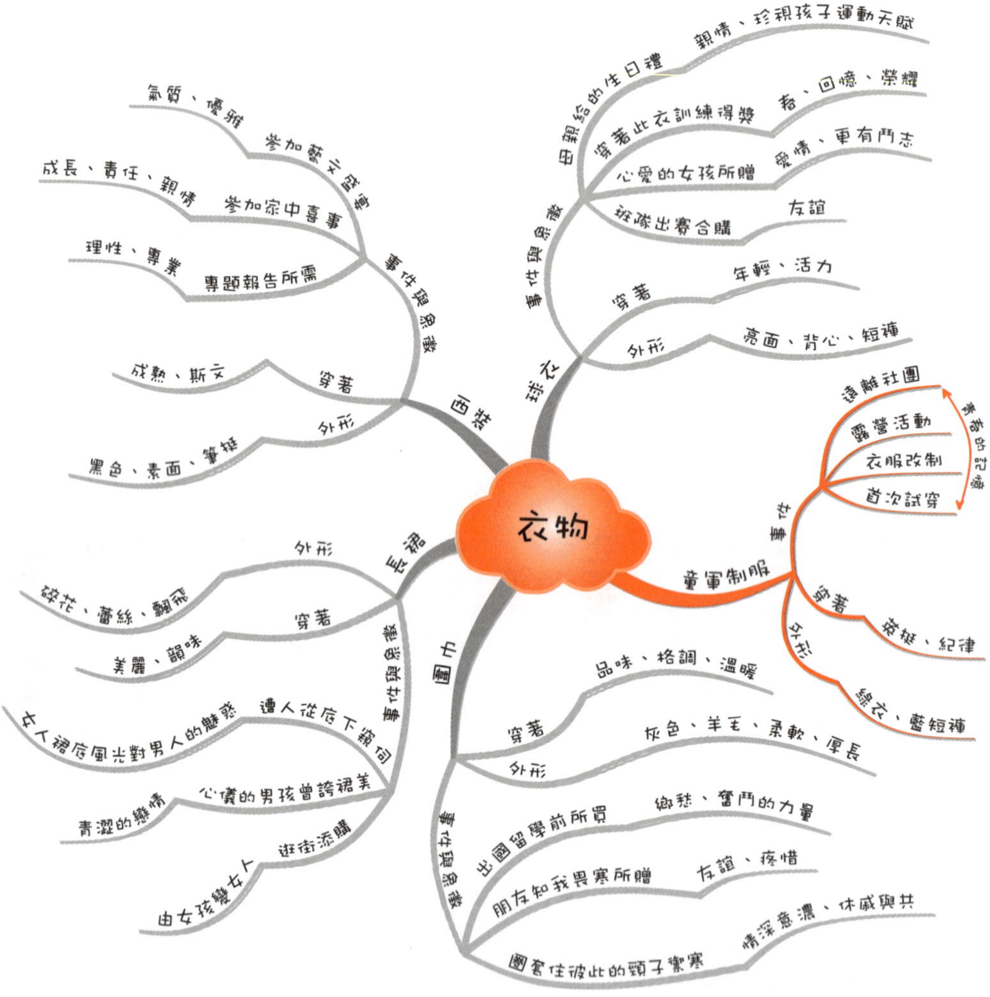
衣物
西裝
事件與象徵
參加藝文盛會
氣質、優雅
參加宗中喜事
成長、責任、親情
專題報告所需
理性、專業
穿著
成熟、斯文
外形
黑色、素面、筆挺
球衣
事件與象徵
母親給的生日禮
親情、珍視孩子運動天賦
穿著此衣訓練得獎
春、回憶、榮耀
心愛的女孩所贈
愛情、更有鬥志
班隊出賽合購
友誼
穿著
年輕、活力
外形
亮面、背心、短褲
童軍制服
事件
遠離社團
露營活動
衣服改制
首次試穿
青春的記憶
穿著
英挺、紀律
外形
綠衣、藍短褲
圍巾
穿著
品味、格調、溫暖
外形
灰色、羊毛、柔軟、厚長
事件與象徵
出國留學前所買
鄉愁、奮鬥的力量
朋友知我畏寒所贈
友誼、疼惜
圍套住彼此的頸子禦寒
情深意濃、休戚與共
長裙
外形
碎花、蕾絲、飄飛
穿著
美麗、韻味
事件與象徵
遭人從底下窺伺
女人裙底風光對男人的魅惑
心儀的男孩曾誇裙美
青澀的戀情
逛街添購
由女孩變女人

上色部份請參照P139教師範文

## 謀篇

**開頭：**描寫擁有此衣物的因由。

**中段：**

➊第一次穿上此衣的經過與心情。重點在提及此衣的式樣。

➋此衣與自己一齊參與的活動過程。

➌此衣另外具備的意義。

**結尾：**最後褪下此衣的原因。並歸結此衣代表了青春之感。

**叮嚀：**

思考文章裡，要寫入哪些敘事片段時，唯一要考慮到的，便是裡頭是否有出現「自己」與「衣物」的互動。

接著，將這些片段依「時序」排列，即能完成此文架構。

## 教師範文

### 衣物與我的故事

曾經，我擁有一件深綠色的制服，那是參加童軍社團的專屬標記。昔時十八歲的我，初次負笈異鄉，學長姐每個夜晚都到寢室內殷勤拜訪，在談笑問候間，緩解了我思鄉的愁悶，最後拗不過他們的熱情邀約，內向孤僻的我，決定加入童軍的行列。

猶記得第一次拿到制服的時候，我開心的在寢室內進行試裝的儀式。先是套上制服，再穿起深藍短褲、綠色長統襪，最後緊繫藍色領巾、紅色襪穗。室友在旁鼓譟，直說帥氣好看，那刻的我，覺得自己的身子忽然英挺起來，骨子裡原有的隨性散漫，也頓時消散無蹤。

參加露營活動時，我們便穿著這件衣服搭帳、炊煮，過著極度原始的生活，尤其夏季豔陽熾熱，汗水總會在身後凝成結晶，使眾人衣背上的深綠，浮現一層明顯的淡白。入夜後，我們便燃起一堆營火，於旁席地而坐，火光在我們面龐上閃動，有著微微的溫熱。我們輪流上場唱歌跳舞演短劇，像是綠色精靈般，恣享夜晚的歡愉。

在翌日的追蹤旅行中，也常在山間水湄偶遇穿著制服的夥伴，青青草綠即成身分的標記，無須任何答詢，就能迎對陌生的彼此，歡談招呼，唱歌同樂，像是與久違的老友聚首相逢。

臨屆畢業時，童軍總會把深綠制服換成了卡其色，而我也因爲一些紛爭，遠離了社團。制服幾乎沒有機會再穿上身了，整整齊齊的被我收藏在櫃櫥中，順帶把飛揚的年少、被人關懷的過去、暢遊嬉鬧的曾經也一併安放，彷彿一切都安靜了下來。

這才發現，我離那年的青春，已經好遠好遠。

## 詞彙鍛鍊

- 穿、套、披、罩、別、配、襯、搭、打扮、梳妝、佩帶

冬夜出門，我習慣穿件棉質毛衫，披上羽絨外套，脖頸繞起一條圍巾。這樣，便不懼任何凍寒了。

- 脫、裸、卸、褪下、寬衣

入浴前，解帶寬衣，褪下厚重的衣服，也卸除鎮日的武裝與疲憊，宛如赤子。

- 流行、入時、風靡、前衛、時尚、摩登、時髦、炫奇

我從未追求時尚前衛的穿著打扮，因為我明白自己的身形與特質，不適宜居住在這樣的服裝裡頭。

- 老氣、過時、陳舊、落伍、庸俗、復古

我總嫌母親挑選的衣飾，樣子過時老氣，整理衣櫥時，順手將它塞到抽屜底層，眼不見為淨。

- 光鮮、簇新、體面、畢挺、別致、花俏、淡雅、素樸

我喜歡光鮮別緻的衣服，那會使我在人群中明亮顯眼；她則偏好淡雅素樸的裝扮，靜候某人的留意回眸。

- 俐落、合身、緊繃

第一次參加研討會，母親買了件套裝送我，剪裁合身大方，讓我看起來俐落幹練。

- 襤褸、褪色、脫線、乾皺、縮水、泛黃、蟲蛀、塵封、霉味

我從紙箱中，翻找到自己小學的制服，泛黃皺黏，還有些許霉味，斑斑點點，都是時光的痕跡。

- 補、縫、綴、繡、裁、剪、織、熨、收邊、鑲滾

我永遠記得，那次我騎車摔傷，把褲子也磨裂了，母親一面心疼我的痛楚，一面拈針繡縫，修補我那心愛的褲裝。

## 成語運用

- 雍容華貴：溫和大方，端莊華麗。
  - 我喜歡這件絲緞裁成的旗袍，逢年過節，我總喜歡穿著它，到處拜年走春。母親說，這衣使我整個人雍容華貴起來。
- 奇裝異服：不同於社會風尚，造形奇特的服裝。
  - 青春狂飆的我，特立獨行，不願當個別人眼中的乖乖牌。因此，身上的奇裝異服，便成我最顯著的標幟。
- 不修邊幅：不講究衣飾儀容或不拘形式小節。
  - 我喜歡身著背心，腳穿拖鞋，自由自在的在住家附近閒晃。爸爸叨念我不修邊幅，我卻貪戀這不受拘束的隨興。
- 衣冠楚楚：服飾整齊鮮麗。
  - 套上西裝，我衣冠楚楚的模樣總能引起眾人驚嘆，連平日正眼都沒看過我一眼的女孩，也對我讚譽有加。
- 霓裳羽衣：仙人所穿的服裝，五彩薄細，有如虹霓。
  - 當我穿起輕紗製成的舞衣，翩然旋轉時，水袖飄飛如漪。恍如穿上一襲神話中的霓裳羽衣，有了脫俗超凡的仙氣。

小筆記

學生作品

## 衣物與我的故事

廖則穎

又是一個寒冷的早晨，剛從棉被裡爬出來的我，再次穿上那又厚又緊的制服。而那冰冷的褲子，又讓我躺回床上，直到溫暖了才出來。多年來，我的早晨，都是這樣過的。

還記得剛上國中的前幾天，老師說週一到週五都穿制服。爲什麼不能像國小時一樣，五天中有一天可以自己挑衣服穿呢？我認爲，這是學校爲了方便管理學生的方式之一。穿制服的日子，眞的令人蠻不舒服的。夏天時，早上有時有點涼意，披個自己的薄外套，學校裡的主任就把你叫進了訓導處。冬天時，老師都很嚴格的規定，衣服一定要放進褲子裡，被看到的話，要做值日生。偶爾升旗時，還要服裝儀容檢查，眞是太麻煩了。學校規定了制服，控制了我們學生的思想，不知對我們是好是壞？

但升上了二年級後，我的想法改變了。有幾次穿著制服，走在

【措詞】「厚」象徵笨重，「緊」代表不合身，此處應強調「熱身穿冷衣」的不適。宜與下方冰冷褲子合併。

【冗雜】短短兩行，出現四個「又」字。

【疑問】統一教材與控制思想才有關：穿著制服，較有管理馴化效果。

【措詞】規定制服→規定學生要穿制服。

【疑問】下擺紮進褲子，作為冬天被約束的引例，不夠有說服力。處罰內容也不用詳寫。

【段落】結尾很輕靈，不錯。且跟首段有呼應，寒冷早晨是厭惡，溫暖下午則是認同。

社區的庭院中，鄰居看到我都說：「你讀的學校不錯喔！成績一定很好吧。」我沒說什麼，只用微笑來回答。其實制服代表了我是學校的一員，而穿著制服是很光榮的。制服也陪我度過了我在學校的精采片段。

在一個溫暖的下午，放學後的我，將制服脫下。看著這套衣服心想：「其實穿制服也沒那麼糟哦。」

【說明】此處沒有寫出校名，符合大考規定。

## 總評

● 此篇結構完整，惟有第二段的敘事較爲蕪雜，宜詳加對照改寫範文。行文語句宜加斟酌，莫使之淺白無味。

## 老師改寫

### 衣物與我的故事

早晨空氣冷冽，原本已讓被窩溫熱的身子，被迫要套上寒涼的制服，不免引發一陣哆嗦。於是趕忙鑽回棉被裡加溫，讓衣服與身體重新暖熱後才下床。多年來，這瑣碎的動作，已成了我冬日上學前的重要儀式。

【解釋】哆嗦：顫抖

【仿句】這……，已成了……

【仿句】尤其是……，更令……

還記得剛上國中的那一週，我極度不能適應每天都穿著制服的生活。我想念起之前國小的生活，每週都有一天是便服日，相較於制服的死板，便服不僅顏色活潑，穿套上身也舒適許多。

尤其是季節交替的當下，更令我們學生無所適從。初夏的清晨，微有涼意，制服外罩了件薄外套就惹來了主任的質問；而有時冬陽暖熱，領口開敞，衣袖捲起就會被老師處罰。尤其升旗時，不定期的服儀檢查，則讓導師有了對我們吹毛求疵的機會。

我懷疑著，學校規定了制服，使我們馴化便於管理，就像制式的教育，把性情各異的學生強硬塞入同一個框架。這僵化的制度對學生的影響，究竟是好還是壞呢？

但升上二年級之後，鄰居偶有的問候讓我改變了想法，不再抗拒制服的死板。他們常說：「你讀的學校不錯喔！老師同學都很優秀！」我點點頭，微笑以對。同時也在心裡思索著，原來制服象徵了學校，把我標記爲其中的一員，穿著校服的我們，榮辱與共。

而時光也把記憶縫入了制服。袖口的油漬是家政課炒菜時，不小心沾染的；衣角的墨印，是下課時同學惡作劇的塗鴉；褲膝旁的破洞，則是校運競跑，跌傷所勾破的痕跡。每每低頭看到這些成長的證據，免不了讓我憶舊述往。

【仿句】每每……，免不了……

在某個放學午後，陽光暖暖的灑了下來。我將制服脫下，掛在椅背上仔細端詳，心想：「其實穿制服也沒那麼糟呀！」

【段落】加入此段，描述制服「具體可見的物事」，拈出今昔之感。讓文章有更多的延伸。

## 仿句練習

❶ **這**瑣碎的動作，**已成了**我上學前的重要儀式。

❷ **尤其**是季節交替的當下，**更令**我們學生無所適從。

❸ **每每**低頭看到這些成長的證據，**免不了**讓我憶舊述往。

## 精選佳句

❶ 從來沒想到一件衣服竟可以如此和暖輕柔如日光如音樂如無物。……大衣的擁抱是僵硬笨拙的，而絲棉襖卻恍如是從自己的身體裡面長出來的一般。就像島女及腰的盛髮，把自己完密的披裹住。又像羊毛垂垂，從自己的毛孔中生發出來了。（張曉風〈絲棉之爲物〉）

❷ 箱內鮮明的色彩，醉人的氣味，將我帶到十年前的記憶裡，那時正是我的黃金時代。開始新婚生活的甜蜜時期，每件衣服的顏色，都能與我的年齡相配合，每件衣服的式樣，都隱藏著我那窈窕的輪廓，我曾經穿著它誇耀於眾人之前……（鍾山〈十年重檢嫁時衣〉）

❸後來我真的看見一個成功而美麗的女人，她穿了一條我所夢想的無比美麗的裙子，絲與紗的湖水色澤，零散的珠花點綴，就像是湖面飄浮的水藻，被陽光照射出溫煦的燦亮。（張曼娟〈相思的色澤〉）

❹細線穿過亮片孔眼再穿上一顆珠子固定，綿綿密密要綴滿領緣、袖口、裙襬，一整片崁肩，一條繫腰錦帶。媽媽一向不擅女紅，除了補縫鈕釦外，鮮少拿起針線。她的手指肥短，拈住針的兩指呆拙，穿線瞑珠極不靈活。我在一旁玩亮片，多事的把珠子一顆一顆的遞給她。（他里霧〈霓裳羽衣〉）

❺印象中母親總是氣定神閒的出現在任何場合。穿戴合宜的來參加母姐會，質樸的穿著從不僭越女老師或富貴媽媽的亮緞旗袍、羊毛短大衣。船形領的藏青色棉質家居服，郵差來按鈴時，必會披上那件搭在椅背上的針織鏤花小外套纔出門去收掛號信。就連在家中，我也從未見她衣衫慌亂的模樣，長髮永是一絲不紊的先紮成兩絡，再盤成髻，然後掛上金質水滴狀的耳環，一挖旁氏冷霜在手心抹勻，往兩頰拍揉著直至頸項，接著拿出長木尺與剪刀，開始她一日的工作。（凌明玉〈裝扮〉）

❻待在大學夠久，這才發現大學制度裡學生熱中的、一個名之曰「制服日」的節令。在這個神聖時間、通過儀式的當口，大學生從褪盡青春正盛的機器貓百寶袋中，撈回積塵染色的高中制服，穿起來然後走進大學的階梯教室。……這一整群濃妝豔抹，日常總穿搭熱褲細肩帶，或潮衫潮褲，頭髮抓得巍峨尖聳的花樣少男少女，選擇在這一天，遵守校訓，團結且榮耀地穿回了當年說什麼都鄙夷的制服。襯衫紮得是整齊不紊，以藍線繡的校名、學號氣宇軒昂。在這樣的唐突與不穩定之中，你發現其中幽隱的和諧。（祁立峰〈制服日〉）

**相關類題**

貼身的溫暖／我最喜歡的一件衣物

# 古蹟　自訂／靜待楊桃落——記鹿港意樓

## 說明

你們喜歡遊逛古蹟嗎？當你們伸手撫觸古建物的斑駁牆面，嗅聞浮動空氣裡的陳舊氣味，會不會有一陣悸動，感覺歷史的狂潮翻湧在你的身邊呢？

請以雙標題作題目，前題請自行訂定，後題直接寫上該古蹟名稱。如：最古早的學堂——孔廟。

請於文章中，細細描摹古蹟外觀，並藉此發揮出內心對於歷史的敬仰，以及對於時光的感嘆。

## 審題

以「鹿港古蹟」為例，略作數題：

- 人情滋味長——半邊井（富人砌半邊水井於牆外，供人取用）
- 迷道——九曲巷（巷裡曲折，防海風直侵）
- 古老的守護——天后宮（媽祖為漁民守護神）
- 霸凌止步——隘門（隘門為社區城門，逃入即蒙受庇護）
- 君子的考驗——摸乳巷（巷狹難以錯身，又稱君子巷）

## 問題＆思考

❶ 請問你想選擇哪一處古蹟，當作題材？原因是？

❷ 該古蹟在其他地方，有無類似的建物，可拿來相互比評？如淡水老街、鹿港老街。

❸ 古蹟的哪些畫面，可引發思辨？（二至三個為佳）

## 立意

❶ 古蹟狀貌的摹寫：

- 地點：在地特色、坐落位置……
- 外表：磚瓦顏色、結構式樣……
- 功用：祭祀、公益、敬字、住宅、驅邪……
- 工藝：木雕、石刻、壁畫、書法、藻井……

❷ 相關歷史的陳述：

- 起造之因：私人建築、宗教信仰、民俗習慣……
- 經歷過程：活動重心、頹圮沒落、修葺重建……
- 代表人物。

❸ 時光荏苒的追想：古蹟肇建→修葺整建→今日所見

- 睹物懷人：仰其風範、慕其姿采、感其恩澤……
- 世事滄桑：倖免災劫、崩毀損壞、物是人非……
- 古今對照：突兀、融合、別具韻味、文化價值……

# 聯想心智圖

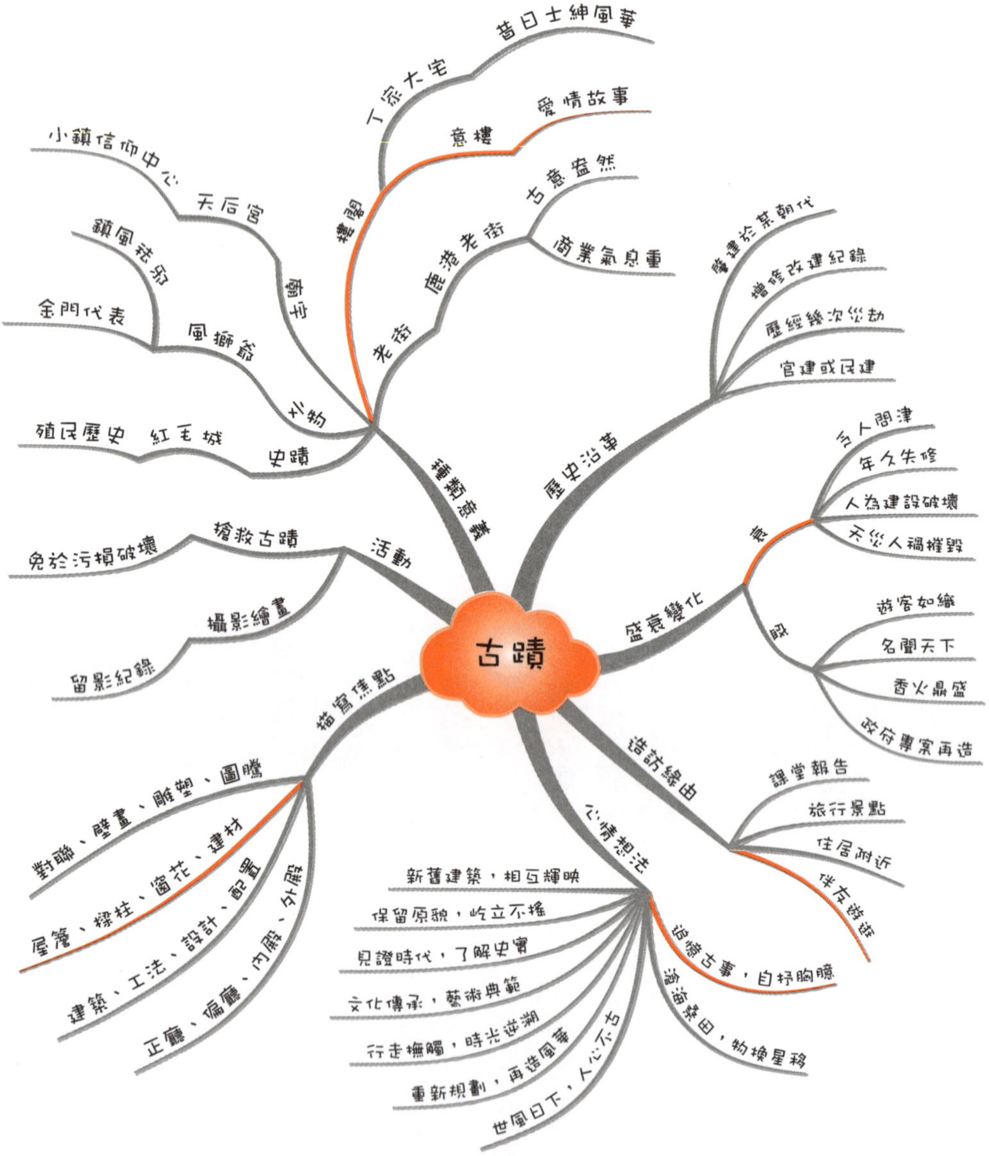

古蹟
種類意義
樓閣
丁家大宅
昔日士紳風華
意樓
愛情故事
老街
鹿港老街
古意盎然
商業氣息重
廟宇
天后宮
小鎮信仰中心
文物
風獅爺
鎮風祛邪
金門代表
史蹟
紅毛城
殖民歷史
歷史沿革
營建於某朝代
增修改建紀錄
歷經幾次災劫
官建或民建
盛衰變化
衰
乏人問津
年久失修
人為建設破壞
天災人禍摧毀
盛
遊客如織
名聞天下
香火鼎盛
政府專案再造
造訪緣由
課堂報告
旅行景點
住居附近
伴友旅遊
心情想法
新舊建築，相互輝映
保留原貌，屹立不搖
見證時代，了解史實
文化傳承，藝術典範
行走撫觸，時光逆溯
重新規劃，再造風華
世風日下，人心不古
追憶古事，自抒胸臆
滄海桑田，物換星移
描寫焦點
對聯、壁畫、雕塑、圖騰
屋簷、樑柱、窗花、建材
建築、工法、設計、配置
正廳、偏廳、內殿、外殿
活動
搶救古蹟
免於污損破壞
攝影繪畫
留影紀錄

上色部份請參照P149教師範文

## 謀篇

**開頭：**點出古蹟所在位置，並以「樓前楊桃樹」凝聚焦點。

**中段：**寫古蹟主體。

❶寫樓閣外貌。（摹寫）

❷寫樓中故事。（敘事）

❸興發感想：男女情感的今昔優缺。

**結尾：**回到「樓前楊桃樹」，從它不變的外貌，賦予「見證歷史」的意涵。

**叮嚀：**古蹟寫作和一般遊記不同。一般遊記，只單純依照時間的推移來描寫，但寫作古蹟文章，作者則要把古蹟當成一個媒介，引發出對於歷史、人物、事件、時光等感嘆。

## 教師範文

### 靜待楊桃落——記鹿港意樓

避開車流如潮的中山鬧街，側身轉入一條幽靜的巷弄，兩旁古厝的高聳磚牆把陽光給阻絕了，徐徐涼風在身旁穿行，隱約還能嗅聞到，一股楊桃的酸甜氣味。朋友說：那兒有棵楊桃樹呢！

我順著他的手勢看過去，一株蒼綠的樹，被植栽在一棟閣樓前的院子，傘開如蓋，樹的枝條甚至延伸至我們所站的巷道上了，不知樹齡幾多，才能長得如此遮天蔽地。

閣樓上鑲著一扇圓窗，距地面約有兩層樓高，窗上的木刻花紋，繁複美麗，圓形條紋與彎曲弧線交錯生影，有時映現古錢圖案，有時浮生葫蘆形貌。窗裡頭幽暗無光，想必已久未住人了，那一雙曾經看著楊桃幼株抽高長成的眼睛，又到哪裡去了呢？

朋友說，閣樓的主人姓陳，昔日年輕的少爺與婢女尹娘締結姻緣。婚後，父母要少爺前往唐山赴考，少爺百般不願，卻也莫可奈何，只得親手植下一棵楊桃樹，向尹娘說：見樹如見人，吾試畢即返。但一段時日過去，少爺的音訊全無，楊桃樹長高結果，尹娘卻憔悴而終。

面對男人功名利祿的追求，古老的故事總是敘說女人在愛情裡前仆後繼的滅頂。朋友慶幸她生於開放的當代，不用纏足、不用媒妁，在愛情遊戲裡，她也從來不是輸家。

我卻以為，不論古舊或是新潮，都分別有其優缺得失。我自舊社會的沉重壓迫中，窺見了愛情在等待時的堅貞美麗；我在新社會的自由裡，驚覺情感的轉換，是如此廉價容易。

楊桃樹至今依然青綠，歲月並沒有在它身軀留下太多嚴酷的傷痕，它是屬於歷史的，一位沉默的見證者，看著不見天街變成了柏油大路，看著閣子裡的富家慢慢頹敗，看著一段愛情由萌芽到凋零，時間對它來說，彷彿已不具任何意義。

## 詞彙鍛鍊

- 崛起、新興、昌隆、興盛、暢旺、蓬勃

➜ 由於商業活動暢旺，昔日的鹿港順勢崛起，成為全台的第二大都。

- 衰微、式微、凋敝、凋零、中落、頹壞、蕭索、湮(ㄧㄣ)滅（埋沒消滅）

➜ 隨著城鎮的凋零，此地也變得蕭索，古樓在夕陽的映照下，更令人有種薄暮之嘆。

- 亙古、恆久、漫長、悠遠、百代、千秋、萬世

➜ 秦始皇構築長城，原是為捍衛秦帝國能傳續百世千秋，孰料世局遽變，咸陽傾圮，長城卻能亙古不朽。

- 變遷、不變、更迭、移易、遞嬗、潛移、滄桑交替、流轉、推移

➜ 這道甕牆，時光從它的縫隙間穿溜而過，紅磚漸沉，黑陶轉深，加添了此牆的滄桑氛圍。

- 轉瞬、頃刻、須臾、霎時、剎那、一瞬、倏忽、彈指、旦夕

➜ 當我撫觸殿前石碑的一瞬，彷彿觸及了百代光陰，千古榮衰。

- 延續、承接、相繼、接踵、賡(ㄍㄥ)續、接踵、絡繹

➜ 爺爺說，這個敬字亭，承繼了先人敬惜字紙的文化美德，要我把習練書法後的廢紙，拿來此處焚燒。

- 往昔、夙昔、曩(ㄋㄤˇ)昔、既往

➜ 憶及既往，老一輩的人不免唏噓慨歎，樓起樓塌往往只是轉瞬之間，難以逆料。

- 斑駁、斷垣、傾圮、坍(ㄊㄢ)毀、修葺(ㄑㄧˋ)、翻新

➜ 我重回鄉間的觀音祠，試圖尋索幼時於此嬉鬧的身影，怎知祠廟已遭祝融，到處盡是斷垣殘壁。

- 藻井、花窗、門楣、樓井、斗拱、飛簷、鳥踏、山牆、滴水

↓ 每入大廟，我都習慣仰頭觀看頂面的藻井藝術，每根桿木，絕不耗費一釘一鉚，利用榫頭便能相互接合，加上藝匠的描繪加彩，更顯其價值非凡。

## 成語運用

- 雕梁畫棟：形容建築物的富麗堂皇。

↓ 鹿港龍山寺被稱為台灣紫禁城，不僅格局宏闊，雕樑畫棟，各種雕刻藝術，也盡現於此。

- 古意盎然：充滿著古典的氣息和情調。

↓ 行走在老街上，紅厝木窗側立兩旁，空氣中流動著盎然古意。

- 時光荏苒（ㄖㄣˇ ㄖㄢˇ）：時光漸漸的流逝。

↓ 時光荏苒，富紳的高宅大院，已成破敗失修的荒園。

- 承先啓後：承繼先人的遺教，並開啓後來的事業。

↓ 億載金城雄矗在哪裡，彷彿提醒著台灣人民，必須能承先啓後，發揚出專屬於台島的奮鬥精神。

小筆記

## 師生對照鏡

### 學生作品

### 教育的象徵——彰化孔子廟

廖則穎

又是一個空閒的週末，而我正帶著悠閒的腳步，走向附近的一級古蹟——彰化孔廟。

【措詞】帶著→踏著

走在孔廟旁，首先看到的是那茂密的榕樹和一片赤紅的牆。再來會看到的是前門——櫺星門前的湖畔，湖中水藻縱橫交錯。而櫺星門已有點破舊，在它的右側只能隱約的看到上面刻的字。走到另一面，大成門上的雕刻，栩栩如生，尤其是前後兩邊的龍頭。再一直往下走，就可看到崇聖祠及右側的明倫堂。看完孔廟外的景觀，我不禁想，在以前戰火那麼多的時代，這座廟一定有被摧毀過，但我能看到現在的樣子，表示以前的人很重視教育，就算某部分遭到破壞，以前的人都將它們重整過。

【說明】描摹時若幕幕詳寫，容易顯得擁擠，應有詳有略，讀者方有喘息空間。

【疑問】看到崇聖祠及明倫堂後呢？怎無繼續敘述下去？否則宜略去。

【刪改】由古蹟的老舊，聯想到重視教育，有些突兀，不如改為「慶幸」之情。

①再來走進中間的大成殿。大成殿中記載了這座孔廟的歷史。

【措詞】應是：「大成殿裡的石碑」上記載。

②原來，這座孔廟是在清朝將彰化設縣後所建的，當時的地方官從

中國買進了材料，才建造的彰化孔廟。③但之後許多的事件爆發，讓它有些部分都消失的無影無蹤，只好重建。最後，就是我們現在看到的這個樣子。

大成殿有個石階，石階上刻了許多龍和雲的雕刻，旁邊有著兩頭石獅，和一個「請勿踏入」的牌子，我想這是對至聖先師——孔子的尊敬。在每年的教師節，大成殿總是有著許多人潮，有學生也來這裡，保佑自己學業更進步。

在台灣，一間間的孔廟，象徵了教育在這塊土地上慢慢的紮根，也表示了我們對孔子的尊重。在以前，孔廟是給人們讀書的，現在雖然不是在孔廟上課，但我也會跟以前的讀書人一樣用功學習的。

【段落】此段敘事冗雜，請詳見三個小段的改寫比較。

【疑問】現在是什麼樣子，沒有說清楚，一筆就帶過。第二段末也是如此草率。

【換句】大成殿前的石階，側緣雕鑲著飛龍騰雲的圖飾。

【換句】階旁蹲踞著兩頭石獅，沉穩莊嚴，彷彿在護守著此地的安謐。

【段落】前段已入正殿，此段卻又描寫殿外，寫景順序紊亂，宜調換。

【草率】此句感想頗為無厘頭，難登大雅。

## 總評

- 第三、四段寫廟宇正殿，應作全文重心，但學生作品裡的寫景，卻敷寫瑣物，而無寫到殿內外要景。最後結尾，也無深刻的感懷。請仔細比較教師改寫的段落。
- 文中有提及孔廟曾被毀壞而重修，文前卻完全沒提及任何修補的遺跡，是一敗筆。

**老師改寫**

## 老學堂——彰化孔廟

【仿句】……，雖已……，卻……。

又一個悠閒的週末，臨時興起，便想繞去附近的彰化孔廟晃晃。陽光暖洋洋的潑灑下來，風也是緩緩的飛揚，記得上一次拜訪孔廟，已是就讀幼稚園的往昔，此次重訪，發現那景物絲毫無變，榕樹依然茂密，那堵紅牆也同樣赭赤。

廟前有一座湖，湖中水藻縱橫交錯，染成一池幽深的綠。我沿著湖旁石道，穿越櫺(ㄌㄧㄥˊ)星門，進入了孔廟。裡頭的建物及雕刻，雖已稍有破損，卻難減其風華。像是蟠龍石柱，像是嘉慶古鐘，當時定都是最精美的器物，但一入紅塵，日曬風吹，硝煙戰火，便難免有所損傷，慶幸的是，它們沒有被時間的狂潮掩沒，還屹立於此，供我膜拜頂禮。

【仿句】慶幸的是，……沒有……，還……，供我……。

①大成殿旁的石碑，字跡雖漫漶模糊，但前人早已印拓其文，載錄收藏起孔廟的歷史。②原來，這座孔廟是在清朝在設縣彰化後所建的，材料皆從唐山渡海翻山而來。③而後經歷不斷的毀損、修

【說明】請注意下段的敘事技巧，具體的敘述(敘)，抽象的感懷(感)，穿插呈現。

復、增建，便成了今日的風貌。

(敘)大成殿裡供奉著孔子牌位，香煙緩慢的繚繞，襯托出殿內的靜謐。(感)教育現場裡頭的文白之爭，在各界掀起了不小波瀾，更有人高聲質疑《論語》一書的價值，倘若孔子死後有知，他會有怎樣的反應呢？

(敘)殿旁陳列了各式禮器，簡單靜穩的，擺放在案上，不同於其他廟宇的喧雜凌亂，(感)我在這裡充分感受到安寧祥和的氛圍。(敘)記得每年教師節前，大成殿前的廣場總是人潮洶湧，求分數，索智慧。(感)但今天我卻有另一種想望，面對道德淪喪的社會，我祈求孔子能在冥冥中重興禮樂，止暴亂，消惡言。

走出孔廟，走出這一間最古老的學堂，陽光依舊燦爛，我也似乎領會了些什麼。

【結尾】輕輕勾勒結尾，重要的感懷，已於前段載明。

## 仿句練習

❶ 裡頭的建物及雕刻，**雖已**稍有破損，**卻**難減其風華

❷ **慶幸的是**，它們**沒有**被時間的狂潮掩沒，**還**屹立於此，**供我**膜拜頂禮。

## 精選佳句

❶看著細雨彷若千絲萬縷，意欲將我們一行的影像織進載負著厚重歷史的河面，我的眼光隨波逐流，感到些微不安。不是因為一首千古名詩裡原來隱含了一個美麗的錯誤；而是這河，怎麼看起來一點也不像懷想中張繼夜泊過的那河？（王溢嘉〈寒山寺，迷惘〉）

❷正式稱帝的皇太極，在大殿聽政，門前的蟠柱金龍，翹首舞爪，展現出開疆拓土的耀武揚威。以大殿為中心，呈八字型排列的十五亭，獨創君臣合署辦事的體制，更顯露此人下馬治國的雄才大略。（張曼娟〈關雎宮〉）

❸眼前的七將軍廟，靜靜座落在細雨後微光氤氳的天色裡。像是站在夢境與現實的邊界，我佇立在街口，看著廟爐中幽幽逸升的裊裊香火。七將軍廟靜立於時代之中，香火還是這般鼎盛。小小的廟宇，樸質簡單的形制，就此撐持起百年來一鄉數代人悲喜與共的信仰。（賴鈺婷〈七將軍廟〉）

❹好大喜功的乾隆把他的所謂「十全武功」鐫刻在避暑山莊裡樂滋滋地自我品嚐，這使山莊迴蕩出一些燥熱而又不祥的氣氛。在滿、漢文化對峙基本上結束之後，這裡洋溢著的是中華帝國的自得情緒。（余秋雨〈一個王朝的背影〉）

❺整座屈子祠都已靜了下來，就連前後三進的所有木雕石刻，縱聯橫匾，神龕上的翔鳳、遊龍、奔馬，也已肅然無聲。就連戶外的人語喧闐，整座玉笥山的熙熙攘攘，忽然也都澱定。只有佇立三米的詩人金像，手按長劍，腳踏風濤，憂鬱望鄉的眼神似乎醒了過來。有一種悲劇的壓力壓迫著今天這祭祀典禮。詩人生於寅年寅月寅日，但人間永記不忘的是他的忌辰，五月初五，只因他的永生是從他的死日，從孤注一投的那刻開始。（余光中〈水鄉招魂〉）

## 相關類題

時光證據／發一段思古幽情

# 飲食

## 自訂／一盅雞湯

### 說明

有人用相片來記憶過往，有人則用食物來當作回憶的指標，像是夏季冰鎮的綠豆甜湯，或是老家巷口攤販所熬煮的，一碗香味濃郁的藥燉排骨。當人們眷戀著這些食物的同時，是單純著迷於它們的美味，還是食物連接了另外一段故事？也許一碗牛肉麵不再是簡單的麵食，而是代表著離家十數載的鄉愁。

記憶中，有什麼讓你魂牽夢縈的好滋味嗎？除了描摹其色香味之外，也請你將食物背後的人事物，娓娓道出。題目自訂。

### 審題

❶一語雙關：
⇩滋味更久長（韭）、新年，來個好彩頭（菜頭）
❷嵌入菜名：
⇩青草茶的祝福、熬上一碗粥、外婆的珍珠丸
❸抽象寫意：
⇩湯裡的綠衣（紫菜）、相思的寓言（紅豆）
❹暗用別稱：
⇩冬季愛打某（茼蒿俗稱打某菜，火鍋常用）

### 問題&思考

❶請問你想選擇哪種食物當作題材？何時初嚐？
❷此菜的色澤外觀、滋味香氣爲何？（摹寫+譬喻）
❸對於此菜，爲何你會留戀至今呢？（參考立意4）
❹你有多久沒有吃到這一道菜了？倘若今日重新舉箸，你心裡會有怎樣的感動？

### 立意

❶思路脈絡：由食物勾起記憶，由記憶串聯人事，最後再兜回食物作結。
❷對於食物色、香、味的摹寫，須多所著墨。
❸食物的作法亦可入文，但切忌瑣碎冗長。
❹人事記憶，可有下列延伸：
⇩懷人：傳授料理者、爲己烹調者、分享共食者、愛此料理者。
⇩懷事：追憶某人生時期、某重大聚會、過節、與食物的接觸過程。
⇩抒情：鄉愁、親情、友情、愛情。（與懷人、懷事相配合）

# 聯想心智圖

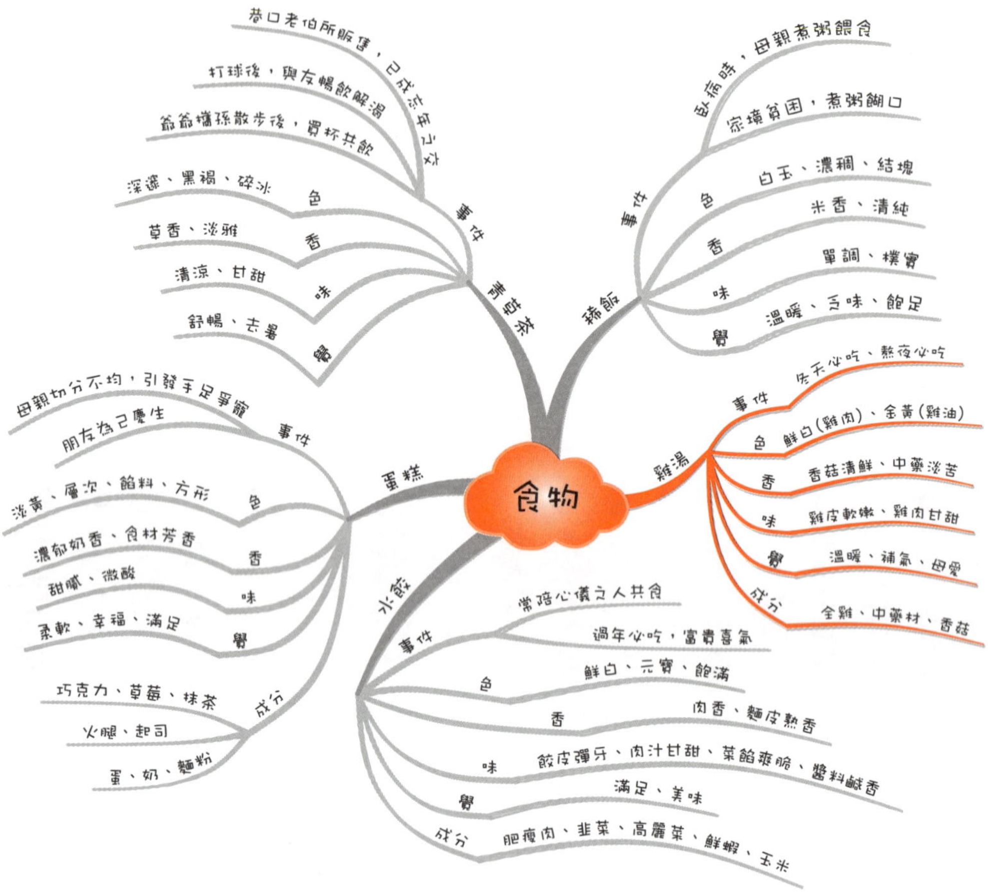
食物
青草茶
事件
巷口老伯所販售，已成忘年之交
打球後，與友暢飲解渴
爺爺攜孫散步後，買杯共飲
色
深邃、黑褐、碎冰
香
草香、淡雅
味
清涼、甘甜
覺
舒暢、去暑
稀飯
事件
臥病時，母親煮粥餵食
家境貧困，煮粥餬口
色
白玉、濃稠、結塊
香
米香、清純
味
單調、樸實
覺
溫暖、乏味、飽足
雞湯
事件
冬天必吃、熬夜必吃
色
鮮白(雞肉)、金黃(雞油)
香
香菇清鮮、中藥淡苦
味
雞皮軟嫩、雞肉甘甜
覺
溫暖、補氣、母愛
成分
全雞、中藥材、香菇
蛋糕
事件
母親切分不均，引發手足爭寵
朋友為己慶生
色
淡黃、層次、餡料、方形
香
濃郁奶香、食材芳香
味
甜膩、微酸
覺
柔軟、幸福、滿足
成分
巧克力、草莓、抹茶
火腿、起司
蛋、奶、麵粉
水餃
事件
常陪心儀之人共食
過年必吃，富貴喜氣
色
鮮白、元寶、飽滿
香
肉香、麵皮熟香
味
餃皮彈牙、肉汁甘甜、菜餡爽脆、醬料鹹香
覺
滿足、美味
成分
肥瘦肉、韭菜、高麗菜、鮮蝦、玉米

上色部份請參照P159教師範文

## 謀篇

**開頭：**在某個時間點，吃到、聞到、嚐到（擇一）了某食物，故而掉入回憶。（開頭僅描述此食物的大略印象，點到為止，否則易與中段敘述重複。）

**中段：**

- 針對當時品嘗食物的各種感覺，如色、香、味描寫，儘量全部照應到。甚至可描寫擺盤的特色、餐具的精緻。
- 提及各個吃食此物的生活片段，以及心理感受。

**結尾：**再回到第一段的時間點，回扣開頭。

**叮嚀：**

回憶式文體宜採用「睹物然後思情」，也就是課文常說的「鏡框式寫法」：現在、過去、現在。

在食物的描述上，融入自我的回憶故事。飲食文學，絕非文字食譜。

## 教師範文

### 一盅雞湯

每當天氣驟降，我便會嗅聞到，一陣陣若有似無的中藥香。

那是母親在熬煮雞湯時，便會瀰漫整個屋子的味道。第一次吃雞湯，是在五歲那年的冬天，剛從幼稚園返家，便看見一碗熱氣升騰的雞湯端放在桌上，碩大的雞腿，露出碗沿。母親輕輕柔柔的跟我說：「喝了就不擔心風寒了。」

我不停的吮飲，直讚好喝。從此每逢冬天，電鍋裡便會燉起一盅雞湯。

飲用雞湯的過程，對我而言，像是在欣賞一件藝術品。

雞湯表面漂浮著金黃的油脂，尤其在餐桌的燈光照耀下，更是閃熠生亮。隨意放入的中藥材，是不可或缺的配角，當歸枸杞紅棗，靜靜躺在琥珀色的雞湯裡，把湯頭醞釀得更有深度。吸滿湯汁的香菇，在碗裡載浮載沉，我喜歡將那小東西一筷挾起，從菇傘邊緣輕輕咬下，混攪了肉香與蕈味的汁液就會緩緩從內面的皺褶滲出，流向我靜待已久的嘴。最後，伸筷往雞身下箸，軟嫩的雞皮脫卸後，隨即露出鮮白的腿肉，撲鼻的香味誘惑我向它撕囓一口，甘甜的雞肉香在我唇齒間發散，襯著香菇的清鮮，挾帶著中藥的淡苦，整鍋食材的菁華，幾乎都燉煮入味了。

每回喝完雞湯後，精神似乎都旺盛了起來，於是求學時的寒夜苦讀，幾乎少不了它的陪伴。直到大學時負笈港都，母親燉煮雞湯的工作才能暫歇。

而今夜，是入冬後的第一道冷鋒，我似乎又聞到這味道了。距離上次返家已有兩個月之久了，翻翻手邊的行事曆，明日、週六、冬至，我在工作欄寫下，歸鄉、大吉，並且在腦中揣想著，打開家門的剎那，定有中藥燉雞湯的味道，飄散在屋中。

## 詞彙鍛鍊

- 吃、啖、啃、嚙、咬、嗑、嚐、餵、嚼、舔、饞、吞咽、茹素、用餐、用膳、進食、打牙祭

→ 大啖美食，是我最快樂的時候，除了口腔盈滿食物的香氣郁味，肚腹也因飽足豐厚而深感幸福。

- 呷（喝）、喝、啜、飲、酌、吮

→ 我舉起高腳杯，將美酒傾至杯緣，然後緩緩把嘴湊近，小小啜飲一口。這才發現，品味西洋紅酒的方式，與傳統高聲吆喝的拚酒文化截然不同。

- 佳餚、珍饈、盛筵、菲酌（粗劣飲食）

→ 母親連日準備食材，為的是能在我生日當天，整治出一桌佳餚慶祝。

- 甜膩、麻辣、酸敗、鹹重、苦澀、淡薄、味寡、濃郁、香醇、腥臭、走味、入味、提味

→ 這道鮮魚，下頭鋪滿了豆腐薄片，然後灑上翠綠蔥花、深褐薑絲，經過蒸煮之後，滋味相互幫襯，香醇濃郁。

- 紮實、軟嫩、爽口、層次、黏稠、蓬鬆、香酥、硬脆、滑順、彈牙

→ 這蛋糕做得極為紮實，手指輕按之後，還能回彈如初。輕嚙之後，餅皮餡料層次分明，滑順爽口。

- 凍餒（ㄋㄟˇ）、果腹、充飢、療飢、飽足

→ 倉促之間，母親隨意從冰箱裡揀選幾道食材，大火快炒後，便盛盤上桌，供我們充飢。

## 成語運用

- 味如嚼蠟：無味。
- 當心情鬱悶時，即使品嘗再好吃的食物，也都如同嚼蠟般，乏味至極。
- 垂涎三尺：非常貪饞。
- 每當我嗅聞到燒烤食物的火碳與焦香味，我便無法遏抑垂涎的分泌，肚子也開始咕嚕大叫。
- 大快朵頤：飽食愉快的樣子。
- 每次回到鄉下，便等著大快朵頤爺爺精心烘烤的甕仔雞，沒有過多的塗醬，單純享受肉中的原始甜味。
- 觥籌交錯：比喻暢飲。
- 與昔日好友相聚，觥籌交錯之際，恍惚回到從前那毫無機心的青春年少，暢敘心懷。
- 粗茶淡飯：粗糙簡單的飲食。
- 年歲愈大，愈懂得欣賞粗茶淡飯的箇中滋味，或許因為看盡繁花後，才開始明白單純的可貴。
- 暴殄天物：糟蹋物力，不知珍惜。
- 每當我碗裡的食物沒有吃盡，奶奶總會在旁訓斥：千萬不可暴殄天物。

小筆記

## 師生對照鏡

### 學生作品

【刪改】此處敘事冗雜多餘，為行文方便，有時可修改事情經過。如下面範文，便改成老婆婆負責整個攤位。更顯其執著、珍貴、今昔如一。

**包著回憶的餛飩**

廖則穎

又是一個空閒的週末，媽媽決定帶著我回鄉下的老家去看看外婆。順便帶我回去品嚐那好久沒吃到的餛飩麵。

走進一間破舊的小店面，裡面的老婆婆依然包著餛飩，而她年輕的子女正忙著煮麵。媽媽向老婆婆點了兩碗餛飩麵，而飢腸轆轆的我已經等不及了。終於，兩碗熱騰騰的麵被端上了桌上。看到那棕色的湯底，和那一顆顆外皮有如面紗薄，餡料飽滿的餛飩，令我垂涎三尺。一口一口的將那又直又有彈性的麵放入嘴裡，再配上一口鹹鹹的湯，再把那餛飩咬成一半，讓肉的香氣在嘴裡散擴出去，那眞是一件幸福的事啊！

吃完麵的我，滿足的離開了麵店。站在門口，突然讓我想起以前跟表兄弟一起來麵店的畫面。還記得小時候，時常跟表弟們一起回外婆家。愛玩的我們總是跑來跑去，累了就躺在樹下休息，餓了

【冗雜】此處敘述多餘，宜簡化。

【段落】此段描寫，先寫看湯、看餛飩，再寫吃麵、喝湯、吃餛飩，怎不將同樣的物事，放置一處描寫呢？且吃食的動作、色香味的形容，都有些詞窮。

【換句】憶及舊事，臉龐不禁浮上一朵微笑。

就走到餛飩麵店，去吃一碗香噴噴的麵。①每當麵端到桌上時，我們總是爭先恐後的，想先吃到第一碗。有時我偷偷從表弟的碗中，撈了幾顆餛飩，有時表弟偷偷將兩碗麵對調。只要我一發現，便用飲料來噴對方，而他們也用湯噴回來。我們玩得非常開心，但回到家時，總是會被外婆罵。

想起這件事情，讓我笑了笑。現在大家都長大了，像這樣的時間愈來愈少，我希望能珍惜我們在一起的時光。每當我回到了那家餛飩麵店時，聞到那懷念的餛飩味，就讓我想起快樂的童年。

【換句】長大後，大家各奔東西，昔日打鬧嬉遊的純真時光，更顯彌足珍貴。

【段落】此段的感想，與餛飩麵結合得較不緊密。詳見改寫範文。

【冗雜】自①以下，敘事雜亂，用詞口語。此種較為嬉鬧膚淺之事，宜簡單帶過。比較重要的，如「老闆煮麵的動作」、「自己吃麵的動作」，才須採「慢動作分解」來書寫。注意改寫範文的精簡處。

## 總評

此文的一些形容文句，簡單直接，沒有變化：

- 摹寫單一：
看到那棕色的湯底。（視）→澈淨的湯頭上，飄浮著深褐色的肉臊（視），帶著濃郁的油蔥香。（嗅）
- 沒有譬喻：
和那一顆顆外皮有如面紗薄，餡料飽滿的餛飩。
→至於餛飩，我最喜歡它的尾部，細薄如綢，像金魚的鰭部，游泳似的，在湯裡柔逸擺動。
（加入譬喻）

老師改寫

## 餛飩物語

每次回老家，母親總會帶我光顧市場裡的那一家餛飩麵，她總說：這店比你年紀還大得多。此言不虛，從那破狹店面、陳舊餐具，還有邊桌旁那個低頭製作餛飩的老婆婆，都可察覺這店的悠久歷史。

【說明】每到一地，便描寫第一眼的景象，在讀者腦中架構畫面。

【仿句】從……，還有……，都可……

從小到大，在等候上餐的同時，我喜歡端詳著老婆婆的手上功夫。左手把皮一張，右手輕捏竹片，往碗裡勾了撮肉餡擱進皮內，最後左手一捏，一個小囊袋似的餛飩便成形了。

【說明】餛飩為一要角，應多所著墨。描寫時機，點菜後、上菜前最恰當。

不一會兒，熱騰騰的麵已上桌。澈淨的湯頭上，飄浮著深褐色的肉臊，帶著濃郁的油蔥香，而手工製作的麵條極爲細滑，咬下去更是彈牙有勁。至於餛飩，我最喜歡它的尾部，細薄如綢，像金魚的鰭部，游泳似的，在湯裡柔逸擺動。我輕巧的伸箸一夾，往包裹飽滿餡料的地方咬下，鮮甜的肉汁，緩緩滲出，香氣充盈在我幸福的口腔中。

【仿句】即使……，也不肯……

　　記得小時候，我也常和表兄弟們前來吃麵，剛結束遊戲的我們，飢腸轆轆，總是爭先恐後的，想要強占第一碗煮好的麵。有時，趁著兄弟上廁所的空檔，就地分贓，與其他人把他碗裡的餛飩一掃而空。因此，下回吃麵大家都學聰明了，**即使再怎樣尿急，也不肯輕離座位。**

　　之後隨父母親搬離老家，到了另一座城市定居，我卻始終找不到一間合口味的餛飩麵店。**我想，並不是這些店將食材偷工減料，而是碗裡少了回憶的佐味，讓我無以遁回昔日的美好時光。**

【仿句】我想，並不是……，而是……

## 仿句練習

❶ **從**那破狹店面、陳舊餐具，**還有**邊桌旁那個低頭製作餛飩的老婆婆，**都可**察覺這店的悠久歷史。

❷ **即使**再怎樣尿急，**也不肯**輕離座位。

❸ **我想**，**並不是**這些店將食材偷工減料，**而是**少了回憶的佐味，讓我遁回昔日的美好時光。

## 精選佳句

❶ 我自創的做法是把茴香草切成細碎，在橄欖油中和蠶豆清炒，起鍋前再撒點鹽，就成了一盤野香撲鼻、色澤翠綠、口感爽脆的春膳了。吃春，吃的是甦醒的味覺，經過一季寒冬，荒枯大地上剛探出尖的野菜，最能挑動在

冬天裡潛伏深藏的味蕾，冬季最宜醃味、臘味、漬味；到了大地回春，就要換上鮮味、清味、原味才成。（韓良露〈春日滋味〉）

❷小時候曾將白米捏在指尖對著陽光看。白霧白霧的小米粒，看來像是魚眼珠子，透著光芒的折射，又會出現珍珠一般的內蘊光采。我們吃的彷彿是一粒粒的「軟珍珠」，那麼美的簡單結構中，還可嗅聞到陽光乾燥的甘甜味，透露著一種神祕的豐富嗅覺。（顏艾琳〈米粒〉）

❸我歡喜讀菜單，全世界只有中華料理的菜單最像詩句，一般西方菜單上呈現的菜名都旨在顯示食材，中華料理的食材去常常故意隱晦，形而上地表現菜式的意境……又如客家菜的菜名有「孔明借箭」、「八脆醉仙」、「雙燕迎春」、「四季芙蓉」、「玉兔歸巢」、「麒麟脫胎」等等，乍看之下，豈知「麒麟」是狗，「胎」是豬肚呢。（焦桐〈舌頭的旅行〉）

❹現成的湯底，被調料和味精霸實了，鮮麗但瘖啞，劍拔弩張而底蘊空蕩，只有表層沒有景深。自熬的湯汁看似虛渺，但能潛入滋味的地底，深密紮下堅實的基樁，以此砌造食味捏雕色香，營建出豐盈繁複的層次面向，吃到嘴裡悄然不覺，只感到有一種光，溫潤瑩澤曖曖內含。（蔡珠兒〈鬱藍高湯〉）

❺將切成薄片的烏魚子依序整齊排列於白瓷碟中，更斜切蒜苗青翠部分點綴其間。橘紅與翠綠在素白的背景上相映成趣，十分醒目。（林文月〈烤烏魚子〉）

## 相關類題

餐桌上的魚／記憶中的好滋味／屬於家鄉的好味道

## 歌曲

# 我的心中有一首歌

### 說明

我的心中有一首歌，時常透過它的旋律，來演繹幽深的情思，一個音符便是一個故事，一段休止便是一段沉思。

我的心中有一首歌，以相同的節奏與頻率，轉換時空，讓我們得以溫習那告別已久的回憶，幼時的歡愉無邪，青春的善感多愁，洶洶湧現，歷久彌新。

我的心中有一首歌，每一字句都精準地唱出我的心語，或以吶喊，或以傾訴，受傷的靈魂自此得到修補。

你的心中曾迴盪著怎樣的一首歌呢？它會引領你想起什麼故事？歌詞又怎樣觸碰到你的心弦呢？請以**「我的心中有一首歌」**爲題，創作一篇散文，字數不限。

### 審題

☑ 習唱〈送別〉已逾二十載，但每遇離別，心底總會響起淡淡的歌吟：「天之涯，地之角，知交半零落……」詞中旋律，惆悵難免，卻也提醒我人事變換，如霧如電。

☐ 我最喜歡聽蔡琴的〈讀你〉，裡頭的歌詞我已記不清楚……

【說明】藏之於心，必定是印象深刻的，需有一二歌詞爲引，方能有所本。

**我的心中　有一首歌**

☐ 我喜歡王菲的〈紅豆〉，因爲旋律非常好聽。

☑ 第一次聽見王菲的〈紅豆〉，是那個男孩在耳邊唱給我聽的。裡頭的相思與纏綿，聚歡和別苦，年少的我無法意會，直到男孩離開了我的生命，一切才都恍然大悟。

【說明】此歌要與自己的某段生命經驗，產生連結；或詞意引發己身思考。

## 問題&思考

❶ 請問你想選擇哪一首歌，當作書寫的題材？

❷ 第一次聽到此歌的經驗：

- 何時？何景？偶然聽見還是某人介紹？
- 透過哪種媒體？網路、廣播、電視、電影……
- 當下的感覺爲何？之後重聽，是否有其他感想？

❸ 這首歌的歌詞及旋律，哪一個地方吸引你，引發你的思潮？

❹ 這首歌對你的意義爲何？或是促使你發生怎樣的轉變？

## 立意

❶ 生命中每個片段，多多少少都會跟某些歌曲作連結。略分如下：

- 愛情：〈愛情轉移〉、〈可惜不是你〉、〈我願意〉
- 親情：〈牽手〉、〈家後〉、〈稻香〉、〈魯冰花〉
- 友情：〈朋友〉、〈分享〉、〈天高地厚〉、〈明天也要作伴〉
- 勵志：〈一起走到〉、〈第一天〉、〈隱形的翅膀〉
- 反戰：〈Where Have All the Flowers Gone〉、〈Scarborough Fair〉
- 愛國：〈梅花〉、〈送你一把泥土〉、〈中華民國頌〉

❷ 選定了某首歌之後，便開始與自己生活經驗做連結。

- 元旦升旗→聽到〈梅花〉→熱血翻湧→想到台灣苦難歷史。
- 觀看電影→聽到〈魯冰花〉→惆悵感傷→想到早逝的母親。

❸ 若不連接生活經驗，也可根據「歌詞意涵」直接發抒感想。

# 聯想心智圖

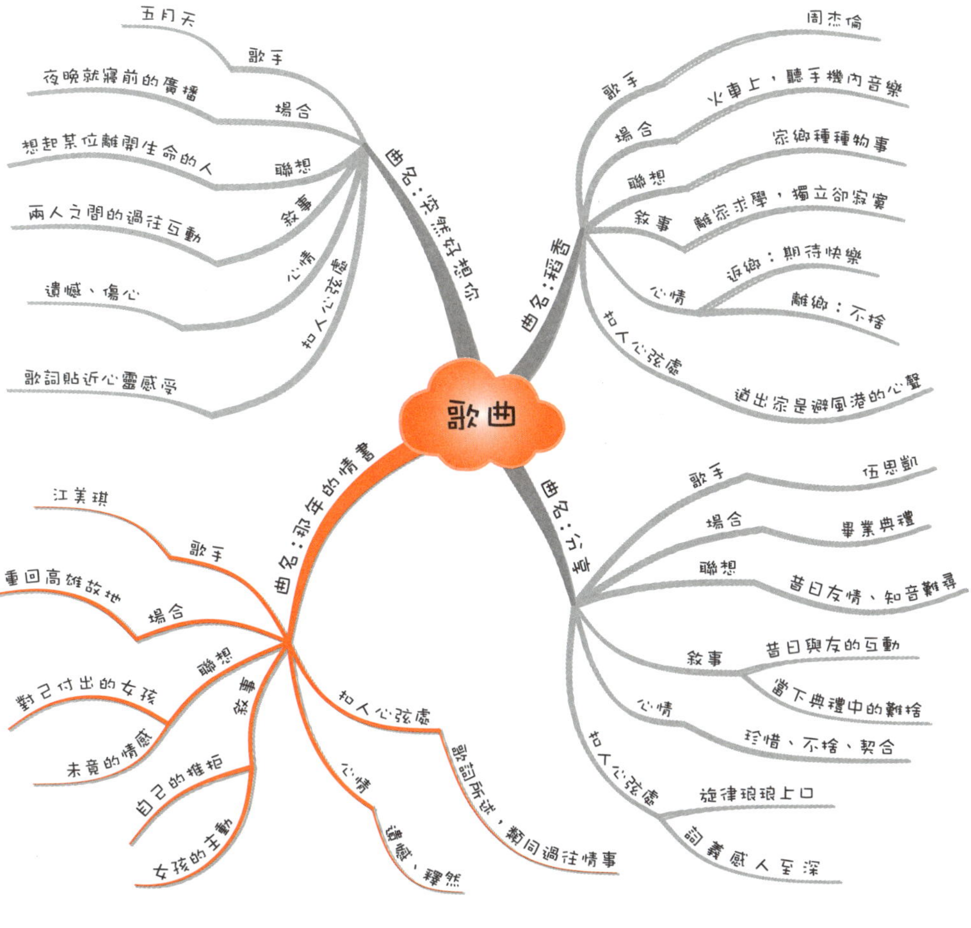
歌曲
曲名：突然好想你
歌手
五月天
場合
夜晚就寢前的廣播
聯想
想起某位離開生命的人
敘事
兩人之間的過往互動
心情
遺憾、傷心
扣人心弦處
歌詞貼近心靈感受
曲名：稻香
歌手
周杰倫
場合
火車上，聽手機內音樂
聯想
家鄉種種物事
敘事
離家求學，獨立卻寂寞
心情
返鄉：期待快樂
離鄉：不捨
扣人心弦處
道出家是避風港的心聲
曲名：那年的情書
歌手
江美琪
場合
重回高雄故地
聯想
對己付出的女孩
未竟的情感
敘事
自己的推拒
女孩的主動
心情
遺憾、釋然
扣人心弦處
歌詞所述，類同過往情事
曲名：分享
歌手
伍思凱
場合
畢業典禮
聯想
昔日友情、知音難尋
敘事
昔日與友的互動
當下典禮中的難捨
心情
珍惜、不捨、契合
扣人心弦處
旋律琅琅上口
詞義感人至深

上色部份請參照P170教師範文

## 謀篇

**開頭：**重返舊地，聆聽歌曲。（現在）＋穿插歌詞

**中段：**重憶舊事，心有遺憾。（過去）

↓女孩寄送卡片，前來親近。

↓自己無法承諾，毫無反應。

↓女孩終於離開，徒留遺憾。

↓幾年之後搬家，重讀卡片。＋穿插歌詞

**結尾：**懊悔昔日決定，思及對方體貼。（現在）

**叮嚀：**

❶千萬不可整個版面都是歌詞。

❷引用時可寫出歌手，也可不寫。

❸請注意結構的安排：可先聽歌再想起往事，也可先敘事再帶出歌曲。

## 教師範文

### 我的心中有一首歌

回到高雄，恰好是熱氣蒸騰的酷暑，我行走在大學校舍旁邊的曲折巷徑，漫無目的穿闖，莽撞率性，一如往昔。

耳機裡播放著〈那年的情書〉，是我近年極愛的歌曲，姚謙的文字撫今追昔，江美琪的聲線溫柔安慰：你的世界但願都好，當我想起你的微笑，無意重讀那年的情書，時光悠悠青春漸老。彷彿在訴說著，在失去對方的同時，總有些什麼會留下的，像是花凋後的餘香殘瓣。

我沒有收過任何情書，只曾將一張聖誕卡片留作紀念，那是同班的女孩所寄贈，寥寥的幾句冬季祝福，暗藏愛情的隱喻。當下我了然於心，卻選擇憨傻以對。

善解的女孩依然在邊旁守護。備妥晨日的餐點，擺在教室裡我慣坐的位置；或是期考前夕，影印齊整的筆記供我參考。

愛情的啓承轉合，對我而言頗覺生疏。無論承諾或休止，總令我優柔寡斷，卻步斟酌。甚或以爲維持這樣的平衡，殊途終會同歸。

可惜的是，隔年歲末，女孩終於離開了。楚河漢界，自此歷歷分明。原來再多的耐性，也容易被我的冥頑消磨殆盡。

當時的心緒滿是悵惘，今時此刻，則盡成遺憾。

尤其後來因工作遷居，收拾房中細軟之時，瞥見

那娟秀端麗的文字，藍色墨水漫漶暈散，才發現青春情事已盡成陳跡。如同歌曲所言：回不去的那段相知相許美好，都在發黃的信紙上閃耀，那是青春詩句記號，莫怪讀了心還會跳。

我開始耽戀起過往的那一段故事。原來青春的情感，如此的豐沛而眞摯，即使曾經在歲月中消逝，但只要溫習一句說過的話語，重新履足昔時共行的街巷，那記憶就會甦醒，讓人覺察到它有著無法替代的重量。

我隨意覓地而坐，跟著旋律哼唱了起來，轉軸撥弦之際，歌曲彷若古老祕咒，能夠移轉時空，撩動情思。於是在喧囂擾攘的城裡，突然想問一聲：「你過得好不好？」那分別以後，一直沒有說出口的問候，終於塵埃落定，停止了在時光中的懸宕。

可惜的是，即使此城不傾，也難再有兩人與共的風景了。

**重要注釋**

漫漶：木石上所刻的文字，長時間受風雨侵蝕，變得模糊不可辨認。引申作東西敝壞不能分辨。

## 詞彙鍛鍊

- 聆聽、聆賞、側耳、歛耳、豎耳、諦聽
  - 在靜靜的夜裡，我仔細聆賞王菲的〈矜持〉，淺淡有味，吐露出關於女人的無悔痴執。
- 洪亮、清越、婉轉、悅耳、鏗鏘、尖銳、圓潤、悲切
  - 闊別多年，張清芳重新站上舞台，用自己清亮純淨的嗓音，重新演繹往昔成名作。
- 引吭、低吟、嘶吼、唸唱、詠嘆、謳(ㄡ)歌
  - 陳綺貞的歌曲，往往只有清淺的低吟，以及簡單的和弦，卻能讓人感受到和風的輕拂，日光的暖照。
- 音符、節奏、曲調、旋律、拍子、編曲、文字、聲喉、聲線
  - 我最喜歡江蕙的聲嗓，味濃情重，更能盡抒旋律中的曲折，詞文裡的幽微。套上耳機，歌曲輕送慢播，也一邊洗浴著我囤積過多噪音的耳朵。

## 成語運用

- 珠落玉盤：聲音清脆響亮。

吉他和弦雖然繁急，但每個音符卻都是珠落玉盤，清亮悅耳，歷歷分明。

- 千迴百折：過程反覆曲折、縈迴不斷。

美國的靈魂歌手擅長轉音，同樣的一首樂曲，都能比別人唱得更千迴百折。

- 餘音嫋嫋：聲音非常美妙，綿延不絕。

樂曲的尾巴，戛然而止，整個演唱會會場，只迴繞著歌手的嫋嫋餘音。

- 軟語呢喃：聲音小聲細微。

一個人的時候，最適合聆聽藍調歌曲，歌手的呢喃軟語，像是傾訴，又像是挑逗一樣，搔撓著我的耳孔。

- 響徹雲霄：聲音響亮。

張惠妹的肺活量極大，一曲〈站在高崗上〉，唱得山河震盪，唱得響徹雲霄。

小筆記

# 師生對照鏡

## 學生作品

（此篇因解說較多，另放四則說明於文後。）

### 我的心中有一首歌

廖則穎

　　音樂，就像朋友一樣。當我們難過時，它溫暖我們的心；當我們生氣時，它安撫我們的心。音樂像一盤普通菜裡的調味料，爲我的生活增添了色彩，也影響了我的生活。而在這麼多首歌裡，有一首歌一直在我的心中，那是五月天的——垃圾車。

　　從小就愛聽英文歌的我，很少會聽中文歌，更不用說是台語了。①但在聽完五月天的歌之後，我便愛上了中文歌，也認同了台語歌。第一次聽到垃圾車這首歌，是我跟同學借的一張專輯裡的。垃圾車這首歌是一首台語歌，主唱用很輕柔的歌聲和簡單的歌詞，配著輕快的音樂，②唱出朋友之間感情，這首歌也深深的打動我的心。

　　③從第一句：「雖然你脾氣壞，對朋友又差……」到了最後一

【換句】這樣的說法，歧視意味頗重，宜改成：自小聽慣了西洋歌曲，對於中文及閩語歌，接觸極少。

【換句】音樂像是菜餚裡的調味佐料，為我平淡的生活，添增美好滋味。

【換句】也開始迷戀台語歌的情韻。

【重複】相近的句子，用詞宜避複→「溫柔」的歌聲、「歡快」的音樂。

【疑問】你對朋友的想法是？你對待朋友的方式，有何不同？全無著墨。

句。這首歌，說出了我當時對朋友的想法，也改變了對待朋友的方式。記得當時，我們班都排斥一位同學。④而聽到了副歌：「有你我才袂孤單，有你的陪伴，我才有靠山。」我了解，每個人都要朋友，因為朋友對我們影響很大。

【疑問】排斥同學之事，無頭無尾，兩句話簡單帶過。

　　朋友像垃圾車，有什麼心情不好的都可以向對方訴說。不管是什麼，他們都願意聆聽。我也要像垃圾車中的歌詞一樣，好好對待其他人，像對待自己的朋友一樣，像垃圾車一樣。

【段落】語焉不詳，意念雜亂。改寫如下：我慶幸自己的朋友，每個人都像歌中的垃圾車一樣，隨時讓我傾吐心裡的鬱悶愁苦。我也期許自己，也能如此體貼善意，讓我的朋友們，也備感幸福。

## 說明

❶ 為何聽完五月天後，讓你有如此大的轉變，宜將原因帶入，否則稍嫌突兀。改寫如下：也是機緣巧合，向同學借了張五月天的專輯返家聆聽，曲目不斷流動變換，突然，某首歌曲的節奏旋律，撩動了我的心弦，取出詞本一翻，便是這首〈垃圾車〉，細細品味，逐漸咀嚼出它的意涵。

❷ 此處應略舉歌詞說明，到底是哪個點令你訝嘆？

❸ 此句歌詞淺淡直敘，且下文發展也不合詞意。引用時似乎沒多加斟酌，整句刪去也不妨文意。

❹ 此處雖有針對歌詞抒發感想，但過於淺陋，不夠切合。宜改寫如下：「有你我才袂孤單，有你的陪伴，我才有靠山。」我也從副歌中，聽見了朋友偎伴在旁的幸福安穩，有風，他就為你擋風，有雨，他就為你遮雨。

## 總評

● 本文幾乎沒有敘寫自己的經驗，與歌中情意呼應。使整篇文章較爲淺薄，無法引發讀者共鳴。

## 老師改寫

（此為全篇改寫，無法對照，因學生作品的切入點較為淺薄。）

### 我的心中有一首歌

我的心中有一首歌，一首叫做「垃圾車」的歌。

記得國二那年的冬季，寒風凜冽，加上課業的挫折，更令我身心俱疲。父母親與我鮮少交談，身爲獨子的我也沒有弟兄可以傾訴，一個人把愁悶在體內餵養成巨大的黑洞，幾乎要把自己吞噬，我失魂落魄的走在人行道上，開始質疑起生存的意義。

過了不久，有一位朋友前來親近，他是我的同班同學，很少交談的那種。更令我意外的，則是他突如其來的邀約：放學後一起留校寫功課吧，遇到問題就可互相討論了。

【仿句】〇是〇的……，……的那種

這樣的好意，令人難以拒絕，加入了他們的夜讀行列後，朋友毫不藏私的將他演算數學的技巧，盡數教授，或是督促怠懶的我，完成作業後才能休息。其間雖覺辛苦，卻獲得更巨大的幸福，他彷若是我的異姓兄長，不斷的提攜照顧我。慢慢的，成績也漸有起色。

比較熟識之後，詢問起當時找我攀談的原由，朋友笑說：「那時見你收到成績單後，整個人鬱悶難解，於是就約了你來，就算幫不上忙，有人陪著也是好的。」看似輕描淡寫的回答，我卻能感受到，話裡的在乎與關心。

那時，另一位朋友帶來的手機裡，正播放著這首〈垃圾車〉，主唱阿信的嗓音，誠摯堅定的傾訴友誼的美好：「有你，我才袂孤單，有你的陪伴，我才有靠山。你若袂爽，我是你的垃圾車，每天，聽你的心聲。」我思緒翻湧，當下竟忘了對朋友說聲感謝，若沒有他來攙扶一把，我的靈魂定會墮落無依。

即使相隔多年，每次不經意的聽到這首歌的時候，我便會想起他，那個濃眉大眼，開朗陽光的男孩，牽執住我的手，使原本瀕臨脫軌的生命，有了一個漂亮的轉彎。

【仿句】看似……，我卻能……

【仿句】當下竟……，若……

## 仿句練習

❶ 他是我的同班同學，很少交談的那種。

❷ 看似輕描淡寫的回答，我卻能感受到，話裡的在乎與關心。

❸ 當下竟忘了對朋友說聲感謝，若沒有他來扶我一把，我的靈魂定會墮落無依。

## 精選佳句

❶ 我摸出懷中音樂，透過耳機，交棒給聽覺受器，讓神經刺激直達腦部。鼓聲，貝斯，電吉他，小小的吶喊，是五月天，他們的第一張專輯，青澀又直接，阿信在耳朵裡唱著各樣的歌，八分滿不加糖迷惘，三兩根生活的刺，六罐裝揮之不去愛的感傷。（孫梓評〈輕離地球表面〉）

❷ Y說我過了午夜聲音就變得非常低沉，很適合唱一些感傷的歌。那些個夜晚，最常唱的是齊豫跟潘越雲合唱的〈夢田〉。縹縹緲緲的，聲音穿越了時間，好像可以直抵極為久遠的未來。……齊豫與潘越雲，氣質與三毛庶幾近之。在聲音表情上，一個清越空靈，一個掩抑多情，交織出的〈夢田〉堪稱經典。（凌性傑〈在我心裡有一首歌〉）

❸ 總是不自覺地，在日色漸趨灰沉的時分，有一組旋律從記憶的底層流竄到我的唇邊，於我的耳際悠然響起。……〈黃昏的故鄉〉，我聽到的第一首台語歌曲。足履四處移動，生命不斷轉換，那旋律啊，不管在何處都是異鄉人的永恆呼喚。（季季〈薄暮之歌〉）

❹曾經鄧麗君的甜美，把上海百樂門的頹靡胭粉，都換成了小城姑娘的清麗秀淨。蔡琴的低沉，把飄在雲霄的高音兜在鼻腔裡共鳴，餘音裊裊。費玉清就更妙了，女歌男唱，男身女相，既是性別越界，又是雌雄同體，讓老歌多了一層曖昧的誘惑想像。周蕙則是把老歌爵士化，節奏快慢、斷句吐字都變了樣，像是大紅肚兜配華麗搖滾牛仔褲，新潮正點時髦好樣。但張鳳鳳卻讓老歌從黑白相片變成了彩色相片，讓聲音由平面變成了身歷聲，既是立體的聲音，也是身歷其境的聲音，那種會帶著我們進入梳妝樓閣，進入綺麗夢境，進入微思緲緲就再也出不來的聲音。（張小虹〈你是春日風〉）

**相關類題**

想要唱歌給你聽／難忘的一首歌曲／歌聲戀情

# 禮物

## 一份難忘的禮物

### 說明

在某些特殊的日子，某些重要的事件過後，親朋好友總會寄贈禮物，以示祝福。當我們拆封禮物的當下，更是興奮期待，因爲不論輕重，都是對方的誠摯心意。請你以「**一份難忘的禮物**」爲題，引帶出你生命中的一段故事，並點出它令你難忘之因。

### 審題

☑ 這個布偶，不斷提醒了我，自己也曾擁有一段純粹乾淨，沒有任何算計的友情。

□ 這個布偶，是我最好的朋友送我的生日禮物，非常可愛，所以我都把它擺在床前伴我入睡。

**一份　難忘的　禮物**

【說明】難忘之因，定有其深刻意義，千萬不可膚淺帶過。

☑ 這把提琴，是阿姨給我的生日禮物，盼我能在學習音樂的路上，不斷精進。

☑ 大家總說我的勤懇樸實，極爲肖似死後的父親，我想他之前的身教言教，便是一份最寶貴的禮物，讓我的人生平順暢達。

【說明】此處禮物多爲具體，若想與眾不同，不妨考慮書寫「抽象的禮物」。

### 問題&思考

❶ 請問你最想書寫的禮物爲何？

❷ 選擇它的原因是因爲贈禮者的關係？親人、朋友、老師……

❸ 還是禮物本身你非常喜歡？實用、自己夢寐以求的……

❹ 或是禮物對你代表了某種意義？親情、友情、希望、溫暖……

❺ 你還記得當初收到這份禮物時的心情爲何？

❻ 現在這個禮物還在你的身邊嗎？完好無缺或是已千瘡百孔了？若已不見，當初丟棄的原因爲何？

### 立意

可由兩方面思考：此物令自己難忘的原因爲何？

❶ 因付出努力，而得到的禮物（如競賽獎品），文章須著重於事前的辛勤準備，才能襯出此物之難忘。

❷ 文章亦可著重於使用禮物後，所受到的影響。或得到禮物後，慢慢發現贈禮者用意的過程。

# 聯想心智圖

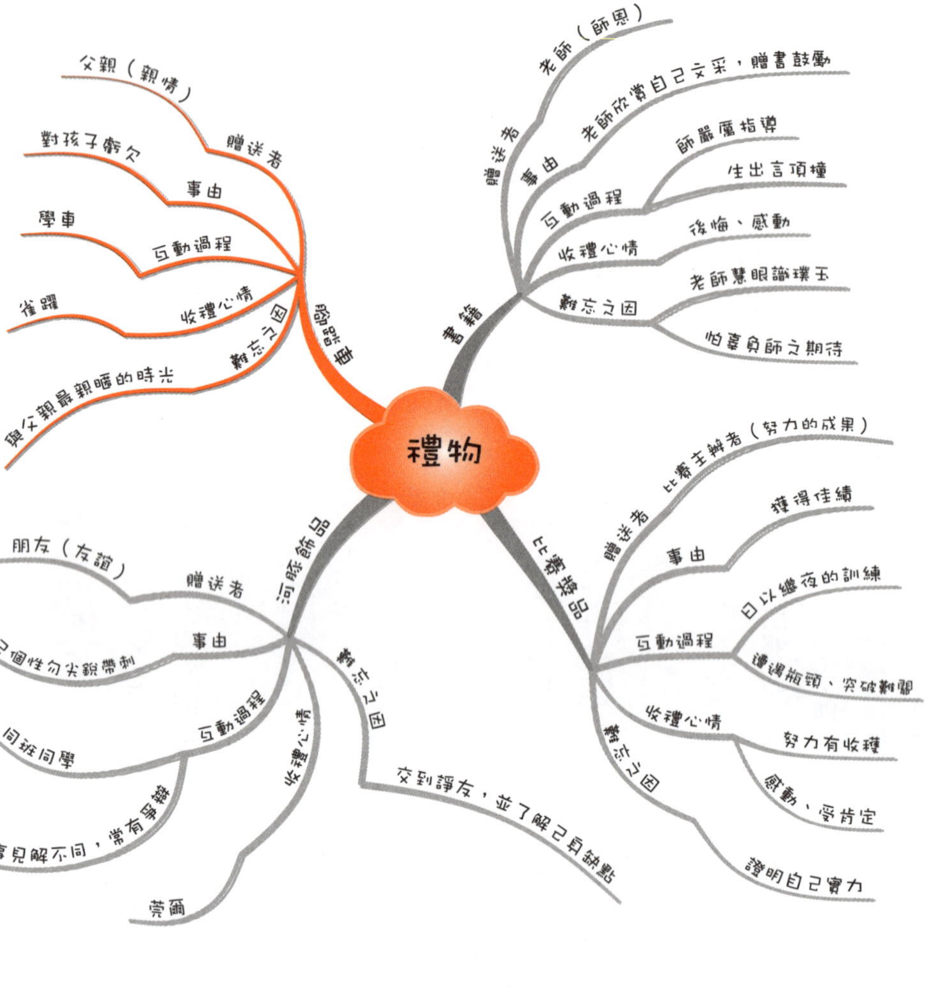
禮物
腳踏車
贈送者
父親（親情）
事由
對孩子虧欠
互動過程
學車
收禮心情
雀躍
難忘之因
與父親最親暱的時光
書籍
贈送者
老師（師恩）
事由
老師欣賞自己文采，贈書鼓勵
互動過程
師嚴厲指導
生出言頂撞
收禮心情
後悔、感動
難忘之因
老師慧眼識璞玉
怕辜負師之期待
比賽獎品
贈送者
比賽主辦者（努力的成果）
事由
獲得佳績
互動過程
日以繼夜的訓練
遭遇瓶頸、突破難關
收禮心情
努力有收穫
感動、受肯定
難忘之因
證明自己實力
河豚飾品
贈送者
朋友（友誼）
事由
規勸自己個性勿尖銳帶刺
互動過程
同班同學
對事見解不同，常有爭辯
收禮心情
莞爾
難忘之因
交到諍友，並了解自身缺點

上色部份請參照P181教師範文

## 謀篇

**開頭：**藉描寫單車的現況，引帶出收受禮物的回憶。

**中段：**⬇收受單車的背景：父親的彌補。

⬇購買單車的過程與心情。

⬇學習騎車的經過。

**結尾：**單車代表一段疏淡的親情。

**叮嚀：**禮物與事件的結合要密切，若行文只單純圍繞在禮物本體，會有些乏味。

## 教師範文

### 一份難忘的禮物

舊家的倉庫裡，擺放著一台矮小的腳踏車，久未使用，已發銹蒙塵。偶爾，我會來到車側，撫摸殘軀，追念舊事，因爲那是我的第一台腳踏車，裡頭藏著飽滿的回憶。

那年寒假，父母纏訟多年的離婚官司終於定讞，我結束了三年與母親偎伴的時光，重回父親懷抱。像是要彌補什麼似的，只要能力所及，父親總不吝給予，當然，包含了這一台腳踏車。

還記得那夜，我與父親偕伴步行至店裡購車，選定車款後，老闆熟練的拆開巨型紙盒，把裡頭的零件組裝拼湊，一台金黃色的捷安特便停立在眼前。那時的我還不會騎乘，只能用手牽引著它，但心裡已有著覓得名駒般的雀躍。

翌日，父親領著我，到鄰近的小學操場學騎。父親站在車後，雙手抓住後座鐵桿，他說：「放心騎吧，爸爸牢牢抓著，不會跌倒的。」有了父親的許諾後，心裡便不再忐忑，不論速度快慢，父親總是亦步亦趨的跟著，穩住微微晃擺的車身，繞場兩圈後，他已汗流浹背。但父親不願休息，執意要陪我習練。

最後，當然是學會了，閒來無事，我便騎著它在鹿港的街巷中兜風穿行。像是學飛的雛鳥，一下子擁有了遼闊的天空，得以展翼遨遊。

這是我記憶中，與父親最親暱的一次，沒有衝突，沒有怨懟，沒有任何懷疑的信賴著他。在此之後，由於種種原因，心事幾乎就沒有向他傾吐過，習以爲常，造成了之後的淡漠與疏離。這樣的遺憾，彷彿已難以逆轉，只能從這台報廢的腳踏車，才能溫習昔日美好的片段。

## 詞彙鍛鍊

- 贈送、賦予、給與、寄贈、留贈、相送、餽贈

➡ 當他搬離此處時，留贈一本畫冊給我，扉頁上繪著我的側影。他說：這是我記憶中最深的風景。

- 珍惜、珍視、在意、看重、寶愛、心愛

➡ 窗檯前的盆栽，盎然綠意，宛若多年前，鄰居親手交贈時的模樣。只是樹猶未枯，人卻早已四處星散。

- 蘊藏、涵納、深蘊、包含、收藏、保有、殘存、留存

➡ 這條圍巾，是去年寒流來襲時，他親手織就的。而今，他已離開我的生命，只剩下此物，見證著往日殘存的甜蜜。

- 精緻、精巧、玲瓏、價昂、質感、美感、手作、藝術

➡ 這冰雕置放於展台上，精巧如玉，細緻如絹帛。這無價的藝術作品，出自於耕耘冰雕藝術多年的大師之手。

## 成語運用

- 禮輕意重：禮物輕薄卻情意深厚。

➡ 老師送我的這張紙卡，密密麻麻寫滿對我的期許，紙短言長，禮輕意重。

- 千里鵝毛：禮物輕薄卻情意深厚。

➡ 弟弟常為了送朋友一樣小物，跨上單車，便衝往另一個鄉鎮。他總說千里送鵝毛，這樣才夠誠意啊！

- 禮尚往來：別人以禮相待，也要以禮回報。

➡ 每逢佳節，我與好友總是禮尚往來，把祝福交託在彼此掌心，感覺分外不同。

- 投桃報李：彼此間的贈答。

➡ 朋友間常於節慶生日之時，投之以桃，報之以李，彼此的情感也因這樣的互動，而愈顯親暱。

- 紙短情長：深長的情意，非筆墨所能盡述。

➡ 紙短情長，無法盡訴我對你的思念，只希望你能讀懂，我藏在字句中的纏綿。

- 野人獻曝：平凡人所貢獻的平凡事物。

➡ 我就像是個獻曝的野人，把這鄉間的土產發贈給我的週遭好友。

- 卻之不恭：接受他人的饋贈或邀請時的客套話。

➡ 感謝你們還惦記著我的生日，這份禮物，我就卻之不恭了。

## 師生對照鏡

### 學生作品

# 一份難忘的禮物

廖則穎

逛了一整天的百貨公司，我們一家人終於回到了家，只見疲勞的家人，紛紛的向床邊走去。但只有我迫不及待的想要把新的卡帶放到遊戲機裡。我等不及要看看有什麼新的劇情；要跟表弟們一起連線。但這只是卡帶而已，如果沒有這台得來不易的主機，那我就不用想玩這卡帶了。

【疑問】把卡帶放入主機中，不就準備開始玩了，怎是看新的劇情？

【段落】既然主角是「主機」，為何此段敘述的重心，卻是剛從百貨買回的「新卡帶」？

小時候，常常看到表弟們都有一台掌上的電動，他們一起連線，一起破關，但我只能看著他們玩。所以我就吵著跟媽媽要，但價格有些貴，媽媽就沒買給我。後來爸媽討論了說只要我成績進步很多，平常的壞習慣要能改掉，還要懂得安排時間。很想要主機的我，便欣然接受了這個條件。

剛開始，我很認真的做父母要我做的事。我把平時看電視的時間縮短，拿來念書，我把平常沒做好的壞習慣，像隨手關燈、不亂

【段落】此段的轉折非常奇怪：認真履行條件→鬆懈怠懶→更認真做事。轉的關鍵完全沒有解釋清楚。

丟垃圾、幫媽媽把家事處理好。我也把時間表排給爸爸看，但這只是前一、兩個月的事。到了後來，我一直關心到底什麼時候才能拿到主機，該做的事都忘了做，到最後就被媽媽罵。之後就只能更認真做事情，也不敢再問媽媽了。

一天晚上，本來以為拿不到主機的我，悶悶不樂的我走進房間裡。走進房間以後，我發現一個盒子，上面熟悉的字跡寫著：繼續努力。我很高興的打開盒子，果然是我想要的遊戲主機。但我知道，這是我努力才得來的。

【重複】「走進房間」一句重複。

【說明】「禮物為自己努力得來的成果」不應由自己口中說出，過於自信。

這次我不只得到了主機，我求取的過程中，我得到更多錢買不到的東西，如何解決事情，如何安排自己的時間，還有很多很多的東西，這是最好的禮物。

【結尾】感想有生硬、空泛、草率之嫌。

## 總評

● 行文途中，敘事稍嫌紊亂蕪雜，結尾感想亦是草草帶過，沒有強調出此物令自己難忘的原因，殊為可惜。

**老師改寫**

## 一份難忘的禮物

它，是一個小小東西，可被我盈托掌心，曾經令我魂牽夢縈。它的畫面色彩變換，發聲響亮悅耳，逗引著我想去擁有。它，是一台日系品牌的掌上遊戲機。

以前回外婆家，都會看見表弟們人手一台掌上遊戲機，連線組隊，嘻嘻哈哈的攜手破關。我一個人安靜的坐在旁邊，看著他們樂在其中，心裡不免有些欣羨。回家後，我便按捺不住，向母親提了這件事。面對它的昂貴高價，媽媽躊躇了一會，拉著爸爸討論過此事，他們最後做了個結論：只要我能提升成績，改除惡習，善用時間，就能夠得到這一份禮物。

剛開始，我十分認眞完成爸媽所交代的事。不僅洗碗、掃地，還把自己的房間整理得井井有條。另一方面，也投注全副心力在課業上，每回的隨堂測驗，都拿到不錯成績，原本開心的以爲勝券在握了，誰知道美夢卻在段考過後，灰飛煙滅，不如預期的低劣成績，令我傷心懊惱。

那天晚上，我悶悶不樂的走進房間，本想蒙頭大哭，卻意外發現桌面上，擺放著一個包裝精緻的小紙盒，拆開後，赫然是我朝思暮想的遊戲機，黑色外殼，金屬邊框，是當年的最新機種。我欣喜若狂，放聲歡呼。母親像是聽見了，敲門入房，溫柔的撫觸我。她說，你最近的努力認眞，媽媽都看在眼裡。

【仿句】我……，本想……，卻……

那激越的情緒，我至今難以忘懷。因爲那是我第一個，憑藉自己努力所獲得的禮物，彷彿上頭銘刻著我的汗水與認眞。即使今日，它的畫面已模糊黯淡，它的發聲已嘶啞難聞，我仍安穩的，把它置放在抽屜的深處，我相信，它永遠是我生命中，最有價值的一份禮物。

【仿句】那……，我至今……

## 仿句練習

❶ 我悶悶不樂的走進房間，本想蒙頭大哭，卻意外發現桌面上，擺放著一個包裝精緻的小紙盒。

❷ 那種激越的情緒，我至今難以忘懷。

## 精選佳句

❶我幫了她一點小忙，她卻記住心中，利用下班後晚上的空閒時間，悉心的編了個中國結飾物送我。她眞誠的流露，都融入花結裡，這樣的友情，實在可貴而該珍惜；使我喜出望外，也就欣然接受她的誠意，說不定這就是我們「緣」的開始。（李銘愛〈惜緣〉）

❷桌上端端正正的放著四隻碩大、豐盈、鮮妍如胭脂的水蜜桃。對面的男孩靦腆她笑著，有一點窘迫，類似當日背不出書的神態：「我不知道帶什麼禮物送老師。這個，很新鮮，我怕壓壞了，從日本來，一直捧在手上，天氣太熱了，怕壞了，還好，沒有壞……」他作出一個深深鞠躬的姿勢：「送給老師！」四只東瀛來的鮮潤蜜桃，由一個頎長大男孩仔細捧持著，渡海而來。兀自圓滿，兀自芬芳。（張曼娟〈明年明月何處看〉）

❸「一張敦煌到迪化的票，很貴的。這裡卻只要十五元，還有十元的。老天啊，這世界還有哪裡，擁有這麼巨大又便宜的荒涼和孤獨！」我再探問，「但你爲什麼要買這麼多？」「我可以送給朋友啊。到台北，我就要寄出一些，朋友收到一定會很感動的，而且日後都會記得我。在千禧年第一天，在地球上一個偏遠的角落，我和他分享了一個流浪的情境。這樣貴重的禮物，再多有錢都要不到的。」（劉克襄〈全世界最貴重的孤獨〉）

❹「禮物」這事，有「收」有「送」，雙向人情債眞麻煩。有一個不算深交的朋友，在耶誕節前夕說買好禮物要送我了，然後每次跟她出門，目標都是禮品店，她每次見到想要的東西，就拉著我擠眉弄眼一番，暗示我該買那些禮物回贈。後來我耶誕節當然不是跟她過，省掉交換禮物的麻煩，也省掉一個用禮物度量友情的朋友。（陳思宏〈收與送〉）

## 相關類題

最佳的禮物／禮物

## 建築

# 自訂/山海線的交會——彰化車站

### 說明

一〇一大樓的直刺天際，蜚聲國際；蘭陽博物館的潛隱大地，眾人稱道。每一棟建築物，都各有它動人的姿彩，吸引不同的人爲之駐足。

有的建物成爲當地地標；有的建物則純爲公眾服務；有的建物則荒廢不用，淪爲廢墟。在你的心目中，哪一棟建築物最能興發你的情感呢？請自擬文題，除就建物外觀描寫之外，更能藉此陳述你與它的故事與情感。

### 審題

以下試作數題，僅供參考：

- 草坪上的信仰——路思義教堂
- 英靈的居所——忠烈祠
- 如風的棚頂——高鐵新竹站

### 問題&思考

❶ 請問你想選擇哪一棟建物，當作書寫的題材？

❷ 是因爲它的造型特殊？旅遊時爲它震懾？還是在你的生命中有額外意涵？

❸ 你能分別描述出它的外觀？內裝？空間配置？馳名的造景爲何嗎？

❹ 你第一次造訪它，是在什麼因緣巧合之下？

❺ 之後，還有重遊此地嗎？又發生了哪些故事呢？

### 立意

此篇文章主要描寫我們觸目所及的建築物，除能寫出該棟建築的特色與功用，最好還能把你與它的淵源陳述出來，由景入情，情景並重。

# 聯想心智圖

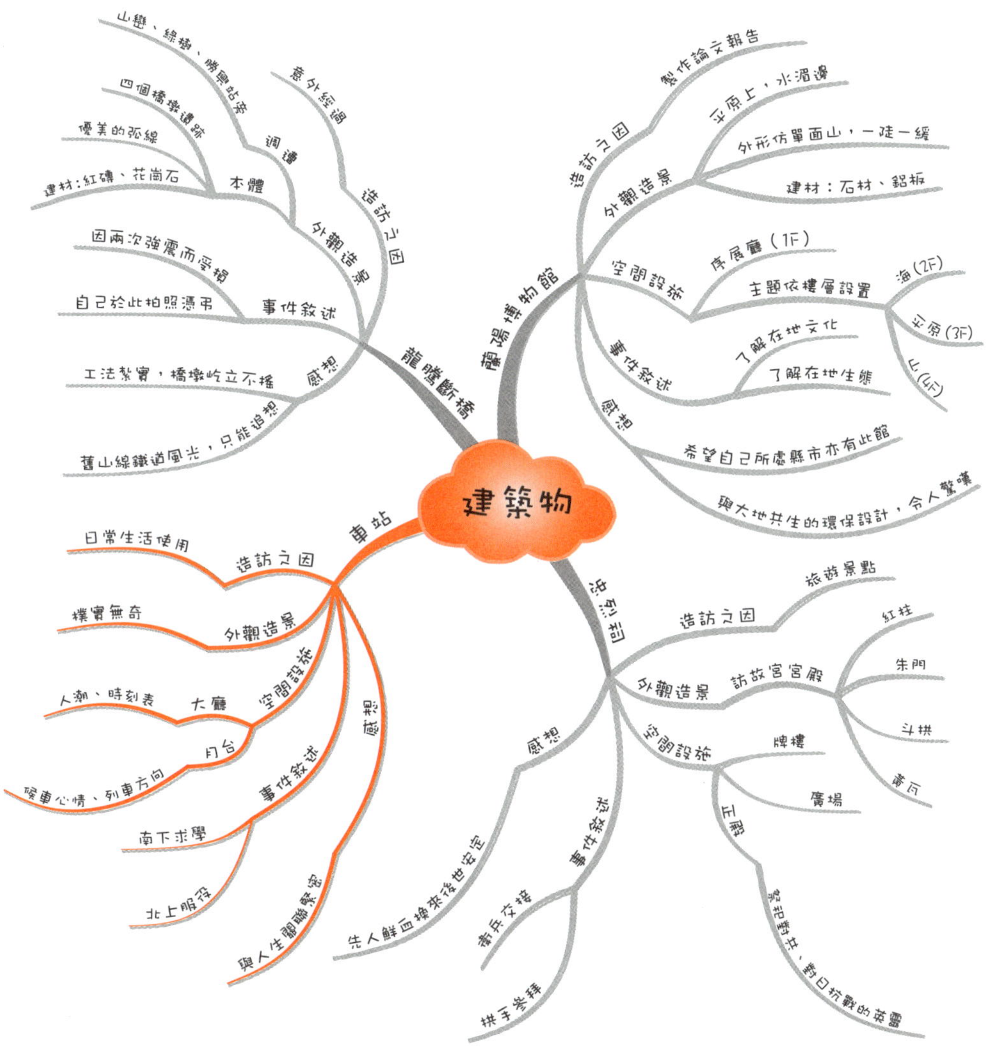


上色部份請參照P190教師範文

## 謀篇

**開頭：**描寫車站的外部景觀。

**中段：**

➊描寫大廳景觀。＋與友相約的敘事。

➋描寫第一月台景觀。＋外地求學的敘事。

➌描寫彰化站山海線交會的意涵。＋服役的敘事。

**結尾：**車站錄記我人生的片斷。

**叮嚀：**

寫景與敘事，儘量並重穿插。最末的感想，亦不能輕浮草率帶過。

## 教師範文

### 山海線的交會——彰化車站

相較台北站的豪闊，新竹站的古意，台東站的新穎，彰化車站顯得平凡無奇。

橫向延伸的水泥建築，高約三層，前方的遮雨簷呈波浪狀，鑲接其上。站前六棵高大聳立的椰子樹，排列有序，像是站崗的衛護，有時陽光潑灑而下，椰影便映射到車站上頭，風一吹，便搖曳生姿。

再往裡走一些，就進入了車站大廳，左側是售票口，右側則擺滿候車的座椅。昔時與友見面，便常相約於此，隨著人潮穿梭湧動，我恍惚覺得有種眾裡尋他千百度的詩意。大廳壁上，懸掛著密麻的車次與時間，供人仰首探看，盤算著自己的去途與歸程。

通過驗票閘門，便是第一月台了，這是通往嘉南平原的門戶。負笈港都時，皆從此處登乘列車，然後順著軌道滑行，開始自己青春獨立的人生。月台兩旁，一側裝設著灑水噴頭，每當天氣窒熱，便會放出水霧驅暑。一側則陳列彰化站的歷史照片，約莫十張，偷渡出該站的百年時光。

跨越天橋，便能前往二、三月台，馳往北方的列車，多半在這裡停靠，重新再行時，軌跡涇渭兩分：台中、豐原、苗栗，可見山巒起伏；追分、沙鹿、通霄，則見海景蕩漾。逆途而返，雙線又收攏於彰化。由於彰化站是山海線鐵道的交會，車次也特別繁多。

淡水服役時，每逢週日收假，便常於第二月台候車。想到軍中的封閉乏味，等待歸營的心情就格外沉重苦悶。不僅希望火車駛離鐵軌，耽延收假的時間，甚至希望自己的生活也能脫出常軌，掙脫役男的沉重身分。

如今只有在旅行時，才會再搭乘火車了。每當倦遊歸來，列車緩緩駛入彰化站時，都免不了憶起這些過往，好像這個站驛已錄記了我的片段人生、轉瞬心情。

## 詞彙鍛鍊

- 豪奢、精緻、現代、古典、雅緻、歐式、傳統
  - 這間民宿，有著高翹屋簷、雕花圓窗、赭紅磚牆，發散出一股傳統雅緻的氛圍，讓人履足至此，便能興發盎然古意。
- 破陋、坍塌、頹圮、傾倒、朽爛
  - 我望著已經頹倒的磚牆、坍塌的房舍，難以想像這棟宅院的主人，曾是權傾一時的企業家。
- 屋宅、車站、劇院、橋墩、大廈、地標
  - 此棟樓廈自地面延伸至天際，內矗鋼骨，外以玻璃帷幕圍覆，自建成後，已成為北城的新地標。每逢歲末，輝煌燦爛的煙火便於其上濺射，歡慶來年的豐瞻美好。
- 修葺、翻新、裝修、整治、裝潢、修繕
  - 此地的魚市場，由政府接手整治後，變得新意煥然，一掃過去的陳舊髒穢。

## 成語運用

- 雕梁畫棟：形容建築物的富麗堂皇。
  - 這教堂不同於一般的簡省，畫棟雕梁，無處不是經過精心設計的，因此吸引不少遊客駐足。
- 美輪美奐：房屋裝飾得極爲華美。
  - 我喜歡這棟飯店，壁上皆為精品畫作，地面鋪著豔紅地毯，再加上燈光的映照，整個空間美輪美奐，我才一踏入，胸口便湧著飽滿的幸福。
- 斷垣殘壁：建築物倒塌殘破的景象。
  - 我喜歡到廢墟攝影，去搜集那些斷垣殘壁裡的時光碎屑。
- 別出心裁：獨出巧思，不同流俗。
  - 這座情人橋，橫亙在兩岸之間，設計師別出心裁，把側旁鑲滿喜鵲圖騰，襯上間接照明之後，便像極了跨越銀河的鵲橋了。遊客至此，總留連再三。

- 曲徑通幽：形容景色雅致迷人。
- 這條步道，曲徑通幽，閒靜安謐，內行的登山客總愛沿此登臨。
- 蓬戶甕牖(ㄧㄡˇ)：形容簡陋的居處。
- 昔日的蓬户甕牖，今日卻帶給都市人一種鄉居的嚮往。
- 大興土木：蓋房子。
- 那塊空地正在大興土木，灰塵漫天，工程車也頻繁的進出。

小筆記

# 師生對照鏡

## 學生作品

### 雪梨市的靈魂——雪梨歌劇院

廖則穎

飛機緩緩的停降在一個陽光普照的南半球國度。出了機場的我，坐上了公車，正準備前往當地最著名的觀光勝地——雪梨歌劇院。沿途經過許多高樓大廈，和人群穿梭來往，讓我看見了這個城市的熱鬧繁榮。當我正讚嘆著這都市的美妙時，不知不覺，我來到了雪梨港。

當我第一眼看到歌劇院時，我深深的被那獨特的外觀給吸引住了。雪白色的弧線屋頂，像灌飽風的帆，猶如一艘準備出航的船，也像一片片巨大的貝殼，矗立在海灣邊。越靠近歌劇院，我便聽到許多其他的觀光客，都在討論它的宏偉。在外頭爲它留下了剪影後，我朝著歌劇院走去。

到了門前，將票交給服務人員，興奮的我走了進去。第一眼看到了內部景觀，我感覺到那藝術的氣息，緊緊的將我包圍住。歌劇

【措詞】改成「許多的觀光客」即可。

【疑問】沿途經過○○和○○，○○應屬名詞，此處怎是「人群穿梭來往」？

【說明】「飛機降落」一句，節奏太快，需要慢慢鋪陳，否則馬上銜接出機場的動作，會稍微不順。

【修辭】連續三個譬喻，太多。

【重複】緊連的兩個句子，若主詞相同，不需重複出現。

【疑問】何謂「留下剪影」？是否應詳述所用器具及方式？

【修辭】像「帆」、猶如「船」，譬喻重複相近，令人混淆。應改成：雪白色的弧形屋頂，像張灌飽海風的帆，整個歌劇院便成了等待乘風破浪的大船。

院內的建築，是仿效馬雅文化，而有些牆面，高低起伏，就像琴鍵一樣。再往內部走，我進入了一個音樂廳，裡面有三千多個排成半圓形的座位。令我印象最深刻的，是擺在台上的大管風琴，台上的示範人員，按下了琴鍵，那雄厚的聲音，令我震懾。在歌劇院內，我彷彿迷路在藝術的森林，裡面事物，讓我沉迷在其中。

離開了雪梨歌劇院，已近傍晚了。夕陽緩緩落下，海風輕輕吹過，而我慢慢的離開了這個壯麗的藝術品。

【疑問】不能只說「仿效馬雅文化」。讀者怎會知道馬雅文化為何？應該稍作描述，如改寫文章加上「用石灰油彩粉飾妝點」一句。

【結尾】稍嫌倉卒，只說自己離開此地，沒有著墨心裡的感想。

## 總評

● 結構齊整，若能精確掌握語句的描述，即成佳作。

## 老師改寫

### 雪梨市的靈魂——雪梨歌劇院

飛機緩緩的停降在一個陽光普照的南半球國度——澳大利亞，從窗外俯瞰，海水溫柔的懷抱這個島嶼，像處超塵絕俗的世外桃源。出了機場的我，依照旅遊書的指示，搭乘公共汽車，準備前往當地最著名的雪梨歌劇院。高樓大廈前衛摩登，聳峙在敞闊的道路兩旁，人潮在路口穿梭如織，展現出這座城市的熱鬧繁榮。當我正讚嘆著這都市的美妙時，不知不覺，已行至雪梨港，一幢巨大精琢的建物，忽地映入眼簾。

【說明】來到雪梨港後，加上此句，較能銜接下段歌劇院的描述。

是的，那是雪梨歌劇院，只消一眼，我便深深的被那獨特的外觀給吸引住了。雪白色的弧線屋頂，像只被風鼓脹的帆，與湛藍大海相互輝映；它也像數片碩大的貝殼，疊立在大洋之濱。越走近歌劇院，我便聽到越多觀光客的高聲讚嘆，討論著它的宏偉以及美麗。拿出相機，爲它高雅的存在留下剪影後，我就走入歌劇院裡，準備探訪它更豐蘊的內涵。

【仿句】我就……準備……

院內的景觀裝潢，匠心獨運，仿效馬雅文明的住居，用石灰油彩粉飾妝點，某些牆面高低起伏，就像琴鍵一樣參差錯落，我感覺到一股優雅的氛圍，緊緊的將我裹繞。沿著長廊，走向盡頭，我進入裡頭豪闊的音樂廳，近三千個座位圍成半圓，極有次序。令我印象最深刻的，是擺在台上的大管風琴，每當台上的演奏者，按下一個琴鍵，那迸發而出的雄渾樂音，便震懾了我的心神。在歌劇院內，我彷彿迷路在藝術的森林，嗅聞著音樂的芬多精，讓我沉溺其中，不願離去。

但始終是要踏上歸途的。離開了雪梨歌劇院，已是薄暮時分。海風輕輕吹拂，我轉身向它告別，只見白色屋頂瞬間被餘暉染紅，燈火也漸次燃亮，**我想，這一個壯麗的藝術精品，將永恆不朽的被世人傳頌。**

【仿句】我想，……，將……

## 仿句練習

❶ **我就**走入歌劇院裡，**準備**探訪它更豐蘊的內在。

❷ **我想**，這一個壯麗的藝術精品，**將**永恆不朽的被世人傳頌。

## 精選佳句

❶ 說起馬祖最讓人充滿浪漫幻想的石頭山城時，就以北竿島的芹壁村最具代表性，建築沿著山勢而建，造型工整方正，是閩東建築「一顆印」的典型。200多年前，以福建長樂縣爲主的居民跨海來到此地，就地取材當地的花崗岩，興建起這些防風雨且具防盜功能的石頭屋，結構上自成一體的聚落格局，不僅有著絕佳的整體美感，

更彷彿是一個不隨時空流轉的典雅古城，佇立於塵世喧囂之外。在這裡，時間似乎被凝結了。（楊力州〈輕與重的對話〉）

❷經過三十年，住到東海裡面，離路思義教堂只有三百公尺。每天清晨從門口梅花樹出發，途經陽光草坪、郵局走向路思義教堂，再也沒太大的狂熱與激情，當我的手觸碰教堂的琉璃牆壁，像來到哭牆而沒有一滴眼淚，我默默離去，不刻意祈求什麼，也不期待什麼，只是傾聽內心的聲音。（周芬伶〈有發光的種子嗎〉）

❸沒有想到，在峇里島待了幾天，使我對那裡的宗教文化與建築發生了濃厚興趣。這裡已經不再是一群袒胸露背的女孩子拿了花圈向旅客身上套的地方了，進到機場就注意到他們獨特的建築：一對尖刀式立壁形成的開口，好像一座紅磚砌成，用石雕裝飾的尖塔，自中間劈開，形成一條細長的窄門。這樣怪異的建築，背襯著晴朗的天空，一時使我迷糊了。我迅速在腦海裡翻閱記憶，自印度、尼泊爾、吳哥窟，以及中南半島，凡與印度教，甚至佛教有關的地區，我曾走過的，都不曾見過這樣的建築。（漢寶德〈Bali峇里的家與廟〉）

❹眾所周知，這座鐵塔原來只是電信通訊的信號塔，純粹只是爲了資訊科技的功能性而設計。但是艾菲爾思考當時世界上挑戰最高力學極限的建築量體，不止放棄了人類數千年熟悉的建築材料，放棄了岩石、木材、泥土，改用現代科技的鋼鐵，更徹底放棄了舊有的建築形式束縛，用純粹力學結構，組織成向上挺伸的力量，背叛地心引力，擺脫所有舊建築的裝飾符號記憶，不再有羅馬圓拱，不再有希臘柱頭，不再有巴洛克雕花，艾菲爾宣告二十世紀建築純粹材料與力學的結構之美，藉著世界博覽會，法國領導著經濟科技實力走向新的美學思考。（蔣勳〈2010上海世博與英國館〉）

**相關類題**

街角的老房子／美麗的民宿

## 電器　自訂／不只千里傳音——手機

### 說明

時代日新月異，我們創造了許多電器產品，來佐助我們的生活，應付眾人的需求。溽暑盛夏，冷氣闢出了一處清涼的天地，供我們匿藏；電視的分寸之間，廣納了四方國度的訊息；手機千里傳音；微波爐催熱食物。所有的一切，變得如此便利輕省。

但利弊得失，必相伴而生。逸散的冷媒，破壞了氣溫的恒定；電視的聲光，使人類流連怠懶；手機使人的距離變得促狹；微波的射線，或多或少傷損了身體細胞。我們是否曾留意深思，這樣的交換，究竟是否值得？請同學擇定一項電器用品，深入描寫你與該電器的種種互動，從中探討各種議題與感觸。題目自定，文長不限。

### 審題

以下試作數題，僅供參考：

- 夏日的神話——冷氣
- 我家有個魔術盒——電視
- 耳畔的密語——隨身聽
- 桌上的敲打樂——電腦

### 問題&思考

❶ 請問你想選擇哪一個電器，當作書寫的題材？

❷ 請問你選擇書寫該電器的原因為何？是感覺自己深切需要它，還是極度排斥它的存在？

❸ 你覺得該電器的便利性何在？

❹ 你覺得該電器有否需要改進修正的地方？

❺ 你覺得人們看待、使用它的方式正確嗎？會不會有濫用或被其制約的弊病呢？

### 立意

❶ 物品的使用：

- 陳述自己使用的經驗與感受。
- 陳述別人使用的經驗與感受。

❷ 科技文明的省思：

- 昔日此物出現前→人們如何解決相關需求？
- 今日此物出現後→人們覺得有何便利之處？
- 前後兩者的優缺比較。

# 聯想心智圖

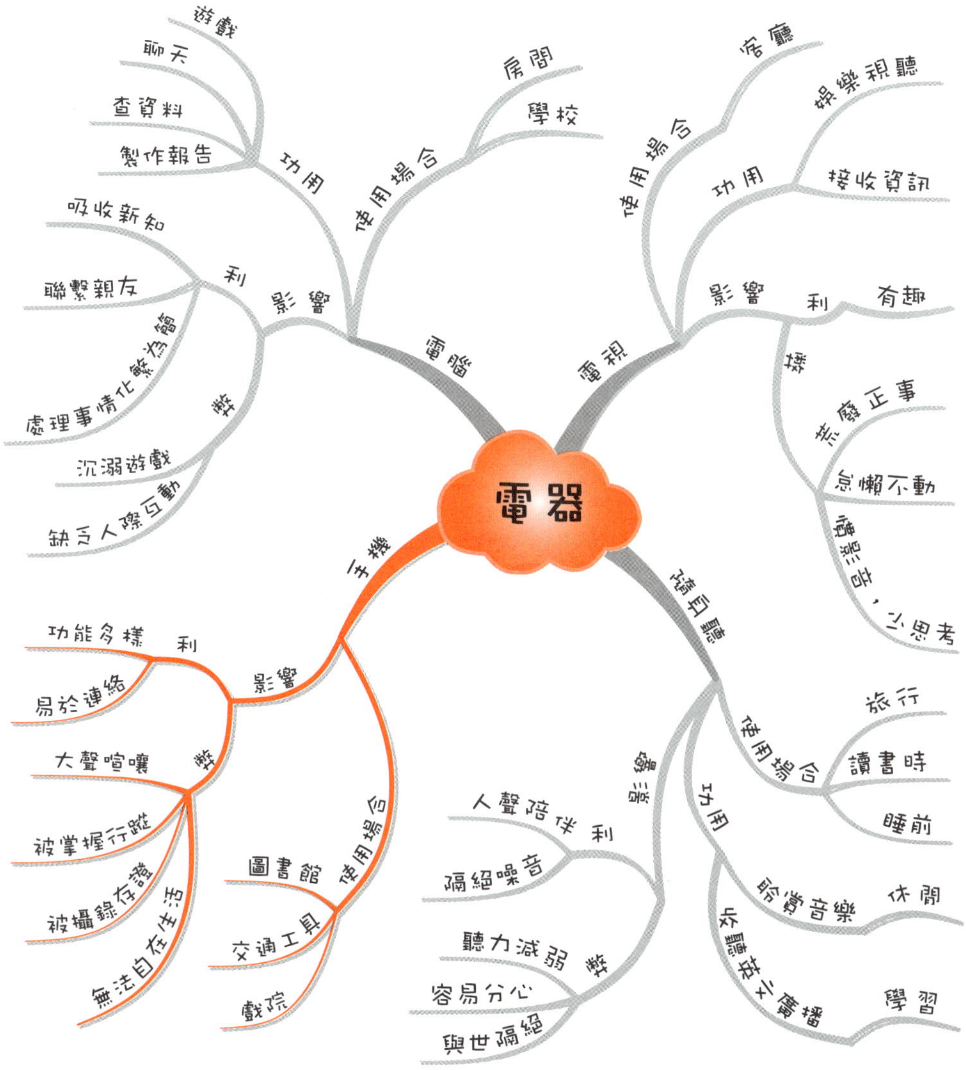
電器
電腦
使用場合
房間
學校
功用
遊戲
聊天
查資料
製作報告
影響
利
吸收新知
聯繫親友
處理事情化繁為簡
弊
沉溺遊戲
缺乏人際互動
電視
使用場合
客廳
功用
娛樂視聽
接收資訊
影響
利
有趣
弊
荒廢正事
怠懶不動
傳影音，少思考
手機
影響
利
功能多樣
易於連絡
弊
大聲喧嚷
被掌握行蹤
被攝錄存證
無法自在生活
使用場合
圖書館
交通工具
戲院
隨身聽
使用場合
旅行
讀書時
睡前
功用
聆賞音樂
休閒
收聽英文廣播
學習
影響
利
人聲陪伴
隔絕噪音
弊
聽力減弱
容易分心
與世隔絕

上色部份請參照P200教師範文

## 謀篇

**開頭：** 以敘事開頭，描寫手機帶來的弊病與困擾。

**中段：**

↓承接：延續首段概念，另舉一件手機的負面事例。

↓對照：敘述昔日沒有手機時，生活的單純與美好。

↓轉折：敘述手機出現後，我們得到了哪些便利性。

**結尾：** 猜測自己將來也會深受其害。

**叮嚀：**

❶千萬不要單純描寫自己使用它的哪一些功能：

↓因爲大部分的人應該都清楚每項電器的功能。

↓因爲會變成膚淺的電器說明書。

❷應該著重於自己或他人在使用時，哪個關鍵點引發出你的價值判斷與思索。

## 教師範文

### 不只千里傳音——手機

那是在電影開播的前一刻，戲院裡頭的燈光逐漸暗淡，原本喧雜的人聲也隨之歛息，大家屏息以待，準備進入炫奇的影像世界。此時，突然有陣尖亮的鈴聲竄入耳中，原來是前座一位先生的手機響了，大家側頭斜睨，我藉著微弱的光線，看見眾人臉上都流露出不悅的神情。誰知那先生仍不知好歹，接起電話，大聲的嚷嚷起來，直到一位正氣凜然的年輕人，出聲斥責，他才**悻悻然**的掛掉電話。

說老實話，這種人並不少見，某次我在圖書館自習時，周遭講手機的聲音，細碎紛雜，不絕於耳。整個下午，課本內容毫無概念，別人的瑣細生活卻瞭如指掌。

我突然想念起昔日那個手機不甚發達的時代，至少在大街恣意行走，或是乘坐公共載具時，可以免除被此起彼落的鈴聲催命的恐懼。每每與人相見，也都提早到約定的地點等候，或準時，或慢遲，我都仔細感受著等待時的微妙心情：慌張、慍怒、惆悵。

手機的出現，大幅重整了我們的生活步調。簡訊取代了信件，尋找某人也毋須層層轉接，只要鍵下專屬那人的十碼數字，你新鮮嗓音便能直抵對方耳膜。

而今，手機也不僅是撥打電話的功能了，可以拍照，可以錄音，可以聆賞音樂，可以上網查詢。它成爲我們每個人手中的魔棒，馭繁化簡，隨心所欲。

我突然擔心，我周圍的同學會趁我不注意的時候，把我不甚規矩的言行拍照錄音，即刻上網傳輸。

或許，全民皆狗仔的時代，已經來臨。

**重要注釋**

悻悻然：憤恨難平的樣子。

## 詞彙鍛鍊

- 潮流、時髦、流行、風靡、前衛、過時、陳舊

手執一台蘋果手機，身體彷彿被打上了流行的聚光燈，隨手點按，全世界的資訊盡匯於我的掌心。

- 創新、首創、創舉、先進

隨著家庭電器的不斷創新，人類一方面得享便利，一方面也跟著怠懶成性。

- 便利、省時、快捷

晨起想喝杯溫牛奶，只要放入微波爐加熱，數秒間便熱氣蒸騰，快捷便利。

## 成語運用

- 日新月異：每天每月都有新的發展和進步。

生活在這個世代，日新月異，有著高度不安的變動感。

- 不合時宜：不適合時下的潮流、趨向。

一些不合時宜的設計，已逐漸被淘汰，取而代之的，則是更新穎的想法。

- 推陳出新：除去老舊的，創造出新的事物或方法。

數位相機每隔一季便推陳出新，更銳利的畫質，更細膩的畫素，誘引年輕人頻頻換機，養成喜新厭舊的習性。

學生作品

## 回憶的播放器——錄音機

廖則穎

　　這是一個寧靜的下午，爸爸拿出了一個蒙塵的箱子給我。打開箱子，我很驚喜的發現，裡面的東西都是我以前用過的。其中，有一樣東西令我最懷念，那是一個老舊的錄音機，裡面放著一捲錄音帶。裝上了電池，按下播放鍵後，我聽了我小時候的聲音。那甜軟的聲音，讓我想起小時候。

【段落】此段像是坐火車一樣，窗外美景一晃即逝，有點走馬看花之嘆。寫作應像步行，有時快走，有時則駐足嗟嘆。改寫範文取了兩個片段：一、灰塵散飛的畫面；二、按下錄音機聆聽的畫面。尤其畫面二，是本文主題，特地另起一段描寫。

　　記得以前，只要看到姐姐有什麼，我也都要。有一次看見姐姐在用一台錄音機學習英文，羨慕的我，就吵著跟爸爸要，爸爸就只好買一台新的給我。本來我只會用它來聽一些英文，或好聽的歌曲。後來在爸爸用心的指導下，我懂得怎麼錄音了。

【段落】此段過於口語。最後提及爸爸「用心指導」，不僅有些生硬死板，且爸爸教你學會錄音的用意何在？範文改成「自己玩出趣味來」，較為順暢。

　　一開始，我只是覺得錄音很有趣，不知道其中的道理，也不清楚爲什麼我會這麼做。我喜歡將自己、家人、同學的聲音保留下來。每當我錄完，我一定倒帶回去，聽聽看錄得怎樣。現在聽到這些

【疑問】若用「一開始……」的寫法，後面一定緊接「後來卻……」，來強調前後差別。此處卻略去這樣的轉折，遂變冗句，讓讀者有「既然你都不知道為何要錄音，我怎麼會知道」的感覺。

東西，我都覺得很懷念呢！

【草率】感想只用「很懷念」三字帶過，怎能讓讀者有所呼應？

後來有一次，我想要將電視上的音樂錄下來，但我發現錄音機不見了。著急的我，到處尋找這個黑色方盒子的下落，卻都找不到。之後我也不敢跟爸爸提起，而隨著時光的流逝，我也漸漸的把它忘了。而如今它又回到了我的面前。

這個錄音機，將我那段時間的寶貴回憶都留了下來。今天就算我長大了，就算我忘了以前的生活，只要我一來聽這個錄音機，隨著那面的聲音，我彷彿回到了以前。將它收到我的櫃子裡，好奇的我繼續尋找箱子裡有趣的物品。

【疑問】錄音應只有片段，怎能完整保留昔日的寶貴回憶呢？

【結尾】結尾沒有針對該物抒感，反而又再強調「盒內物品有趣」，怪哉！

## 總評

- 敘述口語化。如：「只要看到姐姐有什麼，我也都要」、「我一定倒帶回去，看看錄得怎樣」……
- 感想淺薄。如「讓我想起小時候」、「我都覺得很懷念呢」、「我彷彿回到了以前」……

## 老師改寫

【修辭】用排比方式，點出自己錄了哪些聲音，以及聆聽時的感受。

### 留聲——錄音機

這是一個寧靜的午後，父親交給我一個陳舊的箱子。打開箱子，盒蓋上的灰塵，四處散飛，懸浮在空氣中。我翻找箱子裡面的雜物，發現那都是幼年使用過的東西。其中，有樣東西令我最懷念，那是一個老舊的錄音機。

機器裡仍放著一捲錄音帶，我將它裝上電池，按下播放鍵，中央的軸心緩緩轉動，磁帶滑過機件，喇叭響起了甜軟的童音，那是我小時候唱著兒歌的聲音，從遙遠的時光彼端傳來。

記得小二的時候，爸爸送了姐姐一台嶄新的錄音機，小巧玲瓏，可以隨時隨地當她學習英文的臂助。當時我十分羨慕，也央求爸爸給我買一台，癡纏了好些天，爸爸才點頭答應。剛拿到的我，興奮異常。常用它來聽一些英文錄音帶，或坊間的流行歌曲。後來更著迷錄音功能的趣味，愛不釋手。

我喜歡收存清晨的鳥音，空靈清新，能驅散囤積體內的疲憊；

【仿句】本想……，卻……

我喜歡典藏呼嘯的風聲，狂放自由，能鬆綁身上課業的桎梏。我更喜歡錄記課後同學間的歡聲笑語、與家人的瑣碎交談，然後在夜闌人靜之時，反覆聆聽。彷彿竊取了聲音以及時光，那些我們無力挽留的物事，就足以撫慰內心微微的憾恨。

【仿句】彷彿……，就足以……

後來興頭過了，就比較少接觸它了。有一次，本想用它錄下電視上的音樂，卻一直苦尋不著它的身影，事後自然不敢向父親探詢。於是隨著時光的流逝，我也逐漸遺忘它的存在，只模糊的記得，自己的身邊，曾有個美好親切的陪伴。

如今，它又完好如昔的回到我的面前，匣中帶子，妥貼收藏我稚嫩的聲線。我想，雖然它的款式不再新穎，卻將成爲我往後生命裡，最值得珍視的寶盒，能帶領我逆溯時光，溫習舊憶。

## 仿句練習

❶ **彷彿**竊取了聲音以及時光，那些我們無力挽留的物事，**就足以**撫慰內心微微的憾恨。

❷ 有一次，**本想**用它錄下電視上的音樂，**卻**一直苦尋不著它的身影。

## 精選佳句

❶收到了這樣的簡訊：「我已經不喜歡你了。你是早已不喜歡我了的。」號碼很陌生。不知道對方是誰，我盯著那幾個字，覺得喉頭發緊。某個我愛或不愛的人，來此與我訣別了。但顯然是個我正在迴避的人，所以我不回撥。只把簡訊留著，偶爾看看，感覺著某種哀愁。（袁瓊瓊〈不喜歡〉）

❷十年前聽人說帶了手機就如同戴了狗鍊（而送戀人手機就等於給他戴上狗鍊），大家都莞爾，也都斥絕手機。（紀大偉〈手機〉）

❸我買了第一捲錄音帶，張艾嘉的《最愛》，聽過一遍又一遍，聽到磁帶滑過磁頭，發出沙沙沙的雜音；自以為能懂而其實不太懂得那些都會女子的心事，……還是鸚鵡學舌般地跟著唱，哼哼唱唱之間，王菲來了，然後，莫文蔚來了，張惠妹來了，孫燕姿來了……永遠不愁沒有情歌可以唱。（王盛弘〈閣樓上的張艾嘉〉）

❹陽光來訪的午後，我和朋友相約在書店咖啡館，修改他的長篇小說。手提電腦像布景，為我們攤開一個虛擬世界，在電腦螢幕背後則是另一個眞實人生。然而虛擬所需啓動的誠實並不比現實生活來得少，更多時候，我們透過書寫修改自己並不滿意的現況、投注遙遠想像、拉扯荒謬結局，只為了讓一切更航近自己的一廂情願。（孫梓評〈我的手提城市〉）

❺我喜歡看著冷氣下懸著的溫度計標示著「33」，然而還是不感覺到需要開冷氣。我想冷氣所附的溫度計應該天生就是不值得信任的傢伙，它一定有虛報溫度的傾向，好欺騙我們按下冷氣開關。所以我矛盾地一方面不相信它，另一方面又引用它作為我得意的基礎。（張娟芬〈溫度〉）

## 相關類題

我理想中的電器用品

# 第四章

# 自然

◆ **天空**：仰望天空

◆ **大地**：擁抱大地

◆ **溪河**：那一條河

◆ **大海**：看海的時候

◆ **山林**：走入山中

◆ **氣候**：下雨天，真美

# 天空

## 仰望天空

### 說明

天無私覆，它一視同仁的給予萬物屏障，以日陽施贈光熱，以月亮映照黑暗。而它變化萬千的雲霓，亦給眾生無窮的想像與領悟。

蔚藍的它，給了我們想像飛翔的處所；遼遠的它，給了我們自由無縛的空間。我們不一定看過海洋，但絕對有仰望天空的經驗。

你已經有多久沒有看過天空了呢？請仔細尋索記憶中的天空印象，寫出你的所觀所感。

### 審題

- ☑ 我站立頂樓，看見歸巢的飛鳥，於天際滑翔
- ☐ 飛機上，我看見雲海翻騰，陽光灼爍。
  【說明】從飛機看雲海，應爲俯視。

**仰望** → **天空**

- ☐ 只寫藍天。
- ☑ 藍天、白雲、日月星辰都可入文。
  【說明】只寫藍天，文章顯得單薄。

### 問題&思考

❶ 一天當中，你喜歡哪個時段的天空？一年之中，你喜歡哪個季節的天空？你喜歡豔陽高照的晴空，抑或烏雲漫天的陰空？它們分別帶給你什麼感受？

❷ 而天空的日月星辰、雲虹鳥獸，哪一種物事的形體與姿態，最能引起你的興趣與遐思？

❸ 而過往的回憶裡頭，有哪一次的出遊或約會，對天空的印象格外深刻？

❹ 從這一次觀天的經驗，你有任何新的啟發或聯想嗎？像是重拾幼時拿星座圖的童趣、想起分別已久的觀星友人、失去像飛鳥般的自由……

### 立意

❶ 敘及與天空有關的記憶，如與好友觀天。

❷ 把天空的種種物事，連結相對的感想與道理。

- 太陽→施予溫暖。
- 星辰→暗中有光。
- 雲霓→變換、流浪。

❸ 仰望，兼有「崇拜」、「期待」、「賞玩」等意味；天空，兼有「遼闊」、「自由」之感。

# 聯想心智圖

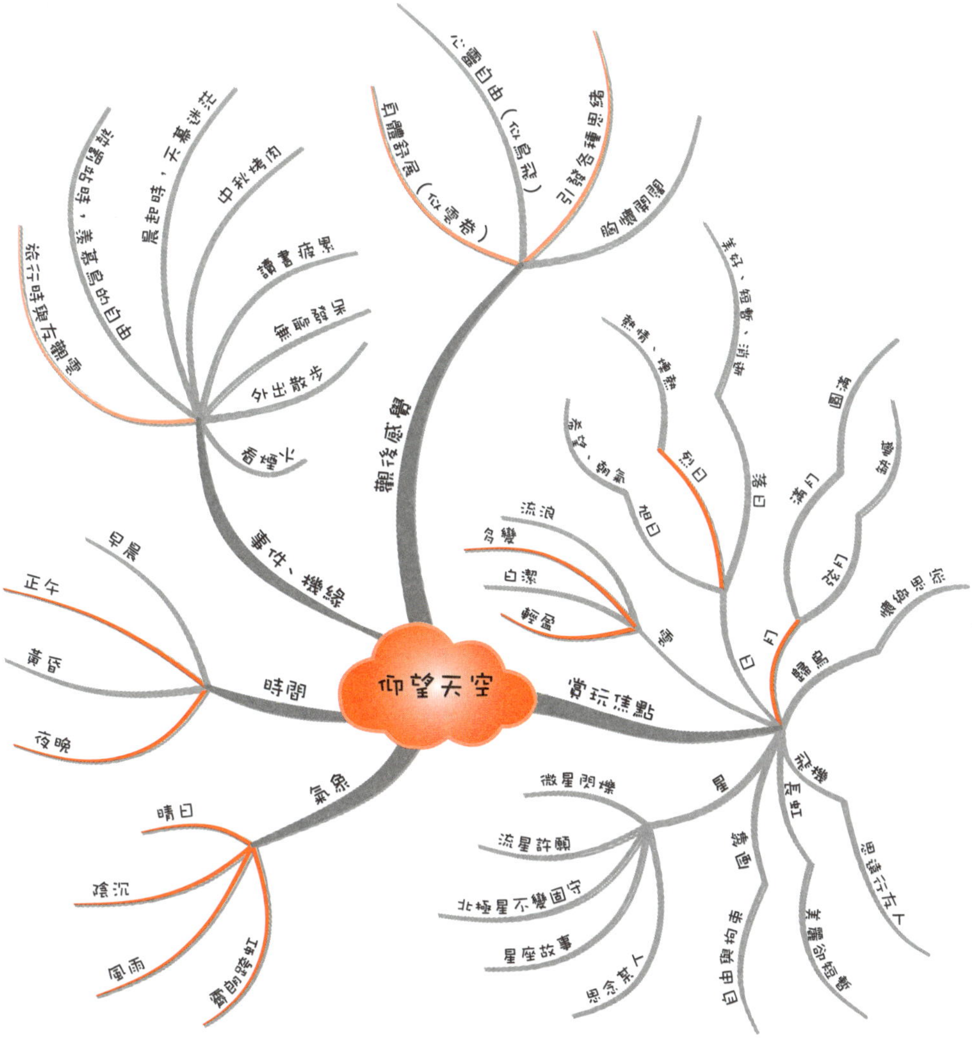


上色部份請參照P210教師範文

## 謀篇

**開頭：**敘述某次回憶，以寫景為主。（晴空）

**中段：**

- 敘述某次回憶，以抒情為主。（夜空）
- 人事聚散，如天空多變，以論說為主。（陰雨天空）

**結尾：**

- 天空的種種，皆能撫慰人心。（排比舉例）
- 天空恍如人生。

**叮嚀：**少寫客觀的景色，多寫主觀的景色。主觀，是發自你的內心，將情感投射於外物，才會有你個人獨具的視角。且寫景與抒情要兼具，關於天空的辭彙要足夠，描寫時才能游刃有餘。

## 教師範文

### 仰望天空

很難忘記，在台東鹿野所見到的那片天空。

晴空朗朗，一方蔚藍布幔輕盈的攤展，向四方延伸。綿柔的雲絮，縫綴其上，自有其百態萬形的變化。偶然有幾隻孤鷹飛掠而過，頗有居高傲視之慨。至於日光灼爍，讓天際物事，亦有了**晦亮**濃淡的變化。那個近午的晨日，我便仰臥在高臺的草坪上，看著一幅流動的風景。

我也記得與社團好友遠赴南橫埡口，抵達時，天色已昏黃。我們搭篷備寢，煮食填腹，火鍋的熱氣，**繾綣**不散，為我們抵禦冷寒。無事可做的我，便倚著石椅，遙看天空漸漸被黑暗所噬吞，只剩星星為我們掌燈。心有所感，便自顧自的唱起歌來：沒有月亮，沒有月亮的晚上，星星它好寂寞，就在這沒有月亮的晚上……

那是社團人人會唱的歌，詞調簡單，大家都習慣把它唱得輕快愉悅。果然，有人聽見了我的聲音，也跟著應和起來：喔，朋友！我好想你，就在這沒有月亮的晚上。

山高谷闊，我們的聲音顯得單薄。我回頭凝視身邊的友人，歡笑暢樂，只有我黯然明白，人難常聚，月難長圓，歌裡蘊藏的，其實是更深沉的落寞。

人生遇合，難以預料，天空又何嘗不是如此？晴天好日之際，偶有黑雲潛襲，暗挾雷鳴電火，轟隆低吼。緊接暴雨**颯然**降臨，慌亂中若尋不得廣廈安庇，也只能吟嘯且徐行了。

風雨交加的天空，更顯蠢動不安。被其籠覆的我們，縱然侷促難受，也無從抗拒這足以顛倒乾坤的力量。唯一的安慰，便是天晴雨霽之後，能目睹那一道美麗的七彩跨虹了。

伏存於地面的我們，似乎格外戀慕天空的種種：被生活困囚的人，渴望行雲的自由；沮喪失志的人，希冀從灼燦陽光中，重拾勇氣；遊子遙望明月，情繫故鄉；愛侶等候流星，許諾一生。彷彿每個人心裡的曲折，都能自天空獲得救贖。

我赫然驚覺，原來，天空涵納了悲喜苦樂，恍如人生。

**重要注釋**

❶晦亮：暗、亮。
❷繾綣：情意纏綿不忍分離的樣子。
❸颯然：猛然、突然。
❹侷促：不安適的樣子。
❺霽：雨後或霜雪過後轉晴。
❻希冀：希望得到。

## 詞彙鍛鍊

- 空闊、廣袤（ㄇㄠˋ）、無垠（ㄧㄣˊ）、蒼茫

↓ 這片無垠的蔚藍，直抵天涯，予人空闊舒坦之感。

- 皇天、天幕、長空、穹蒼、碧落、雲霄、霄漢

↓ 穹蒼圓渾如覆碗，庇祐萬民得以樂業安居。

- 映照、投射、朗照、輝映、傾瀉

↓ 雲絮在晚日的映照下，橙紅黃紫，眾色混陳，迷幻多姿。

- 烈日、驕陽、溶溶（暖和、潔白）

↓ 春日溶溶，將輝光遍灑於花木上，給予溫暖的撫觸。

- 皓月、嬋娟、月華（月光）、皎潔、朦朧

↓ 月華溶溶，傾瀉一地瑩白，似乎罩上一層朦朧輕白的紡紗。

- 星辰、星斗、河漢（銀河）、明滅

↓ 牛郎織女，面隔河漢，僅以閃爍星光相映，傾訴密語。

- 雲翳（ㄧˋ）、雲霓、山嵐、彤（ㄊㄨㄥˊ）雲、暮靄、縹緲、渺茫、蒼茫

↓ 練舞告一段落，我習慣靜觀天光雲影的變化。有時深覺雲霓輕盈如水袖，巧運柔勁，一揮便能伸延百丈，幅擺千里。

## 成語運用

- 白雲蒼狗：世事變幻無常。
  - 天空以白雲蒼狗的變幻，提醒我們禍福無常。
- 曉風殘月：黎明時，晨風吹來，月猶未落的景象。
  - 一夜未眠，我拖著被掏空的身軀來到庭院，聽曉風，觀殘月。
- 日薄西山：太陽已接近西山。比喻人事物接近衰亡。
  - 日落西山時，美雖美矣，卻常令人有「只是近黃昏」之嘆。
- 月光如水：形容月色皎潔柔和。
  - 月光如水，澄澈透明，自窗外緩緩流入，讓房間瑩亮生光。
- 月明星稀：月色皎潔，星光稀疏不明。
  - 今年中秋，月明星稀，我們就著月光，天寬地闊的聊起天來。
- 天朗氣清：風和日麗，天空晴朗，空氣清新。
  - 佇立在墾丁海邊，享受著天朗氣清的氣候，心情也隨之愉悅舒暢起來。
- 心曠神怡：心情開朗，精神愉悅。
  - 仰望雲堆，馳騁想像，不禁讓人心曠神怡，無憂無嘆。

小筆記

## 師生對照鏡

### 學生作品

# 仰望天空

王冠勛

這天，我陪爸媽出去散步，突然爸爸指向天空說：「咦！那是什麼？」我便抬頭看天，竟然出現了一顆笑臉，原來這就是最近新聞炒得沸沸揚揚的天文奇景，看著看著，有個疑問漸漸湧上我的心頭，我究竟多久沒有這般昂首觀天的動作了。

記得幾年前，外婆家的夜空，滿天星斗，就像撒滿了耀眼奪目的珍珠，一旁還有一顆又大又圓的銀幣，我邊看著眼前如畫般的景色，邊聽身旁外婆說著古代中國流傳有關天空的故事，偶爾還會出現一、兩顆流星，大家便會急忙許願。可見那時的天如此燦爛耀眼。

如今在燈火通明的都市中，①滿天星斗已不在，又大又圓的銀幣也變得朦朧不清，②沒有了星星的襯托，沒有了月亮的照映，天空只剩下一片黑，顯得十分單調，而街道上庸庸碌碌的人們，無一

【措詞】星星無法與笑臉產生聯想，說明不清。另，應用一「張」笑臉。

【修辭】仿用為人周知的課文經典句，不好，應自出機杼。

【疑問】許願跟「燦爛耀眼」毫無關聯性。

【重複】①②意涵重複。

【疑問】為何月亮會朦朧不清呢？原因未說明。

【疑問】月亮只是朦朧，又怎會沒有照映呢？改成「星星消隱，月光黯淡」

能停下腳步昂首看天，才未察覺過去那美麗的星空已不在。而我原本缺乏美的心，不能適時察覺天空之美，但在看見這個笑臉後我才領悟到，「處處都是美」，所以我在未來的每一天都要停下腳步，好好觀看天空之美。

【換句】而缺乏美感的我，

【換句】但在看見微笑的彎月星辰後，我才突然領悟，美好物事，俯拾即是。

### 總評

- 描述天空，應包括眾多狀況及物事：日、暮、夜、晴、雨、鳥、海天一色、日月星辰、雲朵變化。
- 本文單寫夜空，較爲單調，沒有層次變化。

## 老師改寫

### 仰望天空

某個夜晚，我伴隨父母出門散步，夜涼如水，幽深寧靜。突然，父親伸手一指，驚呼：「快！快看！」原來墨黑的天空中，由兩顆璀璨星辰還有一彎弦月，鑲成一個極爲燦爛的笑臉。我將頭後仰窺望，晚風拂掠過我的面龐，才驚覺這個昂首觀天的動作，數年難得一回。

【仿句】名詞＋形容詞

　　猶記多年前，在外婆家的那個暑假，我總是渴盼夜晚的到來。鄉村的夜晚，有著純粹的黑，有著自然淨潔的光亮，比起燈火輝煌的不夜城市，又多了點神祕氣氛。我喜歡拖著一張矮凳，到院子中間坐下，抬頭仰看黑雲翻湧，星子爍耀，月影含蘊生光。有時外婆還會坐在我旁邊，談起她年幼時，跟夜空有關的往事。她說：如果你能及時在流星消逝前，許下心願，那麼美夢便會成真。我沒有追問外婆這傳說的真實性，只記得她在敘述這件回憶時，臉上閃動著少女般的欣悅。

【仿句】……在……，臉上……

　　而今我置身城市，刺眼的霓虹招牌，讓星星變得黯淡，各種機具所排放的烏黑廢氣，也讓月亮的光采歛息。而街道上的人啊，也未曾停下腳步仔細觀天，無人驚覺往昔的美麗星空已消逝空無。

【仿句】用映襯做出強烈對比：……，讓……變得……

　　遲鈍如我，也從不曾用心體察身邊景物的美好。直至今夜，這樣靜好的夜色提醒了我，記得放慢腳步，探掘生活的驚喜，品嚐生活的況味。

## 仿句練習

❶○○□□，○○□□，○○□□□□。（黑雲翻湧，星子爍耀，月影含蘊生光。）

❷她在敘述這件回憶時，臉上閃動著少女般的欣悅。

❸刺眼的霓虹招牌，讓星星變得黯淡。

## 精選佳句

❶春天的雲要輕得像白鳥，那飄搖的身影，是閒逸、融合而舒暢的；夏天的雲要重得像山峰，那圖案恆常是陰鬱、濃重、靉（ㄞˋ）靆（ㄉㄞˋ）而沒有定狀的；秋天的雲要淺得像淺淺霏霏的浪花，愈是淺淡，愈顯得廓靜而清明；冬天的雲要像一堆潑墨，黯得整個天地在玄冥之中，昏寒而深灰。（黃永武〈賞雲〉）

❷雲流動的方向有時並不一致，橫逆交錯翻滾襲捲，難以規範。（陳列〈八通關種種〉）

❸仰望遼闊的蒼空，藍天如洗，白雲蒼狗的變化，使人感受到光的所在、自由的標誌和一種解脫的逍遙。這一切的舒坦，祇爲曾經探索過白雲的故鄉。（王玉佩〈佇足〉）

❹但這裡的雲倒是千變萬化：忽而凄翳翻墨，忽而霓霞彩光，在難以估算的厚度與高度中交疊，開展奇妙無比的圖畫文章。（焦元溥〈藏雲筆記〉）

## 相關類題

旭日的聯想／仰觀天空樂趣多／不一樣的天空／窗（教室）外有藍天／我是一朵雲／坐看雲起時／彩虹的聯想／月光／星星的故鄉／面對陽光

# 大地

## 擁抱大地

### 說明

大地是萬物之母，生養萬物，周載整個世界。但在過度的開發下，道路鋪上了柏油，田地矗起了水泥屋舍，我們幾乎遺忘了，芳香的泥土氣味，以及踩踏在柔軟土地上的觸感。

褪下鞋襪吧！走向廣袤（ㄇㄠˋ）的大地，歌頌它的賜與，感恩它的保護。請同學以**「擁抱大地」**爲題，抒發對我們腳下的這塊泥土地的情感。

### 審題

☑ 我走向田野，盎然的綠意將我包圍，每一植株都充滿生機。

☐ 我趴在地面，感覺環抱住整個大地，並且深深的給它一吻。

**擁抱**　【說明】此處的擁抱，絕非具體的「抱」，應爲抽象的「親近」之意

**大地**

☐ 主角應爲「柏油路」、「水泥地」。

☑ 主角應爲「土地」。

### 問題&思考

❶ 你覺得土地對人類的意義爲何？像是生產莊稼、故鄉、安身立命……

❷ 你覺得人類對於土地的態度爲何？如：生產、親近、感恩、資產、占有、予取予求……

❸ 你有多久沒有親近土地的經驗了？包含下田務農、果園採果、泥地嬉戲……

❹ 你喜歡親近土地的原因爲何？

❺ 土地與人的生活息息相關，你認爲我們今後該如何看待它？還是你心裡有些話，想要對它傾訴呢？

### 立意

❶ 偏向記敘：敘述一次親近土地的機會，並衍伸出：樂活、感恩、愉悅等感受。

❷ 偏向說理：「大地孕生萬物」、「人類貪心掠奪」。

# 聯想心智圖

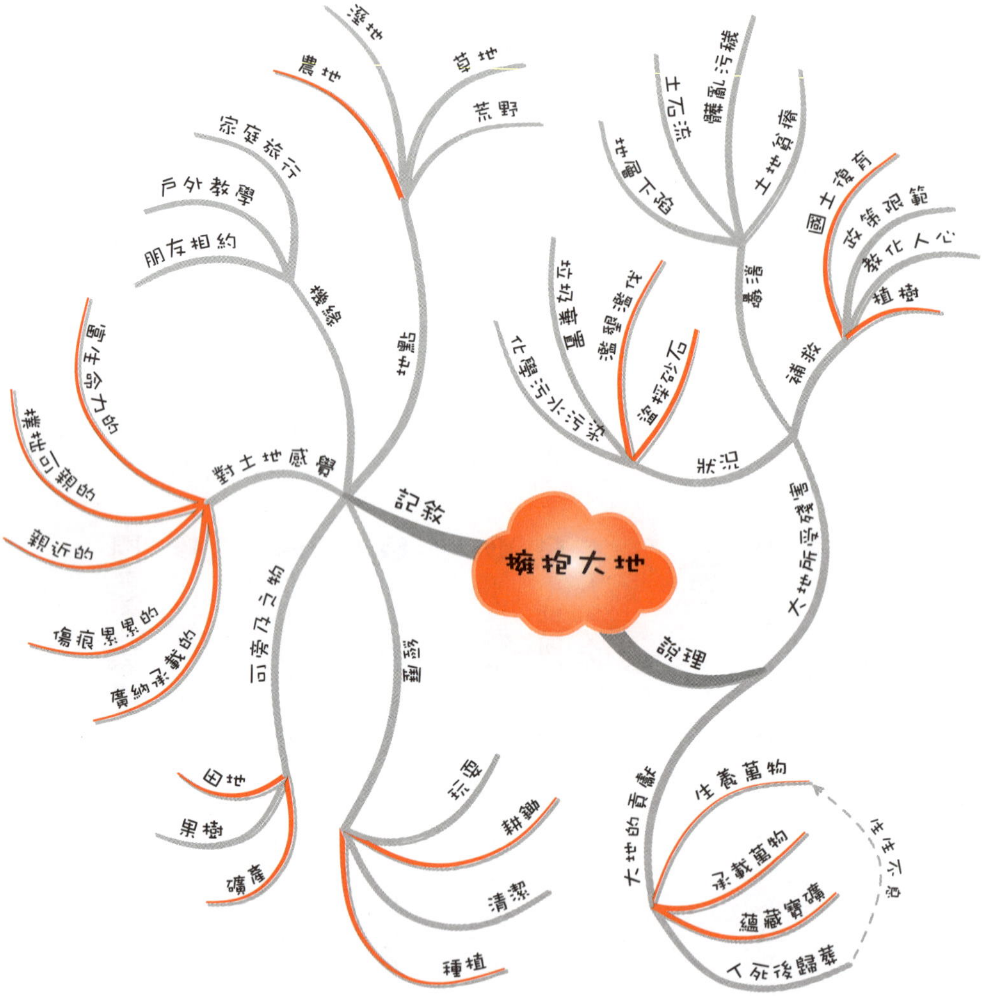


上色部份請參照P219教師範文

## 謀篇

**開頭：**以敘事作開頭。

➡途經田地，聞到氣味。

**中段：**以「土地供給人類」、「人類戕傷土地」作爲映襯對比。

➡土地供給人類：物產、居所。

➡人類戕傷土地：濫墾、濫伐、浮濫開發。

**結尾：**多數人仍有良知，力挽狂瀾。

**叮嚀：**嘗試以對話、書信形式的「第二人稱」行文，有助於抒發情感，別出新意。

## 教師範文

### 擁抱大地

行車途經秧田，一股陌生且熟悉的氣息襲來，青苗芳香，土味濁濃，當我大口嗅聞之後，**撩撥**起心裡，想要親近你的渴望。

相較於天空的陰晴不定，你的沉穩平凡，即成人群最需索的依賴。綠樹因爲著附深壤，得以植根成蔭；瓜藤因爲吸吮養料，得以垂實纍纍。四季輪迴，**遞嬗**，你給予不同節候的**莊稼**，豐沛盈滿，從不使我們匱乏。

你也獻出體膚，任由我們安居拓殖。先是伐木砍竹，搭築屋寮；然後翻掘沃壤，墾荒闢田；或者**濱**河垂釣，撈捕鮮味。這樣的犧牲，你甘之若飴，如同母親乳養幼孩，不求任何回報。

我們在你的懷抱中，逐漸長成，但貪婪與掠奪，亦漸漸被**豢養**萌生。

有人運來水泥，鋪覆住你生機勃勃的肉體，只爲了建蓋豪墅；有人利用機器載具，深鑽探研，企圖強占你護藏千年的原礦；甚至是濫取河床溪石，使你的命泉枯竭。

龐大的利益，使少數人忘記了昔時在你懷中，怎樣被呵護關愛的了。

但大多數人，仍不曾遺忘你的厚愛。我們畫定保護範圍，讓你得以休養生息；我們植樹育土，希望爲你傾注精魂；我們停用任何高汙染的物事，只求停止對你的**戕傷**。

我祈求在數十年之後，還能找到一塊廣闊的泥地，可以赤足打滾，重拾童趣。盎然綠意依然披覆在平原山嶺，蜿蜒流水仍舊潺潺。

此時此刻，在你遍體鱗傷之後，我們願意用擁抱來療癒你的苦痛，就如同你在人類一無所有之時，用擁抱來輸贈我們豐厚的能量。

**重要注釋**

❶撩撥：挑逗、引誘。
❷遞嬗：嬗，轉換。遞嬗指交替轉換。
❸莊稼：農作物的總稱。
❹濱：水邊。臨近、接近。
❺豢養：飼養。
❻戕傷：殺害、傷害。

## 詞彙鍛鍊

• 肥沃、豐饒、膏腴、沃壤

➜ 豐饒的土地孕生出許多作物，供給我們吃食，生命才得以續存綿延。

• 荒瘠、磽（ㄑㄧㄠ）薄（堅硬不肥沃）、不毛

➜ 父親過世後，他只分到了一片荒瘠的土地，但他毫不在意，想方設法來改善土質，希望等到下一季的豐收。

• 平疇（ㄔㄡˊ）、后土、大荒、平蕪、曠野、綠野、草坪

➜ 平蕪闊遠，曠野漫廣，我立身於其中，只覺己身之卑微，又何爭於世呢？

• 迢迢、迢遞、遼遠、邈遠、咫尺（近）

➜ 路迢水遙，他耗盡氣力，四處尋找音訊已斷的友人，卻不知近在咫尺的他，特意隱蔽行蹤，不願相見。

## 成語運用

• 沃野千里：形容土地肥美，面積廣大。

➜ 此地沃野千里，難怪有許多君主都想染指，興兵奪占。

• 鍾靈毓秀：形容能造育傑出人才的環境。

➜ 這些文人苦學有成，活躍於文壇，人們談起他們的故里，都說是一處鍾靈毓秀之地。

• 不毛之地：荒涼貧瘠、不生草木的土地。

➜ 歷經過度的開墾，此地的養分已耗竭殆盡，無論栽種何物，盡皆不毛，只見灰沙漫天，讓人無法睜眼。

• 草長鶯飛：形容暮春三月的景色。

➜ 我多想回返故鄉，重溫那鶯飛草長的景致，然後可以大聲呼告：這世界多麼美好。

- 莽莽蒼蒼：郊野蒼茫廣大的景色。

  踏上長城，向北遠眺，綠野平疇，莽莽蒼蒼。

- 剩水殘山：形容山水景物的凋枯。

  歷經多次戰亂，此處原是安寧靜謐的風景地，如今只存殘山剩水，罕有人煙。

- 地坼（ㄔㄜˋ）山摧：山岳崩塌，大地裂開。

  我永遠難以忘記，多年前的那次搖撼，地坼山摧，死傷無數，璀璨的星光也盡皆沉滅。

- 滿目瘡痍：映入眼中的都是殘破不堪的悲涼景象。

  颱風過後，漫漶的積水也逐漸退去，車毀屋亂，整個城市瘡痍滿目。

小筆記

## 師生對照鏡

### 學生作品

# 擁抱大地

廖則穎

在這個每天人來人往、車水馬龍的城市裡，我像一個失根的花朵，很想再次投入大地的懷抱。而只要有這個機會，我一定不會放過。

記得有一次，媽媽帶我回去外婆家。在路上，媽媽跟我說：「小時候，家的旁邊都有一片片的金黃色稻田。而我也常跟姐妹們在那青綠色的草原上遊玩。有清澈的河流，有古老的房屋……」說著說著，不知不覺，我回到了外婆家，那裡的景色，就跟媽媽說的一樣。而興奮的我，騎著腳踏車，準備去欣賞這大地的美。

踩著腳踏板，微風輕觸我的臉。而湛藍的天空、新鮮的空氣，讓我輕鬆自在。突然，眼前一片碧草如茵，而我停下了腳踏車，開始欣賞這一望無垠的田野。嫩青青的禾苗，像綠絨絨的地毯似的，整齊的鋪蓋在黃褐色的泥土上。我想這是大地送給我們的禮物，沒

> 【換句】家被金黃色的稻田簇擁包圍。

> 【疑問】草原、河流跟古老房屋，這樣的景物似乎不太協調。

> 【修辭】此處譬喻不錯，且有抽換詞彙，避免重複。

> 【措詞】花朵非「一個」

> 【疑問】此句為肯定語氣，適合放在結論。此處應改成假設語氣：如果有親近土地的機會，我定會把握珍惜，奔赴邀約。

> 【說明】此句拓展為改寫的第三段，可呼應第二段母親的敘述

> 【段落】去外婆家、母親說話、騎車，三件事情的敘述節奏太快。

> 【措詞】碧草如茵用來形容稻田，不甚恰當。

有它，誰也無法生存下去。當然，這也是農夫們最愛護的東西，像自己親生小孩一樣。拿出了相機，爲這美好的禮物留下了剪影後，我牽著腳踏車，往附近的果園前進。

進了果園，我第一眼看到的是一群麻雀在地上吱吱喳喳的啄食著地上的果子。而這裡的樹，有的高、有的低，每一棵樹上的果實都不一樣，而我看到一顆紅潤的蘋果，高掛樹上。我小心翼翼的爬了上去，一步接一步，終於摘到了蘋果。下來之後，我坐在樹蔭下，吃著這顆微酸的蘋果，看著麻雀們跳來跳去，心情自然的更加快樂。

聞到了泥土的香氣，感覺到了蘋果樹的生命，我感謝大地孕育萬物。今天如果沒有它，就不會有我們。擁抱大地，就等於擁抱自己的生命。

【換句】像親生的小孩一樣。

【措詞】兩個地上，重複地點描述。

【措詞】用高掛「枝」上，用詞更為精準。

【疑問】偷摘果實，招惹爭議。如須避免，必先說：路旁野生的果樹……

【疑問】萬物生命根源土地，但人類只是仰賴土地，怎會沒有它就沒有我們呢？應改成「我感謝大地孕育萬物，使我們賴以生存。」

**總評**

- 段落分明。唯敘事流暢、詞藻優美的部分，仍需加強。

【說明】前段母親之言，由外婆家敘述到溪流。後段所見，則由溪流到外婆家，相互呼應。

老師改寫

## 擁抱大地

在這個人來人往、車水馬龍的城市裡，我像一朵失根的花，飄飛在漫天的塵埃中，無所憑依，渴慕自然的我，極想再次投入大地的懷抱。

【仿句】我像……

那是母親第一次帶我回外婆家，一個位在田尾的小村莊，母親牽著我，走在田間小路上。我還記得平日常現倦容的母親，此刻卻充滿神采，開心的敘說著：「那時候，外婆家被金黃色的稻田簇擁包圍，每天清晨，總是讓那清淡的稻穗香給喚醒的。」媽媽接著說：「穿越田園，便是一處遼闊的大草原。我常和你們阿姨在那上面玩耍打滾，玩累了，就到一旁清澈的小溪去沖涼……」

【仿句】我還記得平日……此刻卻……

我的腦海，隨著母親的細述，不斷構築外婆家的美麗景致。果然，當我看到溪流、草原、田野，以及嗅聞到浮動在空氣中的稻香時，我便意識到，眼前那一幢三合院落定是外婆家了。

興奮的我，與等候我們多時的外婆寒暄一番，便迫不及待的借

【段落】此段具有承上啓下的銜接作用。

了一輛腳踏車，準備前去親近這塊久違的土地。

踩著腳踏板，微風輕觸臉龐。我看著遠方的天空，一片無垠無涯的藍，我大口呼吸著混著草香的空氣，那樣的氣味，令我格外自在。我停下了腳踏車，隨意欣賞這一望無際的田野。嫩青的禾苗，像綠絨絨的地毯似的，整齊的鋪蓋在黃褐色的泥土上。我想這是大地賜予人們的禮物吧！倘若沒有了它，我們將無以爲生。當然，這也是農夫們最呵護備至的珍寶，日日細心耕栽。我拿出相機，攝下了這美麗的農村一景，便再度跨上腳踏車，往附近的果園騎去。

進了果園，第一眼就看見一群麻雀吱吱喳喳的啄食著地上四散的果子，牠們也彷彿驚覺了我的到來，揮翅一振，便飛逃而去。這裡的樹，高低參差錯落，每一排樹群上的果實也各有異同。循著香味，我來到一株蘋果樹前，吃過蘋果，也喝過蘋果汁的我，卻未曾看過它最原始的樣貌。此刻，鮮紅欲滴的蘋果垂綴枝頭，讓我忍不住直盯著它瞧。一旁的阿伯發現了我，好客的隨手摘下一顆送我，自豪的說：「沒噴農藥，免洗就可以吃。」我啃食著這顆微酸的蘋

【說明】加上對話，敘事更顯生動。

果，走在濃密的樹蔭下，炎熱的陽光被阻絕在外，愉快自在的我，**索性褪去鞋襪，赤足踏在鬆軟的泥土地上**。然後，唱起歌來。

　聞到了泥土的香氣，也感覺到了這些農作物蓬勃的生命，我感謝陽光小雨滋養大地，我感謝大地孕育萬物，我不再是一朵失根的花，在這個夏日擁抱著這片土地，植根於此。

【說明】此句的安排，可以銜接起後段，並呼應首段的失根。

## 仿句練習

❶ **我像**一朵失根的花，飄飛在漫天的塵埃中。

❷ **我還記得平日**常現倦容的母親，**此刻卻**充滿神采。

## 精選佳句

❶ 因爲是自己的土地，因爲是自己的天空，因爲不是觀光客，所以地動天搖的時候，心情無論如何驚懼，仍然拿腳跟踩住這塊地，仍然用頭顱頂著這片天。（張曉風〈搖動過，仍然是我的土地〉）

❷ 據說，古時的地字，是用兩個土字爲基本結構，而土字寫作。猛一看，忍不住怦然心跳，差不多覺得倉頡造了個「有聲音效果的字」，彷彿間只見宇宙洪荒，天地濛涌，一片又小又翠的葉子中氣十足的，迸的一聲竄出地面，人類嚇了一跳，從此知道什麼叫土地。（張曉風〈地篇〉）

❸長年生長於斯土，耕作於斯土，許許多多生命體驗、生活記憶，緊密地牽繫著不斷加深的鄉土情愫。（吳晟〈溪浦良田〉）

❹如果在人生的旅途上有高山也有坦原，我們最徬徨的時候應該是在坦原而不是在高山。因爲當眼前橫著高山的時候，我們只想到如何攀越，但是當坦原展現在面前，卻往往不知道該選擇哪個方向了。（劉墉〈高山與坦原〉）

❺泥土翻鬆的時候看起來是軟軟的，鬆弛的，但是泥土也可以變成鐵鑄一般堅實。大地，從亙古以來承受了一切的命運，也創造了命運。（曹賜固〈大地之歌〉）

❻那日多雲時晴，泥土仍帶有前一日雨後的濕鬆。朋友慷慨地準備好幾株種苗，我們彎身將土鋤出一個小洞，取出樹苗，植入，抹平土壤，一棵樹便在那裡開始了它的人生。……晴耕雨讀，是朋友準備了十年的夢想。儘管遠遠望去，整片山坡猶是甫以小怪手整過的模樣，在他聲音的勾勒中，我彷彿已看見，當四季更迭，樹與果與花，會如何轉述土地的私語，成爲禮物。（孫梓評〈晴耕〉）

❼凋零的枯葉、花瓣，循著自然法則而殞落的飛行昆蟲，我都一視同仁，將他們埋入鬆鬆軟軟的泥土中，下次，我再翻土換種的時候，他們都以溫潤的泥土面容混在泥土裡，我已無法辨識。……我在花圃間翻攪著泥土，想著生命中可能的奇遇。泥土長新，是不是因爲有著眾多的生命參與其中？歲月長新，是不是因爲眾多的生命出入其間？（蕭蕭〈土地長新〉）

**相關類題**

泥土／把綠色還給大地

# 溪河

## 那一條河

### 說明

每個人都曾有這樣一條河流，蜿蜒過我們的生命。

可能是童稚時，故鄉那條沁涼的河，可以吆喝兄弟姐妹前往，降溫去暑；或是長大後，某條清澈的河，可以與友伴在此嬉鬧，笑聲盈盈。

你最喜歡記憶中的哪一條川流呢？在河床底下，又沉墜了多少的回憶呢？請以**「那一條河」**為題，描摹河景，細敘往事。

### 審題

**那一條河**

☐ 北部的淡水河、南部的愛河，皆令我嚮往。

☑ 到中國旅遊時，長江的婉妙的身影，令我魂牽夢縈。

☐ 颱風過境，家門前的溝水便會盈溢，洶湧成河。

☑ 河水潺潺流著，像台樂聲不斷的收音機。

【說明】應偏向自然溪河，而非人工溝渠。

### 問題&思考

❶ 你最有印象的河？你最喜歡的河？對你最有意義的河？

❷ 在河域的附近，曾經發生過哪些深刻的回憶呢？

❸ 那一條河的優美之處何在？

❹ 如今，溪河還在流淌或乾涸了？還跟你記憶中一樣美好嗎？

### 立意

❶ 河水可以代表童年、青春、某一地域的回憶。

❷ 河水也可帶出環保議題。

❸ 河水也可以純粹書寫風景之美、戲水之樂。

# 聯想心智圖

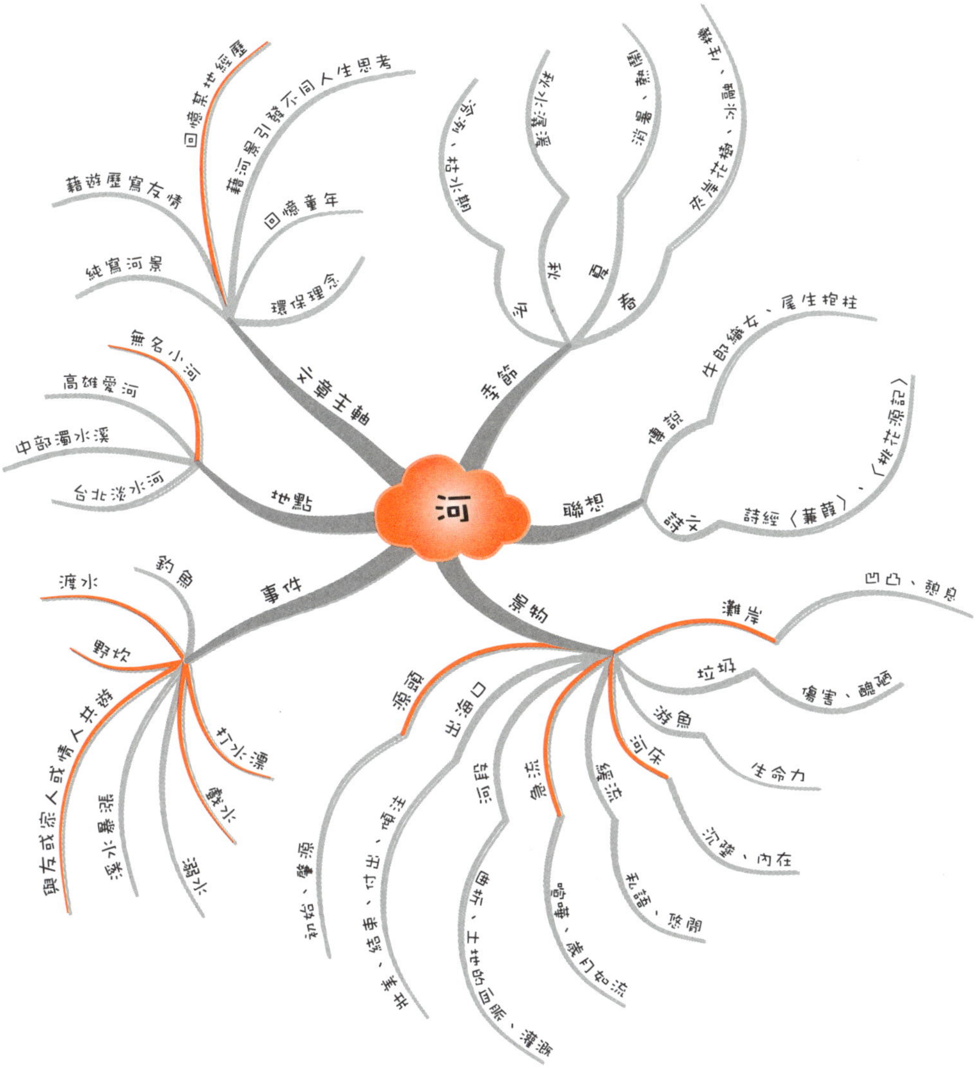


上色部份請參照P230教師範文

## 謀篇

**開頭：**剛至某地的情形，隨即被河水吸引。

**中段：**寫出在河岸旁發生的故事。

➊走在碎石河濱→過河（帶出友情）→野炊→打水漂→溯至溪源。

**結尾：**昔日舊地已面目全非，無由追憶。

**叮嚀：**感想必得有具體意義，如：「過往的美好已消逝」、「河水生態的豐富，極具價值」、「過度開發河岸地，會引起自然反撲」。千萬不可浮泛的寫：「河水很美」、「我一定要再回來這裡」。

## 教師範文

### 那一條河

第一次露營，便來到群山環抱的來義，手機在這裡便收不到訊號了，十足與世隔絕的世外桃源。但吸引我目光的，不是鬱綠的**疊嶂層巒**，反而是一條**橫亙**其中的溪流。好久沒瞧見如此清澈的流水了，還有一群翅如薄紙的鷺鷥，於其上盤旋飛翔。

我們於是前往親近，在翌日的追蹤旅行。穿越樹林，走下河谷，我們聽見水聲開始淙淙。河灘地鋪滿大小不一的鵝卵石，烈日如火，將之燒烤燙灼，我們踮起腳尖，以一種跳躍的姿態前進，來到一處清淺的河灣，才停步歇止。

「過河吧！」學長指示大家，牽執雙手，揭衣欲渡。他伸出右腳，試探性的量度（ㄉㄨㄛˋ）水深後，才放心引領隊伍入河。走在中間的我，雙足一涉溪水，便覺清涼徹骨，潺潺流水拍打著腿肚，如同深度的指壓按摩，舒服快意。河床的溪石，有些滿佈青苔，觸足溜滑，讓人無法穩站，所幸，前後都有友伴，扶持相攙，一行人終於安然抵岸。

折騰了一會兒，已是近午時分，我們遂於河濱搭灶野炊。學姊指導我們，用鵝卵石架疊成灶，再去山壁底處，撿拾枯柴生火，最後將食材放入鋼杯中，置於石灶凹處燒煮，不一會兒，便香味撲鼻了。

用完午膳，大家吆喝到河旁打水漂。扁平渾圓的石片，只要投擲力道角度，拿捏得當，便能輕盈的在溪面點水飛行。可惜我試了好幾次，每次都像是斷翼的蜻蜓，一碰水面，就沉墜溪底，不免有些悵然。

將石灶滅跡後，我們續往源流尋去，緣溪行，忘路之遠近，忽見巨岩隙間，噴湧水泉，轟隆震響。我們索性褪去衣褲衝進溪裡，揚波戲水，樂此不疲。然而，這都是好多年前的事了。

直至昨日，看見新聞上被土石淹沒的來義，我才想起那河，想起那年被濕透的青春。早些年，本想回返舊地追憶往事，如今卻已**惘然**無據，徒留遺憾。

**重要注釋**

❶疊嶂層巒：山峰重疊，連綿不斷。

❷橫亙：綿延橫列。

❸惘然：模糊不清的樣子。

## 詞彙鍛鍊

- 一泓、一股、一條、一彎、一道、如練、如帶

一彎河流，自樹林蜿蜒而出，直抵海洋。

- 江渚、江濱、江湖、江流、江潭、江畔、橫江、江陵、春江

我期待能居於江畔水濱，俯瞰那精采紛呈的波面，有日曦，有夕照，有月映，有星爍。時光流轉，盡在其中。

- 河灘、河沿、河系、河川、河岸、河口、河床、河堤、河道

我喜歡沿著河道，徐行慢走，領受水的清涼與喧嘩。

- 溪澗、山澗、深澗、澗溝、水澗

朋友領我深入谷壑，投身浸入山澗野溪，一洗溽暑的燥悶。

- 溪壑、溪谷、清溪、碧溪、淺溪、溪畔、春溪

春溪絕美，流水淺澈魚游，岸沿漫長綠草鮮花，引人迷醉。

- 激流、湍流、巨流、洪流、暗流、急流、支流、細流

有人告訴我，此河激流暗伏，稍一不慎，便有滅頂之危。

- 白練、飛瀑、銀瀑、水簾、直下、垂掛、直瀉、倒懸、飛濺

懸在山壁上的飛瀑，沖激直下，霹靂轟隆，有千軍萬馬之勢。

- 奔泉、清泉、流泉、山泉

走累的時候，我喜歡盈掬山泉，俯身啜飲，澄澈的水中，竟有甘甜的香味。

• 涓涓、泠泠、淙淙、汩汩、潺潺、滔滔、沖擊、奔騰、奔流、洶湧、咆哮、嘶鳴、湍急、爭流、翻湧、浩蕩、流淌、嗚咽

⇩ 源流處，淺稀的清水自石縫汩汩滲出，匯聚積累，加上山勢起伏，上游溪河湍急翻湧，往低處奔流。進入平地後，緩慢流淌，漸聞水聲潺潺，直至出海處，才復見滔滔河水，於此爭競嘶鳴，奔騰入洋。

• 濁浪、如鏡、粼粼（水流清澈）、清澈、見底、乾涸

⇩ 川流如鏡，清澈見底，女孩臨水自照，顧影神傷。

## 成語運用

• 百川歸海：本指眾多河川流入大海之中。

⇩ 河系眾多，源流各異，但百川終須歸海，恆常不變。

• 驚濤裂岸：洶湧的江水拍擊著岸沿。

⇩ 夏季水豐，江河洶湧，裂岸驚濤，聲勢豪壯。

• 浩浩湯湯：水勢盛大壯闊的樣子。

⇩ 此河洶湧翻騰，浩浩湯湯的往東奔流，以一種壯士的姿態。

• 枕流漱石：形容高潔之士的隱居生活。

⇩ 河際水湄，瀰漫著空靈的氛圍，曾有人受之感染，便枕著溪石聽起歌吟，掬起清泉飲入沁涼。我不驚訝嘆，多麼美好的生活啊！

## 小筆記

師生對照鏡

學生作品

## 那一條河

陳宣維

我的雙手，將相簿一頁頁的翻了過去，散落在腦中那張童年回憶的拼圖，一片片的拼了起來，頓時，我被一張照片吸引過去，我似乎回到了當時。

那時，正是一個炎熱的暑假，我與當時的隊長整裝出發，準備到河邊玩水與抓魚。在到達目的地的車程中，坐在車上的我，正因這是我第一次到河邊，所以我不斷的想像著河的形象，是清澈的？還是骯髒的？是寬大的？還是細小的？我越猜越興奮，恨不得馬上到達。

經過了一個多小時的路程，終於到了河邊，從窗外望出的景色，正如我想像的細長，我便趕緊下了車，頃刻，聽到了那潺潺的水流聲，在我耳中迴繞不已，看到了清澈的河水，就像是一面反射鏡，照映出了我和湛藍的天空，它也像是一面透視鏡，透過它，看到

【刪改】何謂「在到達目的地的車程中」？改成「前往小河的路程上」

【疑問】隊長是誰？

【段落】若是描寫「戲水之樂」，應該要把快樂的感覺，徹底表達。但此段似無著墨於此。

了一條條的魚兒在水中悠游著，我便捲起袖子，伸手下去抓，此時，孩童的嬉鬧聲在空氣中流動著，大地似乎也跟著玩了起來。

【疑問】何謂「大地玩了起來」？

快樂的時間總是過得特別快，經過一番折騰之後，這時便是回家的時候了，我便拿了一個小而堅固的罐子，取了一點河水裝了進去，才向那河道別。

【疑問】裝水做啥？此處動作太矯情。

放下了相簿，我到了櫃子裡拿出那瓶早已蒙上一層灰的罐子，雖然罐子裡的河水早已乾涸，但，我的回憶是亙古的。

【換句】回憶卻能永存。

**總評**

● 若是描寫「記憶中的河流」，須帶入「今昔之感」，更有深度。

## 老師改寫

### 那一條河

【開頭】以「那……」開頭

那夜，我翻看著一本厚重的相簿，裡頭放滿我年幼時期的照片，紛紛雜雜。照片像是一塊塊散落的時光拼圖，在重新覽閱的同時，我們也順帶拼湊收整不成片段的回憶。突然，我的眼光落在一張以河水作背景的相片，月光溶溶，照映在相片上，瑩亮的光芒讓那

【仿句】每回……我便會……

條陳舊的、童年的河，開始流動，潺潺不止。

每回小學開始放暑假時，我便會聽見鄉下爺爺家的小河在呼喚我。第一次到小河玩，是表哥領著我去的，他說大熱天的，到河溪玩水抓魚最是痛快。小河離爺爺家約有五分鐘的路程，一路上我不斷揣想河水的樣貌：是清澈的？還是骯髒的？是寬大的？還是細小的？我們沿著山路下行，越走越陡，蓬雜的芒草也越高，視線被嚴重的遮蔽，但當我聽見澄亮的水聲時，我便知道抵達那裡了。

【仿句】我不斷揣想……：是○○的？還是○○的？是○○的？還是○○的？

河流比我想像的細長，也比我想像中清澈透明，載欣載奔的衝向它。當我的雙足踏入溪中時，河水的冰涼驅散了酷暑的炎熱，我和表哥褪下衣褲，擱置在岩石上，全身光溜溜的打起水仗來。整條河溪像是我們專屬的遊樂場，歡愉的笑聲和水流的輕響，迴盪在山間谷間。

上了國中之後，課業繁重，暑假也因爲補習、輔導課等因素，再也沒回鄉下了。某次，爺爺在電話中提及，小河不知什麼原因，在半年前枯竭了，只剩下裸石散陳的河床。

【解釋】散陳：散亂的陳列。

掛上電話後，感覺心裡有些地方被殘忍的割去。多年來，小河像是我的桃花源，是我能徹底拋開沉重升學壓力的地方，如今卻成陳跡。

【解釋】陳跡：過往的事物。

那夜，當我沉沉睡去，我又夢見了那條溪，長大的我在這頭，而童年的我，則在遙遠的那頭。

【說明】與首段末句相呼應。

## 仿句練習

❶ **每回**小學開始放暑假時，**我便會**聽見鄉下爺爺家的小河在呼喚我。

❷ **我不斷揣想**河水的樣貌：**是**清澈**的**？**還是**骯髒**的**？**是**寬大**的**？**還是**細小**的**？

## 精選佳句

❶ 河流是流動的刀，遙遠地自發源地出發之後，便一路靜靜地切割著不喊痛的陸地與城市。（孫梓評〈河流是流動的刀〉）

❷ 每當，行走在他國的河畔，風的體溫微涼，燈火在水上寫字，佇立橋畔，遠遠眺望著，發現一字一句都隨水流走，像一紙沒人讀懂或看見的旅人書簡，甚且也來不及緘封。（孫梓評〈河流是流動的刀〉）

❸ 心事像湧泉般湧出，經歷過不見天日的伏流時刻，黝暗地遇見了另一個人，倉皇地攜手陪伴前進，卻有那麼一刻，禁不起內心惶惶質疑，簌簌的緣分一旦遇熱，就要不牢靠地蒸發了，變成另一朵陌生的雲。（孫梓評〈河流是流動的刀〉）

❹沒有尼羅河的富饒肥腴，沒有萊茵的幽柔，沒有塞納的浪漫，更沒有密西西比的平闊壯碩，愛她，只有一個不成邏輯的理由——只因河出圖洛出書自山海經自禹貢自詩經自樂府自李杜以來，她一直是我們的河是我們生命最原始節拍。（張曉風〈河出圖〉）

❺人生何必一定要競如湍流，浩浩蕩蕩？有時候淡然空明如清淺池塘，不也能靜觀自得，怡然而樂。（《十句話‧吳敏顯》）

❻她也望著河水沉思默想，連戲水的水牛看來也若有所思。你得向河流學會沉思，只有它知道以平靜的力量去制服潛在的狂潮，又以洶湧的狂潮去打破平靜。（周芬伶〈我的紅河〉）

❼河的兩旁鋪了寬闊的紅磚道，白色河欄增添了雅致的風情，秋陽斜照，人工栽植的路樹還不到遮蔭的時候。運河的水波微微晃動，倒映著差池的樓影，我在樓上看不出它是否流動，灰綠綠，不算汙濁，但也不清澈，所謂倒映的樓影只是水中光度明暗的區隔。車聲悶沉沉，河流悶沉沉，我的心情也是，沉積著，淤塞著一些什麼。（陳義芝〈運河邊上〉）

❽記得小時候喜歡到沙河裡去玩，捉魚蝦，摸卵石，讓河水柔柔地從腳邊流過，……自小我就該算是一個「淘者」，在河水與砂粒中，不斷地過濾、不斷地搜尋，那原該屬於自己的閃亮的顆粒。長大後，為生計奔波，再也沒有閒暇。一日偶然走到河邊，望著潺潺的流水，忽然憶起兒時的頑皮，喜歡淘鐵砂，頓時感到多少年過去了，生活的環境也大變了樣，但自己的身分似乎未變，仍是一個淘者，只不過如今是在生活的河流裡淘，不斷地過濾，不斷地篩選，不斷地尋覓……（王聖貽〈淘者〉）

**相關類題**

河流／水

## 大海

# 看海的時候

### 說明

我們來自於母體的漂盪，成長於汪洋的環抱，我們身上或多或少，都帶著戀慕海洋的浪漫因子。

而海的遼闊、海的多變、海的深邃、海的廣納，更能牽引起我們的萬千思緒。

當你坐在灘岸，望著波濤迭起的海洋，你注意到了什麼呢？請同學以**「看海的時候」**爲題，書寫海洋迷人的風采，以及內心激盪出的繆思。

・繆思：有靈感之意。

### 審題

**看海的時候**

☑書寫海浪來去、海水顏色、海邊活動……

☐看海的時候，我想起遠方的朋友，我們從小就認識了……

【說明】一定要以「海」爲主角，不能反客爲主。

☐我在發呆、姐姐在旁邊唱歌、弟弟在哭……

☑我驚覺海的浩瀚無窮，自己有如粟米一粒……

【說明】應指在看海的那段時間，你的心理活動爲何？

### 問題&思考

❶ 你一開始對於海的情感爲何？嚮往、恐懼、熱愛？

❷ 你覺得哪個地方的海洋最讓你難忘？

❸ 你曾經從哪些角度來看過海洋？

⇩ 平視（最常見）、俯視（飛機、拖曳傘）、深入海底（游泳、浮潛）

❹ 印象最深的一次戲遊海濱的經驗，是在哪時候發生的？同行的友伴是誰呢？

### 立意

藉由各種面向，書寫海洋。透過具體摹寫，帶出抽象的「感覺」及「人生意義」。

⇩ 海水遼闊→人類的渺小

⇩ 海面顏色繁複→婉麗多姿

⇩ 海天一色→壯觀的美感，震撼人心

⇩ 海潮的漲退→規律、時間往復、嬉鬧的孩子

⇩ 海浪的沖蝕巨岩→滄海桑田、自然力的巨大

⇩ 海鷗的翱翔天際→自由

⇩ 各種水上活動→快樂

⇩ 海風飄颺→狂亂

# 聯想心智圖

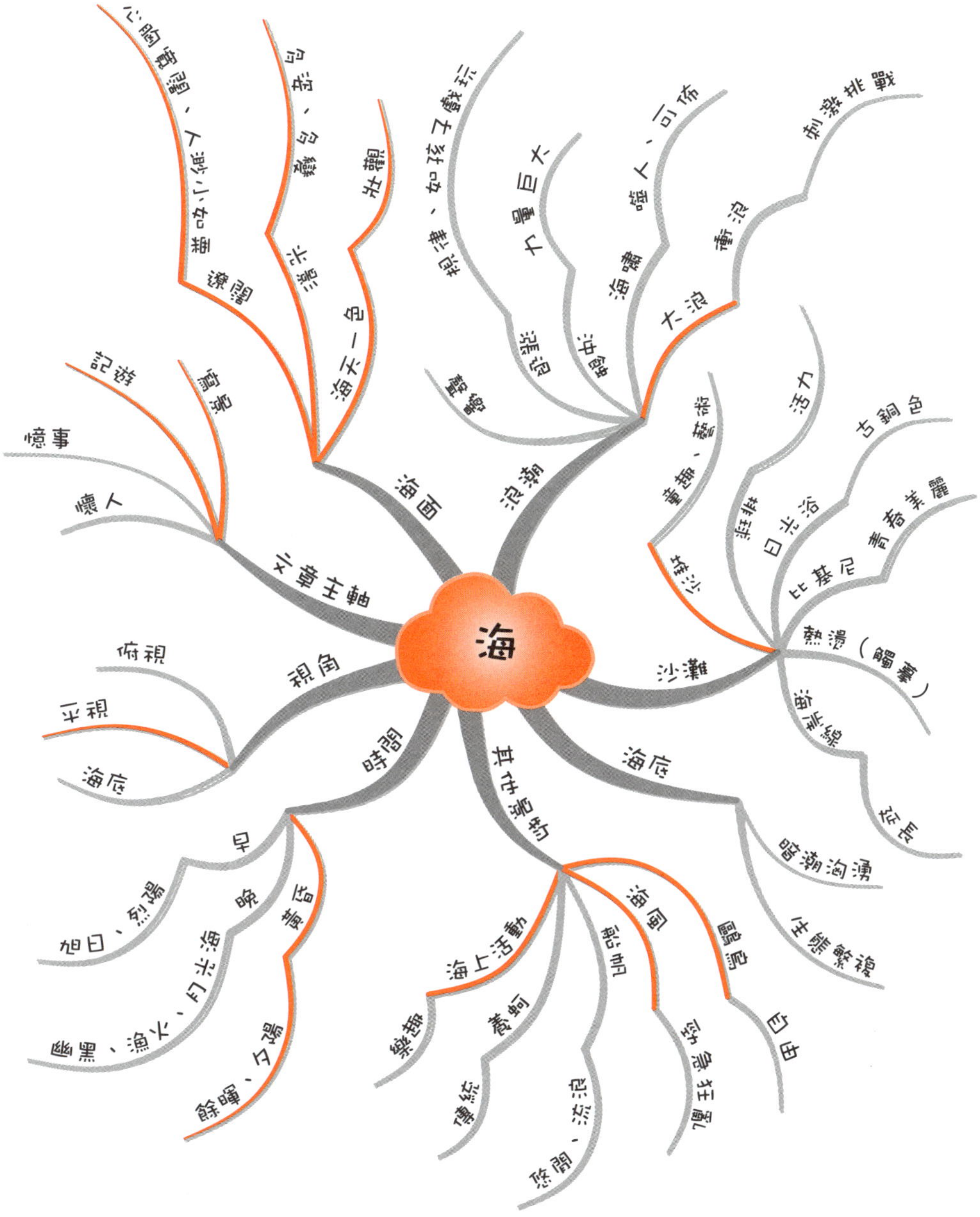


上色部份請參照P240教師範文

## 謀篇

開頭：點出到海邊的因由。

中段：每一小段，都側寫出海洋的某一面向。

⇓海的遼闊→震撼

⇓海風、海浪→人的微渺

⇓海鷗、海灘→喜悅

⇓海上夕照→美麗

結尾：希望自己能定居於此。

叮嚀：可走兩種行文方向

❶以敘事引帶出對海洋的詠嘆。（詳見立意2）

❷藉海洋懷人或懷事。（要緊扣海洋的形象）

如：多年前，你帶我親近海洋；你的心像海洋一樣深邃多變；我像是寬闊海面，涵納你的一切；你教我傾聽潮聲的起伏；海面夕陽，美而短暫，就像是我與你的緣分？

## 教師範文

※以下注意（畫線黑體字），每一段落，都能歸結到一個小結論。並於結尾點述一遍。

### 看海的時候

【開頭】（以「那天、那年、那個午後……」開頭）

那天，父親帶著全家驅車直抵墾丁，他說，墾丁的海，才有夏天的氛圍。

我們把車停放在防風林外，已有遊客穿著泳裝，嘻嘻笑笑的遁入林中。我興奮的拿起泳具，打開車門，便沿著他們遺留的行跡尋去。初入樹林，便看見一條下坡小徑，越往下走，四周便越陰暗潮濕，直到離了階梯，出了樹林，才見**海天一色，白沙漫布**。

【說明】此句可銜接上段情節。

那刻，我被這一幕浩瀚，震懾得無法動彈，直到大浪打石，嘩然巨響，我才回過神來。有風自海上來，帶著濕鹹的味道，黏上我的體膚。我向海水奔去，以一種跳躍的姿態，在沙灘踩下一串深深淺淺的足印。浪小的時候，潑潮了我的腿肚；浪大的時候，濡濕了我的鬢髮。身浸在茫茫的海水中，**更讓我察覺到自己的微小**。

抬頭仰望，我看見鷗鳥乘風翺翔；正眼平視，我看見遊客踏板逐浪；回頭一看，父親他們已跟了過來，和妹妹在海灘邊堆起沙堡。大家的臉上都滿溢著喜悅，彷彿**大海帶走了人們的憂慮以及悲傷**。

我也走上灘岸，在妹妹堆起的沙堡旁歇息。時光漸逝，太陽也已墜跌昏黃。陽光彷如顏料，自夕陽內裡滴滲而出，漸漸暈染了整片海洋，時紅時橘時黃，是一天中，**海洋最末也是最美的演出**。

【結尾】將題目直接嵌入，可快速收尾，不用擔心離題。

看海的時候，我**震懾**、我**卑小**、我**歡喜**、我**讚歎**，我多希望自己能定居於此，和這一片湛藍相互偎伴。

**重要注釋**

❶氛圍：周圍的氣氛和情調。

❷遁：隱匿。

❸漫布：滿布、遍布。

❹濡濕：沾溼、潮溼。

## 詞彙鍛鍊

- 汪洋、滄海、駭浪、潮汐、狂濤、海嘯、大洋、海峽

老人隔著海峽向對岸遠眺，浪濤不斷攀打上岸，洶湧如同積累多年的鄉愁。

- 港灣、海灘、峽灣、礁石、巨岩、島嶼、沙洲

船隻逃離暗礁的威脅，航入港灣的懷抱。

- 泱泱（深廣）、茫茫、浩淼（ㄇㄧㄠˇ）

大海浩淼，乘船於其上，漂流颺盪，不知所往。

- 粼粼（ㄌㄧㄣˊ ㄌㄧㄣˊ）、瀲灩、蔚藍、靛青、碧藍、鹹濕

坐在灘岸休憩，看著海面上的粼粼波光，閃爍跳躍，壯觀而豐美，不禁湧生與萬化冥合的感動。

- 傾注、漂流、澎湃、翻騰、潮聲

萬川自谷壑瀉流而下，傾注入海，洶湧翻騰，沛然莫之能禦。

- 曠達、爽朗、率直、豁然

海洋能癒療我鬱沉的個性，望著闊遠的海面，心情也隨之曠達豁然起來。

## 成語運用

- 一碧萬頃：形容碧綠的天空或水面遼闊無際。
  - 揚帆出港，徜徉在一碧萬頃的海面，偶有鯨豚浮沉跳躍，帶來驚喜。
- 煙波浩渺：形容廣大遼闊、雲霧籠罩的水面。
  - 汪洋之上，煙波浩渺，漁火隱現，朦朧絕美。
- 望洋興歎：因眼界大開而驚奇讚嘆，或因能力不及而感到無可奈何。
  - 我站在海岸線上，面迎遼闊海洋，只能望洋興歎，讚服它的廣納。
- 移山倒海：氣勢的浩大。
  - 浪濤被颶風激勵，瘋舞狂擺，有種移山倒海的氣勢。
- 海枯石爛：形容經歷時間長久，或表意志堅定。
  - 當你許下海枯石爛的諾言時，我並沒有任何回應，只是神色黯然的望著豐沛的海水，還有固硬的礁石。

小筆記

# 師生對照鏡

## 學生作品

### 看海的時候

廖則穎

遊覽車緩慢的停在一個海灣邊。車上的同學將手邊的物品放了下來，紛紛的向車外走去。外頭烈陽高照，而那大海的氣味，逗引著我們。很快的，我們來到了沙灘上。

脫下鞋子，踩上了沙灘，那細小柔軟的沙子，將我的腳完全的覆蓋住。熱從沙子慢慢的釋放到我冰冷的腳上，那溫暖的觸感，讓我捨不得走開。我把視線轉移到前方蔚藍的海洋，陽光灑在海面上，像是海面上鋪滿了閃閃發亮的金子。海的顏色，一層又一層，從青到靛。①浪頭一波又一波的湧向前面的沙灘，②就這樣，前一波推著後一波，③直到最後變成沙灘上的浪花，消失不見。閉上眼睛，聆聽大海的聲音，聞到大海淡淡的鹹味，而我深深的感謝大海孕育萬物，才會有現在這多彩多姿的世界。

睜開眼睛，看見同學早已在相互追逐，將腳從沙子裡提了起來

【重複】①與②相似，宜統整為一

【措詞】一「處」海灣

【刪改】「車上同學……走去」與事件敘述較無關聯，刪去。

【換句】「將腳從沙子裡提了起來」：將深埋在海沙中的腳抽出。

【疑問】第二段所提及的，皆為無生物，感想歸結怎會帶到「大海孕育萬物」。

【說明】①②③皆有描寫不足之憾，詳見改寫範文。

【疑問】空間移動紊亂，怎能一下子潑海水（岸緣），一下子堆沙丘（灘上）？

，奔向大家。在海邊，用海水互潑對方，用沙子堆起了一座座沙丘，但海浪總是把他們一次一次的推倒。大家一起嬉戲，一起玩耍，轉眼間，已接近傍晚了，我們坐在沙灘上，浪花輕輕的觸摸我們的腳底，一邊談論明天的行程，一邊欣賞那被夕陽染橘的海洋。

大家把東西收起來，依依不捨的離開海邊。坐回了遊覽車，同學們都累了，而我凝視著遠方沙灘上的腳印，慢慢的被浪花帶走。

現在看海的時候，我總會想起那段美好的時光。

【疑問】在此談論明日行程，似乎代表此地不足令人留連。

**總評**

●第二段描摹海的形貌，應是多所著墨的重點。且收尾倉卒，沒有留下餘韻。

## 老師改寫

### 看海的時候

【開頭】（以那……開頭）【說明】輕輕點出來到海邊的原因

那年夏天，我和即將分離的朋友，偕伴看海。

遊覽車緩緩停靠在海灘外緣，猶未停穩，我們便迫不及待的，離了車，往那片湛藍奔去。煦煦暖陽，微微涼風，而那極有規律的

【措詞】「海浪總是把他們一次一次的推倒」：「洶湧」的海浪，強勁的撲向「我們」……（段落前，你已經奔向大家，表示你已加入這團體）

浪潮聲啊，也不停的逗引著我們。

脫下鞋子，踩上沙灘，那暖熱細柔的沙子，像是某人的寬厚掌心，將我的足踝溫柔的裹覆，我站在那兒，捨不得把腳抽離，直至我看到了前方那片蔚藍海洋。

陽光灑在海面，像是上頭鋪蓋了閃閃發亮的金粉，閃熠生光。海的顏色，在掀起浪濤之際，更是變化多端，一層疊一層，從青到靛，由深藍到淺綠。我離開沙灘，逕自往大海走去，越靠近，越能感受到它力量的蓄放。

①先是腳邊的海水，緩緩往海中心消退，像是密謀什麼似的，攏靠一處。②然後趁我們毫無準備之際，急衝而來，一波接一波，一浪推一浪，挾帶沉沉的低吼，近似吞噬的姿態。③最後功敗垂成似的，在我足邊碎散成一地的浪花，消失不見。但我知道，那猛狠的力量只是暫時暗伏，等待下一次的撲擊。

此刻的我，閉上眼睛，聆聽週遭的聲音。有驚濤拍岩、勁風吟嘯，零星鷗鳥的啼鳴，人們戲水的嬉鬧喧嘩……

睜開眼睛，看見同學早已在沙灘的那一頭相互追逐，我踩開碎浪，奔向他們。堆沙堡、逐遊浪，用海水把彼此的衣服潑得濕淋，很久沒有如此放肆的暢玩，直至傍晚日頹，我們才癱坐在沙灘上歇息。

【仿句】直至……我們才……

浪花輕輕的觸摸我們的腳底，一邊天高地闊的談論著，一邊欣賞那被夕陽染紅的海洋。我突然看見，沙灘上殘留著我與朋友嬉玩後的腳印，參差散落著。我猜想著，它或許能印證些什麼吧？在某個夏季，某群情深意摯的好友，在這邊歡聚，然後分離……

【仿句】……，在這邊……然後……

但當我從冥想中回神，沙灘腳印已被撲上岸的海潮，沖淡攏離……。原來永恆只是自以爲是的認定，滄海桑田，變異又僅只腳印而已。

但我慶幸自己，仍能珍藏腦海中的回憶，每回看海，我總會想起那段美好時光，隱隱在歲月的彼端閃耀著。

【仿句】每回……我總會……

## 仿句練習

❶ **直至**傍晚日頹，**我們才**癱坐在沙灘上歇息。
❷ 某群情深意摯的好友，**在這邊**歡聚，**然後**分離……
❸ **每回**看海，**我總會**想起那段美好時光。

## 精選佳句

❶ 自由就像大海一樣，漂浮久了就期待港灣。
❷ 順風得以揚帆，逆風得以飛翔。
❸ 一艘船停泊在港灣中最安全，但那不是造船的目的。
❹ 你無法預測每次出海時，風會把你吹到什麼地方，但聰明的船長總可以找到最適合的航線而不會迷航。
❺ 海潮雖然努力，不能登上山岸。（《十句話・王鼎鈞》）
❻ 你們曾經歡心讚嘆，發現彼此航行於同一座海洋；現在卻互相爭辯，只為了不在同一條船上。（簡媜《女兒紅》）
❼ 海洋輕拍著東海岸山脈，如同輕拍島嶼背脊的母親。（楊渡〈靜浦海岸〉）
❽ 太平洋已退到很遠很遠的地方，彷彿退到時間與潮汐都靜止的地方。太平洋變得又溫柔又傷感，安靜地從最遠的地方把海浪送到你的眼前，把海洋的節拍送到你的心裡，讓你無端地想像古代的魚類正在深深的海底唱歌，一種藍顏色的樂譜上有白音符的歌；太平洋用它的方式在說著話，向阿美族，也向你。（楊渡〈靜浦海岸〉）

## 相關類題

夏天最棒的享受

山林

# 走入山中

## 說明

「登泰山而小天下。」藉由山嶺沃野之高下，點明了境界之異；「山重水複疑無路，柳暗花明又一村。」則言明山路曲折，每一迴環，都能有美景乍見的驚嘆。

攀越峻嶺，為了登高望遠；傲立山巔，為了俯察萬壑；行步山路，亦可衡測出自己的能耐，淬鍊自己的意志。在山行之際，你是否能從流泉中，聽出自然的脈搏？你是否能從茂林蓊鬱，讀出幽靜的深意？請以**「走入山中」**為題，寫下在登山的過程中，探掘出的嶄新視角，以及偶拾而得的啓發。

## 審題

□ 我一路上**騎著腳踏車**，覽觀山徑旁的美好。

☑ 我**踽踽獨行**，深入山林的懷抱。

**走入**

**山中**

☑ 為征服玉山，我備齊雪衣等器具，蓄勢待發。

☑ 偶然的一次機會，輕裝簡從，我獨自來到陽明山。

## 問題&思考

❶ 請問你第一次的登山經驗為何？最精采的登山經驗為何？

❷ 最常攀爬的山為何？覺得最漂亮的山為何？

❸ 入山前、爬山中、登頂後，你分別有什麼感想？又以何種態度面對其間的蜿蜒轉折？

❹ 山中的物種與景色繁多，你最喜歡著迷的為何？列舉數種。

## 立意

❶ 山腳：瞻仰山的崇高、期許自己征服山岳。

❷ 山腰：辛苦難熬、迷途失向。

❸ 山頂：成就感、高與天齊、心闊眼寬。

❹ 山路：顛簸、平坦、美麗。

❺ 山泉：輕靈、涼快、天籟。

❻ 林木：舒適、幽美、綠意盎然。

❼ 山舍：與世隔絕、不問世事。

# 聯想心智圖

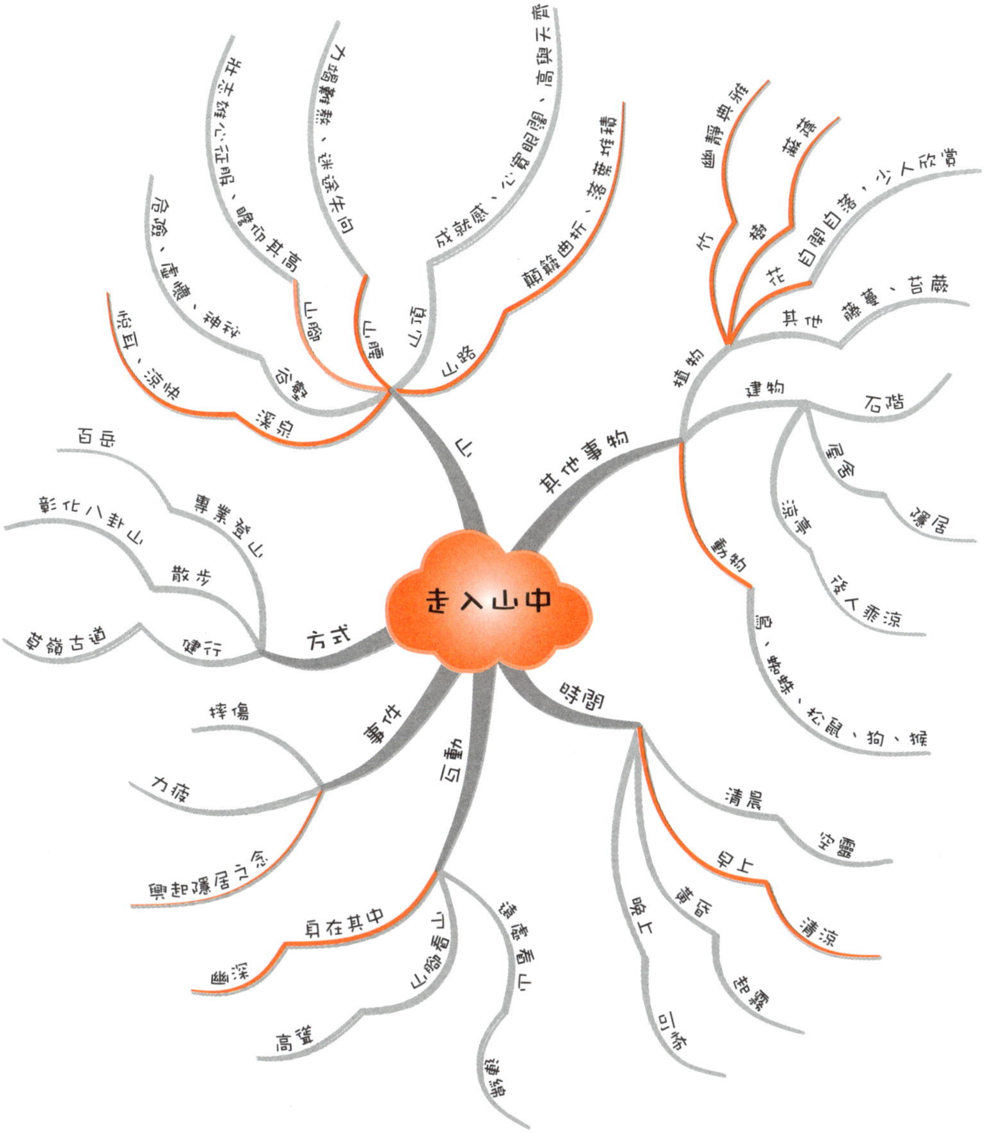


上色部份請參照P250教師範文

## 謀篇

**開頭：**省去冗雜敘述，直接以置身山林起始。

**中段：**

❶乘車上山。

❷走至山口→森林（清涼）→泉鳥（聲音）→花草（香味）。

❸山居之感。

**結尾：**出山之後，自在輕鬆。

**叮嚀：**整篇文章的氛圍，應營造出積極向上的感覺。

## 教師範文

### 走入山中

夏日炎炎，我來到了這座山的腹內。

山路迂迴曲折，我乘車蜿蜒直上，每一個階段的高度，都有各異的植被林木，交雜著亮綠暗青的顏色。往山腳下望去，市區裡的大廈建物已變得渺小，交錯縱橫的公路縣道，細繩似的，繫連了許多聚落，曾聽過「登泰山而小天下」的讚嘆，約莫是這種景況吧！此處的空氣也變得冷冽，恍惚以爲盛夏已過，涼秋乍臨。

到了登山口，我下車步行，入口處的植物極爲稀疏，灰土黃沙，被山風一捲，便肆恣的飛揚。步道不知是何時鋪成的，木板整齊有秩序的，沿著高低起伏的山勢排列著。走了一段時間，終於進入森林，旺盛的陽光突然銷聲匿跡，陰涼的氣流攏聚左右，唯一慶幸的是，耳邊開始熱鬧起來了，有山泉沖石，鳥鳴旋繞，蟲聲唧唧，蛙鼓嘓嘓，眾多聲響匯集之後，融合而不突兀，是大自然自創一格的交響樂，令人聆賞後心曠神怡。

我的鼻子在山中，也是飽滿富足的，因爲樹有樹味，芳美鮮甜；竹有竹香，飄逸清新；花有花氣，**馥郁**濃烈。這些天然的香氛，嗅聞以後，讓人有了幸福寧定的喜悅。

我喜歡隨意坐在山壁突起的石岩上，**揣想**隱者避世的念頭是如何產生的。或許就是這樣的**大塊疏朗**，沒有競逐鬥爭的折磨，讓他們能與心靈對話，同時體悟到自己的身軀，是多麼真切的在世上活著。

走出森林，走出山巒，雖然仍是炎炎夏日，我忽然覺得輕鬆自在，整個生命像是被山下了祕咒似的，蒙受祝福。

**重要注釋**

❶馥郁：香氣濃厚。
❷揣想：猜測、設想。
❸大塊：宇宙、天地、大自然。
❹疏朗：稀闊明亮。

## 詞彙鍛鍊

- 山岡、山陵、岳麓、重巒、疊嶂、丘壑、峰嶺、崖谷、岫谷

日落於峰嶺，雲出自岫谷，天象的生滅，盡源於此。

- 山塢、山坳、山壁、山溝、山線、山稜、山尖、山腹、山陰、山坡、山險、山口、山脊、山巔、山腳、山腰

我們沿著山稜行走，峭陡奇危，稍一不慎，就會跌落山溝。

- 峻嶺、峭壁、絕壁、斷崖、險峰、坡崖、奇峰、絕壁、群山、萬壑

行於絕壁之上，所湧生出的臨深履薄之感，與愛情的體驗極為肖似。

- 連綿、巍然、陡峭、參天、入雲、峭拔、橫亙、險要、奇險、崢嶸、屹立、矗立、兀立、磅礡、競秀、環抱

此山巍峨入雲，當我們舉頭仰視之際，它以磅礡的形象墜壓而下，撼人心魄。

- 迂迴、曲折、蜿蜒、盤旋、環繞、迴旋

山路迂迴而上，像條灰白巨蛇，纏繞在山的體軀。

- 密深、寂寂、幽深、如洗、如黛、蓊鬱、青、翠、墨、蒼、綠

蓊鬱密林，幽深寂寂，徜徉其中，除了有隱遁之歡悅，亦有風聲鶴唳的恐懼。

## 成語運用

- 一柱擎天：一根柱子撐天。用以比喻能獨力肩負重責大任。

此山雄闊峭拔，如寶劍直刺雲端，如巨柱撐持天幕。

- 怪石嶙峋：石頭多且奇形怪狀。

山腰間，嶙峋怪石散布道中，各有奇姿。

- 被山帶河：被群山與河流環繞。形容地勢險要。

此處被山帶河，不僅有靈秀之氣，更顯其扼要的戰略地位。

- 高山仰止：比喻崇高的德行，令人景仰。

一個偉人所散發出的胸襟氣度，隱隱有高山之貌，人皆仰之。

- 遠遁山林：隱匿於山林中。比喻隱避行蹤，遠離世俗。

在燭光前，我許下願望，希望能遠遁山林，築一草屋，耕數畝園田，藏形於天地之間。

- 尋山問水：到處遊山玩水。

他退休後，到處尋山問水，悠閒的行止，羨煞旁人。

小筆記

## 師生對照鏡

### 學生作品

**走入山中**

廖則穎

這是一個初夏的早晨，我來拜訪這一座翠綠的山。走到了一個由石階排成的山林步道前。蜿蜒的步道，茂密的樹林，充滿信心的我，走了進去，準備探索這座高山的奧祕。

走在這石道旁，有著一棵棵高大的樹木。他們把我頭頂上的陽光擋住了大半，只有一束束的光從葉隙中穿入。我也在這舒適的天氣裡，一邊觸摸著樹幹那粗糙的皮，一邊感受著大地之肺散發出的新鮮與清爽。路邊偶爾經過一兩條小溪，水裡悠游的魚，以及那潺潺的流水聲，讓我的心情更加愉悅。當我累了，我就坐在一個巨大的岩石上，喝著水壺裡的水。樹上各式各樣的鳥類和昆蟲，都正高興的鳴叫，而我就安靜的聆聽，他們的樂曲。休息夠了，我便繼續踩著石階，一步一步的向上走。

終於走完了一個階段。走出樹林，刺眼的陽光讓我連眼睛都睜

【疑問】爬山有需要強調「充滿信心」嗎？

【疑問】光從葉隙中穿入後呢？應深入描寫。詳見改寫部份。

【換句】偶爾途經一兩條小溪。

不太開，我趕緊走到了一個可以遮陽的涼亭內。坐在這裡，我遠望對面高聳的山，顏色有的青，有的綠，中間貧瘠的地方呈現土黃色。山頂的部分，像是被霧披上了薄紗，給我一種朦朧的感覺。而雲在山群間，就跟一條條白色的龍一樣，穿梭往來。眼前的景觀，是非常壯麗的。

看著這個景色，我的心漸漸開闊。閉上眼睛，我默默的感謝。孕育著萬物的山，讓世界更多彩多姿，也改善了空氣的品質。張開眼睛，我慢慢的享受這寧靜的夏天。

## 總評

- 優點：分別依序寫出：入山前、樹林、河流、天籟、遠山、感想，整齊有層次。
- 缺點：描摹景色，如同蜻蜓點水，粗淺不深入。眼見事物，卻無相對應的感想。

## 老師改寫

### 走入山中

初夏清晨，我來拜訪這一座蒼翠蓊鬱的山巒，入口處，是一條

【說明】描寫一件小事，亦須有層次變化：①因為陽光射入②所以環境變亮，才能看到下面之物事③現實描寫④抽象描寫

用石階鋪成的步道，向森林的茂密處蜿蜒而去，我拾級入山，準備探索它的奧祕。

步道旁的古木參天，抬頭仰望，綠葉如雲如霧一樣瀰漫，把上方的烈日遮擋大半，①偶爾有灼燦的亮光自葉隙穿入，②讓原本渾沌不明的視線，變得清晰，③我看見枝椏間結網的蜘蛛，我看見樹梢奔竄的松鼠，④我看見人世喧囂中仍有這一片寧靜，我看見昏暗中有了光芒。

【仿句】我看見……我看見……

有時一面走著，一面伸手觸摸林木表面那凹凸不平的樹皮，突然感覺到指掌下有著時光的沉積，我突然把它們想像成美麗驕人的模特兒，穿著一襲千年萬歲才得以裁成的薄衣，在大自然的伸展台上傲立。

有時想要歇息，我便找個巨大的岩石坐著，喝著水壺裡的水，聽著林間的蟲鳴鳥叫，揣想著牠們如何編排出這樣的音階與節奏，跟山溪的潺潺相互應答。此刻我終於領會，「蟬噪林逾靜，鳥鳴山更幽」的古老詩意。

　　充分休息後，我繼續沿著石階，往峰頂行去。走出樹林，失去了林木的障蔽，突來的光線讓我的眼睛難以適應，我趕緊躲入前方的涼亭，讓它提供我一個溫柔的庇護。這裡的視野與景觀，與森林中大不相同，**若說森林裡的幽靜是一曲抒情小調，那麼峰頂的景觀便是磅礴的樂章了。**放眼望去，高聳青山，層層疊疊，有深青，有淺綠，貧瘠不生草木的部分，則是粗獷的莽莽黃土。最高的那座山峰，被霧披上了薄紗，有種朦朧的美感。而雲朵在山群間，毫無阻滯的穿梭往來，難怪行雲會被比擬作流水了。

　　看著這個景色，我的心漸漸開闊。有人說樂山的是仁者，但我卻覺得相對於這片廣袤的、亙久的山野，自己只是一個渺小的存在。

【仿句】若說……那麼……

## 仿句練習

❶ **我看見**枝椏間結網的蜘蛛，**我看見**樹梢奔竄的松鼠，**我看見**人世喧囂中仍有這一片寧靜，**我看見**昏暗中有了光芒。

❷ **若說**森林裡的幽靜是一曲抒情小調，**那麼**峰頂的景觀便是磅礴的樂章了。

## 精選佳句

❶橫看成嶺側成峰，遠近高低各不同。不識廬山眞面目，只緣身在此山中。（蘇軾〈題西林壁〉）

❷頑強的毅力可以征服世界上任何一座高峰。（狄更斯）

❸文章是案頭之山水，山水是地上之文章。（張潮《幽夢影》）

❹光和風雲，以及其他什麼時候的雨雪雷電，都瞬息萬變地在這個山間世界裡作用嬉戲，讓山分分秒秒改變著它的形色與氣息。（陳列〈玉山去來〉）

❺這些景致就那樣不期然地在我眼前呈現了，是一種深深的或溫柔或駭異的撞擊，而我整個人也忽地裡燦燦然豁亮，心神盪漾恍惚間，人與天地好像頓時有了一種神祕的契合，感覺到一種難以言說的純粹的愛與快樂……關於美，關於大自然裡的生命奧祕。（陳列〈告別與承諾〉）

❻細看山的靜而無慾，壽而安固，山像極了仁者的懷抱，所以仁者樂山。……孔子是聖人，所以他喜以德行的角度去賞山，山本是隨著各人的素養而呈現面貌不一的。畫家去賞山，會用虛實的眼光去衡量……詩人去賞山，或喜歡用時間今古的眼光去看……（黃永武〈賞山〉）

❼旅行中，我喜歡在高處回望適才途經的一切。因爲惟其俯視的距離，才能對頃間經歷過的種種作出評價，或者比較全面的回味。（《十句話・雷驤》）

❽山也有寂寞的時候，所以有水來流過，雲來安居，樹來生長，鳥來歌唱。（《十句話・張讓》）

## 相關類題

海不辭細水故能成其大；山不辭土石故能成其高。／見山不是山，見水不是水

氣候

# 下雨天，真美

## 說明

蔣捷於〈虞美人〉一詞中，寫下了人生各段的聽雨體驗，箇中情感的刻畫入微，令人驚嘆。而台灣浮居海上，面迎豐沛水氣，陰雨連綿，便成爲島民慣常見到的風景。你是否曾留心於雨的百狀千態呢？

像是春雷雨落，潤澤萬物；夏季的西北雨，來去難以預料。至於朝露於花葉上，綴成碎鑽；午後陣雨，驅走酷熱，攜來涼意，這又是另一種風情了。你喜歡哪一種形貌的雨呢？你曾在雨中，發生過什麼難以忘懷的事嗎？請以**「下雨天，眞美」**爲題，寫下雨的美麗身影、雨的清涼膚觸、雨的清脆聲響……

## 審題

**下雨天，真美**

- ☑ 揀選各異的雨景，利用五感摹寫表現。
- □ 雨前、下雨、下雨後放晴，描寫篇幅各爲⅓。
  【說明】下雨天眞美，重點在強調「下雨時」的美麗，雨前雨後，簡單帶過。
- □ 寫颱風，河海氾濫；寫暴雨，交通糾結。
  【說明】應寫出雨的美好。
- ☑ 寫雨聲，悅耳輕靈；寫細雨，如紗似綢。

## 問題&思考

❶ 你最喜歡哪一種雨？爲什麼？

❷ 你能否記誦一兩句古人寫雨的名句呢？若無，請儘快查閱背記。

❸ 敘述一件你在雨中最難以忘懷的美好回憶？而雨在那件往事中，又具有何種重要意義？

## 立意

❶ 表現出雨帶來的快樂感受：清涼消暑、浪漫詩意。

❷ 以嗅覺摹寫出降雨前奏。

❸ 以視覺、聽覺、觸覺摹寫表現雨景（重要）：

↓ 天空陰霾，尚未降雨

↓ 初雨，微小（著重觸覺）

↓ 大雨（著重聽覺）

↓ 雨漸停（著重視覺）

❹ 以心覺寫雨中回憶。

❺ 寫出自己喜歡雨的心情。

↓ 題目既爲「眞美」，便須表達自己對它的愛好，即便是內心厭惡，也不宜表現出來。

# 聯想心智圖

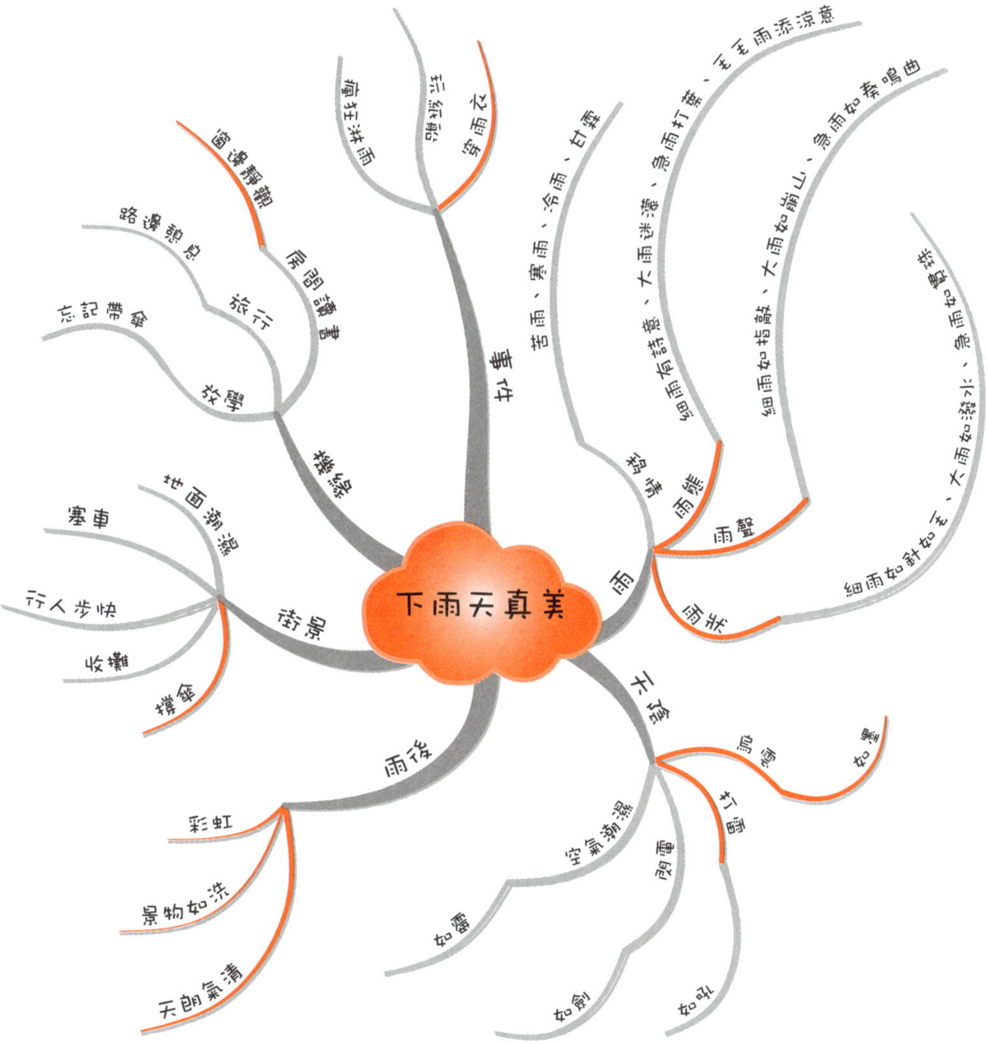


上色部份請參照P260教師範文

## 謀篇

**開頭：**由天空的陰霾，引發回憶。

**中段：**
- 微雨初始、所見景象。
- 雨落雨停、雨聲響亮。
- 下雨能驅暑熱。
- 雨能洗刷萬物。

**結尾：**極爲喜歡陰雨氣候，總是期待雨季來臨。

**叮嚀：**
- 寫景與敘事差異甚大，一個像照片，一個像影片。
- 敘事似影片，有人物、情節、對話，生動活潑。
- 寫景似照片，須加上詳實的摹寫，譬喻、擬人、誇飾等修辭的渲染，才能引人入勝。

## 教師範文

### 下雨天，眞美

有時，習慣不爲什麼事的，靠坐窗前，愣愣發呆。忽然瞥見亮藍的天空，刷上灰彩，遠方雷聲隱隱，宣告著陰雨即將滂沱。暗黑的天候讓我憶起，小學的時候，最期待雨季的來臨，因爲可以披上雨衣，套入膠鞋，恍如小飛俠般的裝扮，整個人變得神祕且勇猛，可以恣意踩踏水窪，讓積雨四濺如噴泉。

果然，雨線斜織成幕，視線開始迷濛茫昧，原本稜角分明的建物，變得圓滑柔和。原本單調乏味的柏油路面，路人擎起了各樣各色的傘花，成簇成叢，彷若春意開始爛漫。尤其是兩人成雙共傘，狹隘的空間只能貼近挨靠，雨聲阻絕了私語外洩的可能，雨霧隱蔽了兩人親暱的互動，情深意濃處，即使斜風細雨也無須趕歸了。

驟雨重擊，小雨輕點，聆賞雨樂的聲情變化，亦是另一種況味。若是於簷瓦間隙，沖瀉而下，其聲便如春溪般潺潺低吟；若是雨勢驟急，墜撞地表，其聲便如落珠滾玉，細碎清亮；若是雨勢勁強，傾瀉飄潑，其聲便如軍行馬馳，沛然渾雄。但我最喜歡的，則是雨勢將歇之際，自簷角葉尖垂落的點滴雨露，跌入湖池水窪時，所發出「滴——答——」的空靈聲響，恰似歷經繁華後的了悟。

先前負笈高雄四年，皆寄居於學校宿舍，寢室只闢單窗，散熱不易，加上南島氣候，悶熱溼溽，整個住所如同烘爐，令人困乏難熬。此時，天降甘霖的景況便格外引人期待了，像是下了一道赦令，驅散炎意，帶來清涼。

我也記得雨過浥塵，天地煥然新生的景象。山綠愈加飽滿，花顏更增嬌媚，尤其走在人行街道，平日刺鼻的廢棄烏煙，盡皆消散，每一次大口的呼吸，空氣的鮮味足讓人神清氣爽。抬頭仰望天際，一道彩虹輕巧的跨越山頭。

斜倚窗前，愣愣的看著最後一滴雨珠墜地，我也開始期待下一場落雨。

## 詞彙鍛鍊

- 疏雨、暴雨、驟雨、陣雨、雷雨、陰雨、春雨、甘霖、煙雨

→ 走在路上，疏雨橫斜，我並不急著把傘撐開，任其流劃過我的臉頰。

- 雨滴、雨絲、雨露、甘露、朝露

→ 如串的雨滴，自屋瓦前緣垂掛下來，滴答滴答，點滴到天明。

- 雨住、雨歇、雨過、雨停、飄雨、降雨、落雨、浮沫

→ 在飄雨之前，你離開我的生命，毅然決然的。此後，雨便永無住歇，一直在我心裡下著。

- 滴答、淅瀝、嘩啦

→ 雨聲淅瀝，纏綿了好一陣子，我似乎被囚禁在滂沱的雨牢，無處可去。

- 綿綿、霏霏、濛濛、茫茫、迷漫、紛飛、飄零、點滴、如串

→ 霪雨霏霏，雨勢不撓不歇的，整個人彷彿嚴重受潮，掐指一捏，就能擠出水來。

- 滂沱、暴疾、淋漓、飄潑、傾盆、如瀉、傾注、如注、成災、雨橫風狂、雨疏風驟

→ 豪雨傾注而下，讓人無處可逃，兜頭潑淋了一身，狼狽至極。

- 滾珠、沾草、露重、濡濕、澆淋、斜織

→ 晨光露重，當我在林間穿梭時，草葉上的朝露濡溼了我的褲管。

- 悶雷、暴雷、霹靂、雷動、電閃

→ 突然，霹靂雷動，天際銀電閃爍，讓人為之一驚。

## 成語運用

- 淒風苦雨：比喻悲慘淒涼的境況。
  當心情鬱結無奈時，即便是甘霖天降，也容易看作苦雨淒風。
- 風雨如晦：風雨交加，天色昏暗，猶如黑夜。
  颱風來襲，風雨如晦，昏暗的天色，像是末日將臨。
- 山雨欲來：形容重大事件發生前的緊張情勢。
  太陽的輝光，瞬時隱斂，靜定的風，呼呼起吼，遠方烏雲罩頂，有種山雨欲來之勢。
- 飄風驟雨：來勢急暴的風雨。
  窗外驟雨飄風，聲勢駭人，簡直就要顛倒乾坤了。

小筆記

學生作品

## 下雨天，眞美

廖則穎

這是一個寧靜的夏日午後，剛運動完的我，坐在家門外的一棵樹下。風一陣陣強勁的吹過，樹枝搖晃不停，麻雀也紛紛的飛回樹上。慢慢的，已是烏雲密佈。一滴、一滴，雨水緩緩的落下，而我便快步的走進屋子。

進了房間，我將臉貼近窗戶，細細的欣賞雨的美。剛開始，㊧聽雨滴滴答答的打在玻璃上，貼在上面的雨滴，㊧視像珍珠似的，非常圓滑。㊧聽我聽著這最單純的節奏，心情也放鬆了許多。

後來，雨勢漸漸變大。雨滴打在窗戶上的聲音，變得又厚又重。突然有一束閃電，直劈地面，而那驚天動地的雷鳴，更是讓我震懾。豪雨像瀑布一般，由上往下的傾倒在我眼前。雨淅淅瀝瀝的打在窗臺上，路旁的低窪處，變成了一條條的小溪流。我此刻的心情，就像這雨聲一樣的沉重。

【疑問】樹枝搖晃，麻雀怎會飛回樹上？

【冗雜】「的」字重複。改成「細細欣賞雨的美」

【疑問】聽覺中怎穿插視覺？相同的摹寫，應置一處。

【措詞】此處用「劈劈啪啪」較能呈現出豪雨拍打的聲響。

【疑問】為何會沉重？說明原因。且題目是雨天的美好，不宜帶入負面情緒。

【段落】先寫大地，再寫窗台，又寫大地：目光移轉差距太大，極不協調。

眼前的雨，從那密密麻麻的滂沱大雨，慢慢的又回細小的雨滴，稀稀疏疏的景象，又再次映入我的眼簾。那猶如鼓聲的雷鳴依舊還在，只是距離愈來愈遠。雨在不知不覺中停了下來，烏雲漸漸散去，太陽緩緩露出它那溫暖的臉龐。陽光散在窗臺上的雨滴，它們像金子般，閃閃發光。

我走出門外，聞到那被雨清洗過的空氣，是如此的清爽，大地萬物被沖洗後，也顯得乾淨許多。看見葉子上的水珠，地上的清澈的積水倒映著天上的太陽，這是我最喜歡這個大地的時候，但在這之前，都必須有一場傾盆大雨。

【措詞】世界。

## 總評

- 單純寫雨景，沒有帶入相關敘事，喜歡雨天的情感，便顯薄弱許多。
- 以落雨的前中後，發展成篇，極有秩序，但關於雨的不同摹寫，應各有偏重，文章才會有變化。

## 老師改寫

下雨天，真美

原以爲這是一個寧靜的夏日午後，剛運動完的我，坐在家門外的一棵樹下，綠影婆娑，涼風徐來。喘息甫定，便見一片灰鬱暗沉的雲層，不懷好意的向這邊爬來，原本閒淡的風勢，突然變得勁急，把樹枝吹得搖晃不停，驚走了原本休憩於上的雀鳥。最後，湛藍天空被吞噬殆盡，雨水一滴、一滴、兩滴、三滴零星的從灰雲裡墜下，我也趕忙走進屋子避雨。

【仿句】映襯修辭：原本……突然……

進了房間，我將臉貼近窗戶，細細欣賞雨的姿態及歌吟。

剛開始，渾圓的雨滴紛紛打在窗戶上，像是珍珠碰觸玻璃，撞擊出澄澈的聲響，然後順勢一滑，沿著窗面直溜而下，碎散在窗框間。雨用這最單純的節奏，來拜訪人間，招呼似的說著：「我們來了！」

後來，雨勢漸漸變大，拍擊屋瓦的聲音，也變得又厚又重。突然有一束閃電，直劈地面，隨之而來的，是連串驚天動地的雷鳴，讓我爲之震懾。

【仿句】譬喻修辭：此刻的○○已不似○○……，反倒像○○一般，……

此刻的豪雨已不似珍珠精巧，反倒像瀑布一般，凌空吊懸在街道上，喧嘩的奔瀉著，最後在街道上匯成了溪河，行人止步，車輛難移。有頑皮的孩子，三三兩兩在屋簷下踩踏積水，或是放紙船，玩水槍，他們似乎是下雨天時最快樂的一群。

眼前的雨，從那密密麻麻的滂沱大雨，慢慢又變回綿綿雨絲。那猶如悶鼓的雷鳴依舊低吼，只是已在山的那一頭。雨在不知不覺中停了下來，烏雲散去，太陽緩緩露出笑顏。窗臺、路面尚未乾去的水窪映射著燦亮陽光，仿若碎金閃亮發光。

我走出門外，聞到被雨清洗過的空氣，清新涼爽，大地萬物被滌洗後，也顯得乾淨許多。我才驚覺，一場驟雨的來去，竟能讓大地美麗盡現。於是不由得輕聲嘆道：下雨天，真美。

## 仿句練習

❶ **原本**閒淡的風勢，**突然**變得勁急

❷ **此刻的**豪雨**已不似**珍珠精巧，**反倒像**瀑布**一般**，凌空吊懸在街道上

## 精選佳句

❶ 一川煙草，滿城風絮，梅子黃時雨。（賀鑄〈青玉案〉）

❷ 莫聽穿林打葉聲，何妨吟嘯且徐行……一蓑煙雨任平生……回首向來蕭瑟處，歸去，也無風雨也無晴。（蘇軾〈定風波〉）

❸ 平日山上好啁啾的鳥雀，嘰吱不停的草蟲都噤聲了，被這夏日暴雨的狂怒震懾，不敢出聲。（蔣勳〈雨〉）

❹ 黑夜中聽夏季的驟雨，有興奮，也有怖懼。彷彿一種驚告、委屈、煩冤，藉著這肆無忌憚的嚎啕哭訴出來。（蔣勳〈雨〉）

❺ 在雨聲裡，原本很親近的山，也有了遠逃的企圖；原本很老的樹，也有了少年的詩情畫意；原本一池死水，也有了東奔注海的雄心了。（黃永武〈賞雨〉）

❻ 那夜，只有雨聲纏綿，沒有笙歌，沒有管弦。只我抱膝獨坐的側影，成為江南雨夜裡，一扇窗景。（張曼娟〈江南有雨嗎？〉）

❼ 到處都有雨天，到處都有雨聲，唯有永春坡上的雨聲是獨具韻味的，尤其是在我的窗外響起來的那些。因為我的窗外擁滿了各式各樣的草木和山岩，只要是雨點子踩到它們，它們就會報以各種不同的迴音，這些各種不同的聲音被交織在一起之後，便成為一闋生動的歌，只有我才能夠得以獨享。（張騰蛟〈雨聲淅瀝〉）

## 相關類題

夏日的驟雨／風雨生信心／風雨之後／一場及時雨／豪雨後的省思／露水的啓示／颱風那一夜／雨中記趣／雨中情／雨後初晴

# 第五章

# 空間

- **城市**：城市筆記
- **鄉村**：鄉居記事
- **故鄉**：○○，我的故鄉
- **住家**：自訂／靈魂鬆綁
- **學校**：校園之旅

# 城市 城市筆記

## 說明

你曾經踏足過台灣的某一座城市嗎？有否驚訝於台北捷運網絡的密集？或曾漫步高雄愛河邊畔，靜看遊船於水面滑行？或是你已蝸居於此，公寓大廈是你慣常的風景，路上人潮如湧，不斷推擠你的身軀？

城市象徵了便利與繁華，也代表著混亂和擁擠。請以「**城市筆記**」爲題，選擇台灣的任一城市，藉己身經驗的書寫，分享台灣城市各異的絕代風華。

• 蝸居：謙稱自己的居舍窄小。此處作動詞使用。

## 審題

□ 某天我來到九份，走在磚石鋪成的階梯上……

☑ 當我看見林立的太陽餅招牌，便可清楚知道，我來到了台中。

**城市**

【說明】偏向描寫現代化的大都市。

**筆記**

□ 應該以論說文爲主，寫城市的優缺點。

☑ 應該以記敘文爲主，寫景、記遊、抒情。

## 問題&思考

❶ 請問你要選擇的是哪一座城市？爲什麼會選擇它作爲書寫的題材呢？

❷ 請問你對於這座城市最有印象的畫面爲何？爲什麼？

❸ 請問你對於這座城市最有印象的景點爲何？爲什麼？

❹ 若你能隨意搬家遷徙，你會選擇這一座城市當作落腳處嗎？爲什麼？

## 立意

❶ 城市是整個國家的心臟位置，人們於此定居、求學、工作。

❷ 城市應是具有人文、美感、便利、繁榮的一處地方。

❸ 發展過程中，即使帶來一些缺點，如髒亂、忙碌、冷漠、擁擠，我們仍要樂觀的相信，此處會有美好的發展，也要積極的設法改善。

# 聯想心智圖

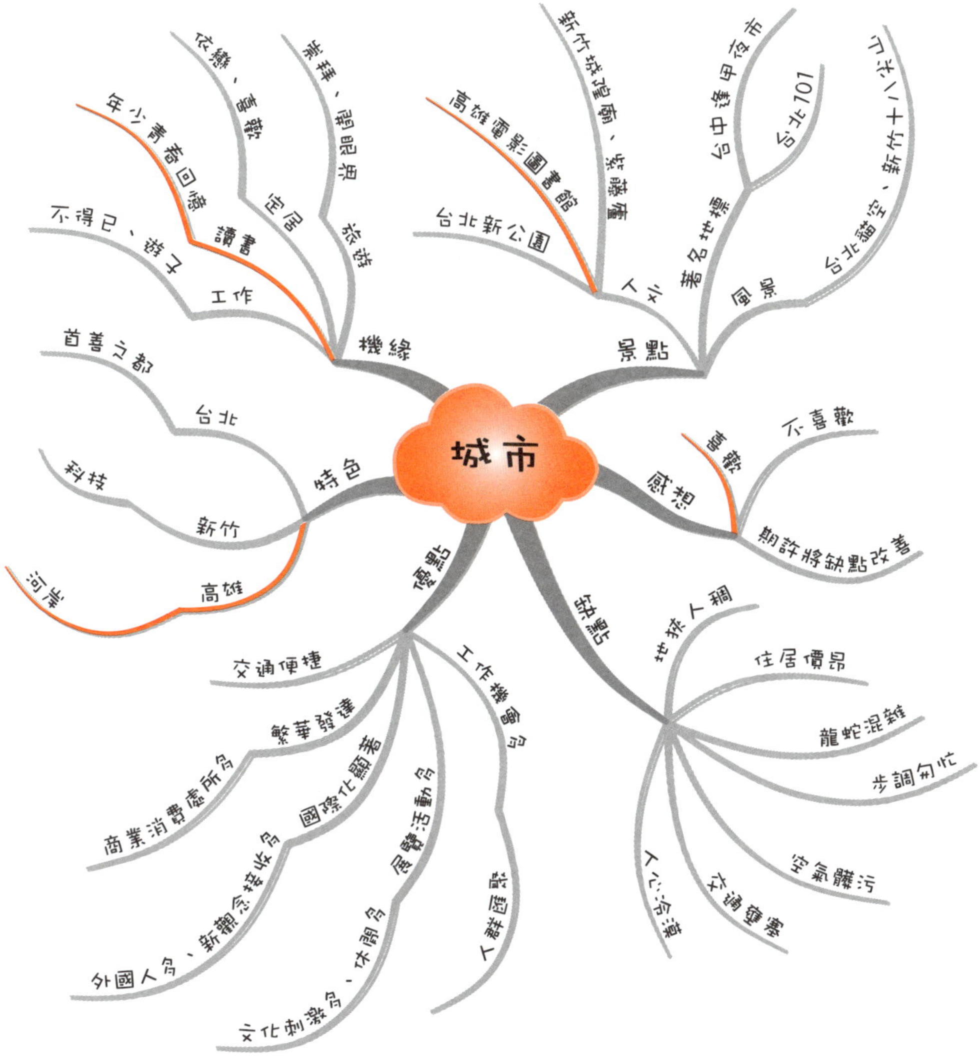
城市
機緣
工作
不得已、遊子
讀書
年少青春回憶
定居
依戀、喜歡
旅遊
崇拜、開眼界
景點
人文
高雄電影圖書館
台北新公園
新竹城隍廟、紫藤廬
著名地標
台中逢甲夜市
台北101
風景
台北貓空、新竹十八尖山
特色
台北
首善之都
新竹
科技
高雄
河岸
感想
喜歡
不喜歡
期許將缺點改善
優點
交通便捷
繁華發達
商業消費處所多
國際化顯著
外國人多、新觀念接收多
展演活動多
文化刺激多、休閒多
工作機會多
人群匯聚
缺點
地狹人稠
住居價昂
龍蛇混雜
步調匆忙
空氣髒污
交通壅塞
人心冷漠

上色部份請參照P272教師範文

## 謀篇

**開頭：**可輕輕點出該城的特色，不明白道出城市之名，帶著若有似無的筆法，讓大家從文章中尋找答案。

**中段：**細細描摹該城的著名風光，擇選二至三處描寫
- 城市場景一 ＋ 對該景點的小小感想
- 城市場景二 ＋ 對該景點的小小感想
- 城市場景三 ＋ 對該景點的小小感想

**結尾：**明確寫出城市名稱，並抒發自己對它的情感與想法。

**叮嚀：**中段摹寫的處理，要格外細緻。

## 教師範文

### 城市筆記

沿著鐵路，往陽光燦亮的南方滑行，我即將前往一座有港有河的城市，水光**瀲灩**，風起**漪**掀，這樣的城市想必格外溫柔。

【解說】「有港有河」、「想必格外溫柔」確定文章主軸，包括筆調與取材，多須圍繞於此。

五福路底的西子灣，是我最嚮往的一處風景。鹹腥的海味，無所不在，構築出一種流浪的氛圍。灣內的中山大學，以壽山為青衫，湛藍海水則**綴作裙幅**，嫵媚的身影教人看得發癡。高中畢業那年，首次**步履**至此，我喜歡坐在長堤上，看著遠方的貨船，緩步輕移，也愛**耽看**這裡嬉遊的風，拉扯大學女孩的依肩長髮，青春飛揚。

不遠處的渡船頭，也收藏了不少回憶。大學負笈此地，每逢節日，往往吆喝一群好友，乘船出海。汽笛嗚嗚，馬達極速的運轉著，汽油味瀰漫艙內，我不愛那樣的環境，總會擠到船緣呼吸新鮮空氣。夜晚的海，一片昏黑，漫無邊際，旗後燈塔的投射燈，便顯得格外輝煌。我記得某次跨年，我們便在船上交換禮物，合影留念，波濤湧動，流年暗中偷換，抵達旗津船頭的當下，年歲已分。

愛河則是此地的另一個傳說，短短數年，徹底擺脫了昔日的朽臭汙濁，以燈光與景致，招引了不少遊客趨近圍攏。可以搭乘遊船，覽看兩岸的燈火如珠鍊，在暗夜中閃亮生光；或是跨上鐵馬，在車道上盡情**馳騁**，還可偷閒嗅聞河岸店家的咖啡濃香。倘若想尋處歇息，電影圖書館或許是個不錯的選擇，幾十年來的電影資料，**蒐羅**列整於其中，我於是辦了張閱覽

證，在裡邊看起了電影來。

**國風**如同黃河一樣樸拙，雲夢的**氤氳**造出了**九歌**。我相信當河水流過的時候，土地得以滋潤，文化得以抽芽。

循著鐵路，重回中部的住居，我離開了一座有港有河的城市，古稱打狗，今喚高雄。內心的百轉千迴，難以言說，因爲在自己最青春的年月，住居於此，看著它自平凡至繁華，一起茁壯成長，那樣的感動，**迄今**猶在。

【說明】末段首三句，類同第一段首三句，目的在營造出前後呼應的效果。

### 重要注釋

❶瀲灩：水波相連。
❷漪：水面的波紋。即「漣漪」。
❸綴作：裝飾成。
❹裙幅：裙子的分幅。
❺步履：步行、行動。
❻耽看：沉迷的看。
❼馳騁：奔馳。
❽蒐羅：蒐集網羅。
❾國風：為詩經其中章節。詩經一書，所載為黃河流域一帶詩歌。
❿氤氳：煙雲瀰漫的樣子。
⓫九歌：載於楚辭。楚辭一書，所載為長江一帶（雲夢澤）詩歌。
⓬迄今：到現在。

## 詞彙鍛鍊

- 熱鬧、喧囂、熙攘（人來人往）、嘈雜、狹隘、稠密

⇩ 我站在熙攘的街道，突然愣住了，被稠密的高樓天廈所包圍，我竟看不見灼灼的太陽。

- 寄寓、蝸居、客居、棲身、落腳

⇩ 許多人蝸居在城市中，只為謀求一份卑微的工作，否則，誰願意棲身於一個煙塵漫天的地方呢？

- 煥然、精巧、先進、卓越、現代化

⇩ 我看著這煥然一新的城市，有著先進的大眾捷運，現代化的高樓建築，似乎標舉著新時代的來臨。

- 聳峙、林立、直矗（ㄔㄨˋ）（直立）、直攀天際

一〇一大一樓，直攀天際，其他樓廈聳峙在旁，皆成一種仰望的姿態。

- 忙碌、緊張、緊繃、功利、速度

走在街道上，你便可充分體會，何謂忙碌？何謂緊繃？在這個追求功利的聚落中，稍有閃神，你便趕不上其他人奔赴成功的腳步。

## 成語運用

- 櫛比鱗次：比喻建築物排列密集。

城市的屋舍，櫛比鱗次，幾無浪費的隙地。

- 巍峨壯觀：高大聳立的樣子。

建築工法，日新月異，因此城市的高樓，一棟比一棟還要巍峨壯觀。

- 萬頭攢（ㄘㄨㄢˊ）動：形容群眾聚集的景象。

我喜歡從樓頂，低頭俯望，屋舍如磚，車行如流，萬頭攢動的步道上，更是黑壓壓的一片。

- 縱橫交錯：形容事物眾多或錯縱複雜。

我喜歡高雄的街道，由一心到十全，利用命名的方式，把縱橫交錯的街道，安排得極有規律與秩序。

- 絡繹不絕：連續不斷。

前往城市尋求職缺的社會新鮮人，絡繹不絕，他們屈就於現實的壓力，只能選擇當一個台北客。

### 小筆記

## 師生對照鏡

### 學生作品

#### 城市筆記

王冠勛

這天，我來到了這嚮往已久的都市——台北。

處處高樓林立，道路縱橫交錯，路上行人來來往往，車輛絡繹不絕，商業活動頻繁，街上喧嘩吵鬧聲四起，這就是典型的都市型態。

【段落】此段屬浮泛描寫，表現尚可，但不可通篇如此，應有具體事件，穿插敘述。

①這兒的大眾運輸工具四通八達，②從木柵到一○一只需花短短幾分鐘，不但快速，還不必再忍受開車塞車的痛苦，真是一舉兩得。出去玩也不用大費周章開車，坐著捷運台北城就可以走透透，真是方便。

【疑問】①泛說各式交通載具。②專指快速的捷運。似乎不可連用，否則木柵到一○一，連公車都可幾分鐘到達了。

【草率】此段感想用「真是方便」就草率作結。

①但美中不足的是到處都人山人海，②不管是在馬路上、動物園還是搭公車都是人擠人，③甚至連上個廁所也要大排長龍，既累人又不舒服。即使是這樣，人與人的距離卻一點也不親近，反而更疏離。

【冗雜】標註①、②、③的三句話，意義相同，卻重複出現。

人在人群間穿梭來往，卻只看到自己眼前的近利，對週遭的一切視若無睹，缺乏人情味，常連鄰居是誰都糊裡糊塗，讓小偷有趁虛而入的機會。

原來讓我嚮往的便利都市在一夕之間破碎了，①人們的自私自利造就了人際的疏遠，即使外在環境再怎麼好也於事無補，②只有硬體，沒有軟體還是不夠的。當我下次再度踏入此地，希望能看到它溫暖有人情味的一面。

【疑問】人的行路穿梭，怎能聯想到眼前近利？

【措詞】造就有正面意涵，應改成「造成」。

【換句】都市怎會破碎？改為：我原本嚮往都市的夢想，頃刻間碎裂。

【冗雜】標註①、②的二句話，意義相同，卻重複出現。

【換句】希望在優渥的環境外，還能看見善解的人心。

【段落】結尾應是總結整篇文章，提及遊歷城市後的感想。但此處提及「人情味」，彷彿單就第四段作抒發。

## 總評

- 取材的方向與段落的安排沒有問題，但描寫粗糙，句子平凡。
- 二、三段皆為泛寫，不夠深入。「交通方便」、「人擠心疏離」，簡單九字，就能概括段意，可見冗言之多。
- 為了擴充篇幅，沒有新增書寫的材料，只在原有的意念中，反覆陳述，遂成累贅。

## 老師改寫

### 城市筆記

從小，便聽聞週遭的人說起台北這個都市的種種好處：摩登現代的大樓櫛比鱗次的排列，密集的公車與捷運交織成四通八達的交通網絡，各種藝文活動接力舉辦，灌溉了北城居民的心靈荒漠。偶爾還能驚鴻一瞥螢光幕上的明星，和你行走在同一個街巷中。

因緣際會，我終能親履至此。行前聽聞塔柱遷移在即，貓空纜車也將暫停營運，所以台北行的第一站，便直驅木柵。纜車懸空在碧綠青山間，提供了另一種玩賞風景的角度，只是人謀不臧，糟蹋了這樣美好的景點。

【解釋】人謀不臧：人的計畫不夠細密完備。

乘坐捷運，告別這座空靈的山林。這是我最喜歡的交通工具，明淨寬敞，準時快捷。窗外場景迅速改換，我已直抵城市心臟——信義計畫區。

【段落】此段承上啓下，銜接起前後兩個景點（木柵、百貨）的轉換。

百貨商城齊聚的此處，萬頭攢動，人多如麻，買吃食、看電影、搭公車，總得排上長長一串人龍。穿梭路口之際，大家的步伐更是倉促，彷彿後頭有什麼在追趕似的。雖然與旁人相距之近，幾乎可聽見對方的喘息，但在情感上，卻愈顯疏離，沒有微笑的呼應，也少了眼神的交換了。

【仿句】……更是……彷彿

【說明】此句更具體說明上述「愈顯疏離」之感。

【仿句】沒有……也少了

突然，我格外懷念自己居住的小小鄉城，雖然它只有低矮平房，街上只有機車鐵馬，觸目所及，也只有肌膚黝黑的農婦。但，卻讓我感到溫馨愉暢。

【說明】跟第一段「台北的好」做反襯。

我想許多旅居北城的遊子，心裡一定常回盪著歸鄉的渴望吧！

## 仿句練習

❶ 大家的步伐**更是**倉促，**彷彿**後頭有什麼在追趕似的

❷ **沒有**微笑**的**呼應，**也少了**眼神**的**流動了。

## 精選佳句

❶ 屋擁屋棄，人事迭有代謝，不必強求。台北街巷，散步便是，不可興睹物懷人，不宜嘆聚散離合。（舒國治〈我的舊台北導遊路線〉）

❷ 校園圍牆內一日禁錮。黃昏，四點鐘，大群大群的綠衣被釋放到車水馬龍之間，因緣於這種被釋放的感覺，雖然是走在汙煙的車流裡，呼吸著沉澱了一整天的向晚瘴氣，卻有一種莫名的清暢。也因此，城的黃昏每每讓我有想回家的感覺。（楊翠〈借暮色溫一壺老人茶〉）

❸ 就像此刻我站在圓山的坡上瞭望盆地市中心，分不清是暝色入高樓，還是遊塵滿天空……燈火盞盞亮起的地方，我多麼願意它仍如我四歲初履台北時所埋藏的夢境一般美好。（陳義芝〈台北行〉）

## 相關類題

都市叢林／城市風光／雙城記

# 鄉村

## 鄉居記事

### 說明

每當吟念起孟浩然的〈過故人莊〉，內心便會興起恬居鄉間的嚮往。有許多的景致，在城市中已成絕響，甚至連身體的各個感官，也被急遽的時代變遷所麻痺。唯有鄉村，固守著淳樸的生活步調，讓大家在此憩息的同時，能重新找回原有的生命脈搏。

你對哪一處鄉間野居印象深刻呢？屏東霧台的原民部落？宜蘭蘇澳的濱海漁村？南投魚池的茶香莊園？抑或彰化田尾的花草社區？請同學以「**鄉居記事**」爲題，寫下某次遊歷鄉村的經驗。

### 審題

**鄉居**

- ☑ 在無光害的鄉間，我可清楚辨識任一星圖……
- ☐ 我愛夜晚道路旁的霓虹燈光，夢幻華麗……

【說明】應描寫鄉間景物爲主。

**記事**

- ☐ 寫在鄉村中，認識一位莫逆之交的過程。
- ☑ 寫務農體驗及美麗鄉景。

【說明】鄉居爲主，千萬不可反客回主。

### 問題&思考

❶ 對於鄉村原本的感覺，是由衷熱愛，還是深覺其落後荒涼？

❷ 請問你選擇書寫的鄉村在台灣何地？有什麼特色？

❸ 該鄉村對你來說，有何淵源？或只是偶然踏足該處？

❹ 在遊歷鄉村的過程中，與同行的夥伴發生了什麼趣事？

❺ 與當地民眾有何互動？

❻ 遊歷結束之後，對鄉村的觀感是否有改變？

### 立意

❶ 以鄉村類型作爲敘寫主幹：

- 若寫農村，可寫農事的體驗。
- 若寫漁村，乘筏捕魚的情事盡可能的帶入。

❷ 以鄉村共同特色作爲基調：

- 豐富童趣
- 自由樸拙
- 人情味濃

# 聯想心智圖

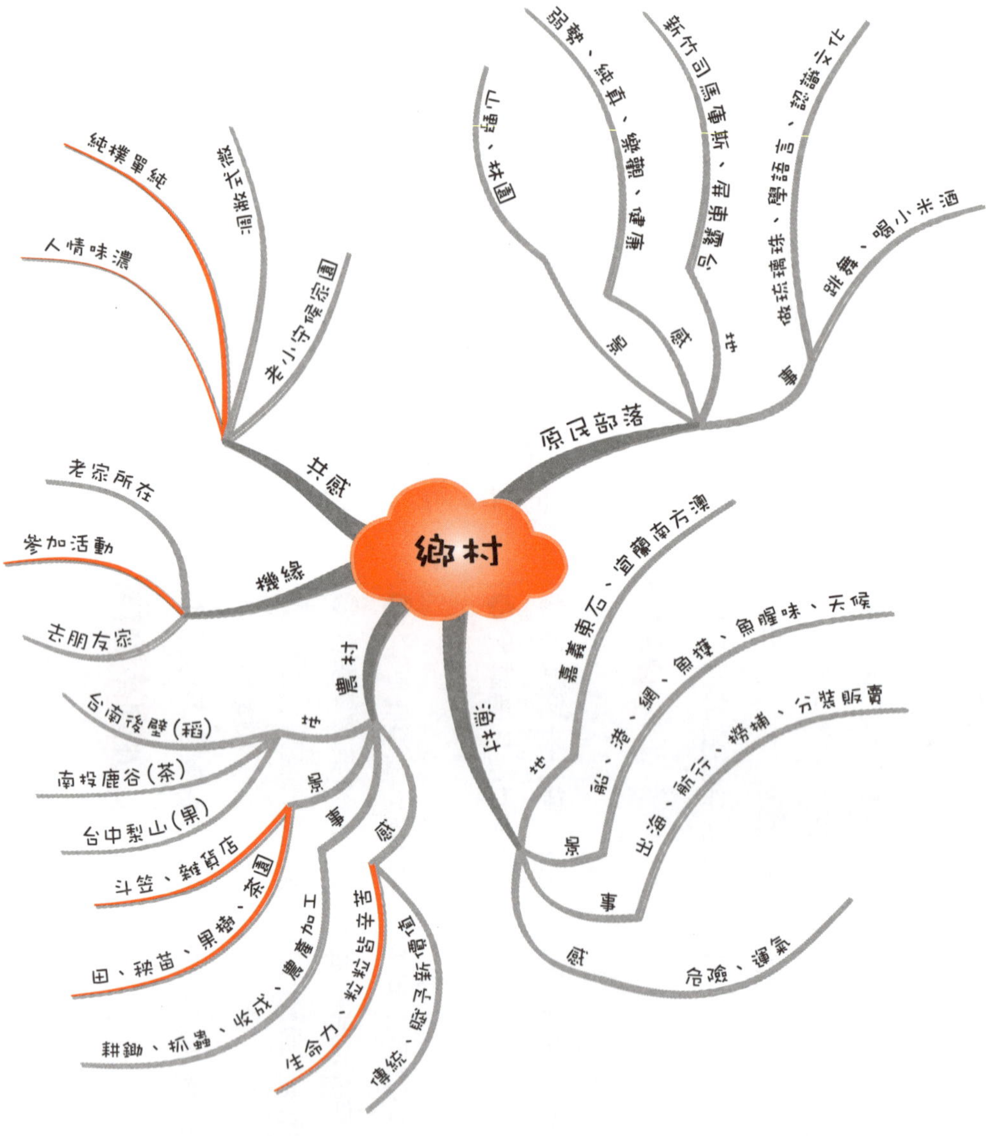


上色部份請參照P281教師範文

## 謀篇

**開頭：**寫出造訪鄉間的原因。

**中段：**列舉遊歷鄉村途中，二至三件趣事描寫。

➡每一件事情都可引帶出鄉村的特色：

❶路上行人微笑問候→鄉村居民的樂觀親切。

❷空氣清新、景色優美→使人神清氣爽。

❸蟲鳴鳥叫、溪水沁涼→鄉村獨有的樂趣。

➡敘事中，一定要營造出鄉居的舒適氛圍。

**結尾：**抒發對鄉居生活的感想，或直接敘事作結。

**叮嚀：**直接切入鄉村書寫，通勤過程簡單帶過。

【誤】還沒放暑假的時候，爸爸媽媽就提議要到宜蘭蘇澳去遊玩，他們說我們被關在都市太久了，應該要到鄉村去舒放心靈。我們沿著高速公路，往北駛去，綠色的田畝，方整的排列在公路兩側……

## 教師範文

### 鄉居記事

因為籌辦露營的緣故，偶然踏進了屏東水底寮，那裡是一處安穩靜好，無變無驚的世外桃源，屋舍**儼然**，雞犬相聞。

【說明】「屋舍儼然，雞犬相聞」為〈桃花源記〉中的句子。直接引用，不僅暗藏典故，也適切的描寫了當地風光。

那時，晨霧已漸次稀薄，空氣中混雜著青草的芬芳。榕樹下的市集，曾是電影「海角七號」的場景。菜販的鐵板車上，各色鮮蔬整齊羅列；有的鐵架子一搭，便擺出數筐新鮮雞蛋；還有人將甘蔗斜靠在樹旁，隨手撥取其一，砍劈折削，瞬間一袋袋蔗棒疊放待售。人潮慢慢攏聚於此，買賣之間，論兩稱斤，鬧熱騰沸。

向國小校方商借完紮營的場地後，我與友人便開始尋找追蹤旅行的路線。鎮上的街面並不開敞，鄰人住居便顯得親近，婦人三三兩兩，圍坐**揀**菜，談笑晏晏。冬陽**遲遲**，就連野狗也顯得慵懶，在路口悠閒的走來踱去。忽然，朋友一陣驚呼，孩提時最愛的雜貨店鋪，即在眼前。簷下的玻璃筒罐，擺滿肉乾魚片、芒果蜜餞、各色糖果……，打開罐蓋，就嗅聞到久違的芳香。我們買了一些，細細品嚐，屬於兒時的歡愉便從齒間舒放，久久不散。

【修辭】將「零嘴味道」轉化為「童趣」。

水底寮的外邊，有著一大片果園，蓮霧已累累結實，待人擷取。我們伏低身子，穿越園畝，淡雅的香味飄浮颺盪。正在收成的果園主人熱情邀約，要我們攀摘吃食，解渴生津。我與朋友難辭厚意，粉豔的果子如寶石，被我們盈托掌心。第一口咬嚙後，不免思及，農人數月的辛勤培植，我卻只需舉手之功即可妄得這奢侈的享受，內心滿溢幸福。

果園旁，圍繞著一道灌溉溝渠，流水淙淙，清澈見底。步行至此，已稍覺疲累，索性扯上褲管，坐在堤邊踢水揚波，水流竄動，像在親吻你的足踝，沁涼的溫度，讓緊繃的雙腳得以舒緩。黃昏的夕陽沒有了高樓的擋蔽，讓我們盡窺被橘紅餘暉暈染的雲絮，不禁迷醉其中。

入夜後的水底寮，已微有涼意，我們回到學校教室，鋪好地墊睡袋，準備借住一宿，四周悄然無聲，闇黑空無，只剩天際星光輝煌灼燦，替將寐的我們掌燈。

重要注釋

❶儼然：整齊的樣子。
❷揀：選擇、挑選。
❸遲遲：舒緩。
❹颺：高飛。

## 詞彙鍛鍊

- 清幽、僻靜、蠻荒、蕭條

那年暑假，我來到一處僻靜的鄉間，空氣中瀰漫著似有若無的雞屎氣味，風吹過稻田，使穗葉伏低竄高，疊成萬頃稻浪。那樣清幽的景色，舒緩了我疲憊的心靈。

- 曲折、逶迤

通往漁村的小路，曲折逶迤，彷彿不願讓人輕易的，觸碰到海的邊緣。

- 鄉野、鄉屯、村塢、圳溝、水閘、農舍、磚房、稻埕、竹籬

我愛圳溝清澈的流水，灌溉著即將抽長的青苗；我愛屋舍古樸的紅磚，固守著鄉民平靜的生活。

- 田畦、躬耕

放眼望去，田畦方整排列，蓄積的田水，倒映著天光雲影，農人以一種百千年來不變的姿勢，折腰躬耕。

## 成語運用

- 炊煙裊裊：生火燒煮東西時所產生繚繞搖曳、緩緩上升的煙。
  - 夕陽將隱之時，裊裊炊煙自農戶逸漫而出，像在提醒行路的人，該加緊腳步，返家，與家人共進晚餐了。
- 窮山惡水：形容枯寂荒涼，自然條件惡劣的地方。
  - 曾經，此處是窮山惡水，無人願居，但在前人的墾荒舉廢下，已成人人心目中的桃源仙境。
- 雞犬相聞：雞和狗的叫聲都可以相互聽見。
  - 鄉間的聲響，單純且樸拙，白晝是雞犬相聞，昏晚則是蟲鳴蛙唱。
- 依山傍水：靠山臨水。形容風景清幽如畫。
  - 我願棲止於此鄉此村，背依青山，面傍綠水，山的靜穩幽深可供安枕，水的秀麗多姿可供玩賞。

### 小筆記

師生對照鏡

學生作品

## 鄉居記事

王冠勛

每當夏日的陽光再次照進房裡，我總會回想起每年夏天回鄉下外婆家。而這一次在表弟的邀請下，我又回到鄉下的老家。

車子緩緩的開進了一幢三合院中間的空地，而外婆與表弟早已在門口前等待。這三合院是由一塊塊老舊的磚頭堆疊而成的，而一條一條的裂隙，和木頭製成的門上脫落的痕跡，可以看見它的歷史悠久。而石柱上的雕刻，和屋頂上的裝飾，讓我見識到古代的藝術之美。

跟外婆打聲招呼後，我跟表弟便騎著腳踏車，出去逛逛。在道路上，不是在啄食稻米的雞，就是兩三隻野狗相互追逐，來車可說是寥寥無幾。騎著腳踏車，感受著夏天的風夾帶著柔嫩的稻草香，撲鼻而來，彷彿我也是稻田裡的一份子。而在稻田旁，有一條清澈小溪，溪中雖然魚不多，但很乾淨。我與表弟就開始用水，互相玩

【疑問】由誰開車？父母親嗎？但文章前後，卻皆無父母親身影？

【說明】嘗試把時間的表達，換句話說，由「直接」變得「含蓄」
「直接」：夏天一到，我便想到外婆家去
「含蓄」：每當氣溫變得溫暖溼熱，我便會想起……

【說明】段落感想可歸結到「念舊」，較無生硬之感。

【措詞】香味可用「柔軟」形容？建議改成「濃郁」。

【措詞】「用」水洗臉／我與表弟開始「戲」水。

【說明】段落感想可歸結到「都市與鄉村的變異」。

耍。

【疑問】戲水部份潦草帶過，可增此處戲份。

　　玩累了之後，我們騎到一棵榕樹下。這裡蟬聲唧唧，小鳥吱吱喳喳的叫著，但有個聲音更吸引我們，那就是一個賣冰的推車上，發出的喇叭聲。我們買了各自想要的口味後，就坐在陰涼的樹下。吃著冰，暖暖的南風，輕觸我們的臉。我們跟賣冰的老先生聊聊天，直到餓了才回去。

【說明】段落感想可歸結到「重拾童心」。

　　在回去的路上，我覺得雖然這裡並不是那麼熱鬧，也不方便，但鄉村的景色，淨化了我的心靈，放鬆了我的身心。看著稻田，隨風搖曳，就好像在跟我招手，希望我能再次回來。

【說明】第三段提到「啄食稻米」、「稻草香」、「稻田」；最末段又提到「稻田」，累贅重覆，完全沒有前後呼應的設計感。

## 總評

● 中間三段，分別寫出三件鄉間的見聞，整齊有序，但沒有將每一件事，都寫出適當的深刻感想作結，非常可惜。

## 老師改寫

### 鄉居記事

【說明】可用聊天內容，帶出想抒發的感想。如可藉老人之口，提及鄉村變化大」，或藉自己之口，談到旅外遊子的感慨，莫草率帶過。

【說明】此處聲音的遞進設計，很好。

每當看見夏日的溫暖陽光從窗外透入，我便想逃離都市，前往鄉下的外婆家度過漫漫長假。於是簡單的收拾行囊，乘坐火車直抵南方的遼闊郊野。

外婆家是一幢老舊的三合院，踏進屋內，便能嗅聞到浮動空氣中的蒼老氣味。紅磚牆上裂痕處處，木飾窗雕也顯得斑駁，聽外婆說，下起大雨時，甚至還得張羅臉盆去承接漏水。看著鄰近的民宅都已翻新成西式平房，外婆卻仍執意要維持現狀。她說：「這房子是爺爺蓋的，捨不得，況且老房子的模樣，美。」

放好行李，與表弟相約到外頭逛逛，兩個人兩輛車，在鄉間小路恣意遨遊。沒有煙塵瀰漫，也沒有殺氣十足的喇叭聲，道旁不是啄食稻米的雞群，便是三兩隻野狗相互追逐。在騎乘單車的時刻，我感受到夏風挾帶著新鮮的稻草香，撲鼻而來，彷彿稻田親密的將我緊擁。於是我便喚住表弟，兩人相偕在稻田旁的大溝渠戲水，溝水澄淨冰涼，還有幾條游魚在裡頭竄動，讓我盡卸讀書的疲憊。倘若都市中也有這樣的一條河渠，應能沖淡不少緊張的氣氛吧！

【仿句】將抽象感覺，轉成具體的譬喻：我感受到……彷彿……

【仿句】假設語氣：倘若……應能……

　　從原路折返，我們騎到離外婆家不遠的榕樹下休憩，這裡是村里居民集聚的地方。蟬聲唧唧，鳥鳴喳喳，但有個聲音更吸引我們，那就是賣冰推車的「叭噗」聲。我和表弟各買了一個「叭噗」後，就坐在陰涼的樹下休息。暖暖的南風輕觸我們的臉，我突然想起小時候，我們也常到這裡吃冰，誰知時光過得如此迅捷，我即將國中畢業，表弟今年也告別了稚嫩的小學生身分了。

　　此次回鄉，從自己的生活小小脫軌，才明白鄉村生活的寧靜閒適，爲什麼能吸引那麼多文人前來親近？煩悶盡卸的我，聽著窗外此起彼落的蛙鳴，沉沉睡去。

## 仿句練習

❶ **我感受到**夏風挾帶著新鮮的稻草香，撲鼻而來，**彷彿**稻田親密的將我緊擁

❷ **倘若**都市中也有這樣的一條河渠，**應能**沖淡不少緊張的氣氛吧！

## 精選佳句

❶狗吠深巷中，雞鳴桑樹顛。（陶淵明〈歸園田居〉）

❷歸去來兮，田園將蕪胡不歸？（陶淵明〈歸去來辭〉）

❸東半側是兩條深凹的車轍，不知有多少牛車的鐵皮輪子重疊地輾壓而過；那是祖先耕耘收穫的銘記吧！有時候，我們也喜歡踩著車轍而行，讓腳掌感覺那種泥土被輾壓過的平滑。（顏崑陽〈故鄉那條黃泥路〉）

❹到達瑪家鄉最偏遠的部落——瑪家村。許多白髮蒼蒼的老婦人穿著華麗的排灣服在屋簷下，一邊低頭細語，一邊忙著手繡傳統圖騰；有的編織傳統生活藝品，如：月桃蓆、置物盒、背簍……等。（霍斯陸曼·伐伐〈戀戀舊排灣〉）

❺漁港的活動不在白天，觀光客看到的只是曝曬的漁網，擁擠著船隻的碼頭，和海產店殷勤的招呼。漁人的作息和種植無關，不是日出而作，日落而息，他們的作息決定在漁汛。（李潼〈漁港早市〉）

❻如果不是親臨現場，彰化大城濕地對我來說永遠只是一個遙遠的地名，我也不會這麼堅決的反對國光石化興建案。當我涉足入海，與蚵農共享天光與汪洋，我才終於知道現場是有力量的。（凌性傑〈革命少男〉）

❼田野間散發著剛犁出的新泥被細細攪碎的氣味，果園裡闖出來柑桔的清香，用蔗渣薰烤的板鴨，以及垂掛在竹竿上的香腸和臘肉，不時地衝擊人們的嗅覺。而枯黃的野草地被當作遊戲場，孩子上學時由成群的麻雀霸占著，牠們輪番發表政見，經常爭吵得像立法院，各說各話，誰也不聽誰的。白花花的菅芒不是單純的觀眾或聽眾，還學著騷人墨客邊握著筆桿，邊搖頭晃腦，想必會留下一些詩詞歌賦吧！（吳敏顯〈冬陽〉）

## 相關類題

鄉村與都市／關懷心，鄉土情

# 故鄉

## ○○，我的故鄉

### 說明

故鄉，往往是人們心神之所繫。因爲這裡有你最熟稔的環境，停居著你親密的家人，成長的點滴留痕於每一個角落，濃烈的情感也就難以稀釋了。

不論貧富窮通，越鳥渴慕南棲，野狐望死首丘，每個人於暮年之際，只剩落葉歸根的祈願。

請問你的故鄉在何處呢？它有什麼吸引你的地方？你又留下了多少故事，在這個地方呢？請以「**○○，我的故鄉**」爲題，歌頌讚揚故鄉的美好。

- 窮通：窮困與顯達。
- 狐死首丘、越鳥南棲：比喻不忘本或對故鄉的思念。

### 審題

□ 從高中迄今，我已在台北度過十個年歲，它，是我第二故鄉。

☑ 離鄉背井多年，我始終難忘故鄉台南的風華。

**○○，我的故鄉**

【說明】應爲自己自小到大，生長的地方。

□ 單純的介紹地理位置、小吃、好玩的景點。

☑ 列舉兩三件往事，順帶拈出故鄉的景物。

### 問題&思考

❶ 你的故鄉在哪裡？大家熟悉它嗎？你希望別人以怎樣的態度看待它？

❷ 蟄居故鄉的時候，你有發生什麼特殊的故事呢？

❸ 若有一天你離開故鄉，什麼物事可以使你念念不忘，撫慰漂泊的心？

❹ 從小時候到現在，故鄉有任何變化嗎？你對它的感覺有絲毫改變嗎？

### 立意

❶ 若單純列舉道路、景色、民眾、食物……，此篇文章僅能作爲導覽文宣。

❷ 應以敘述往事爲主軸，旁及道路、景色、民眾、食物……，寓情於景，即物生感。

❸ 對故鄉的感想可略分爲以下數種：

- 保有歷史及純樸民風。
- 不斷的進步與發展。
- 希望大家能時常返鄉，不要忘本。

❹ 若所處鄉鎮，因地域狹小，較無書寫材料，則可將故鄉的定義，擴大爲整個縣市，使素材增加。

# 聯想心智圖

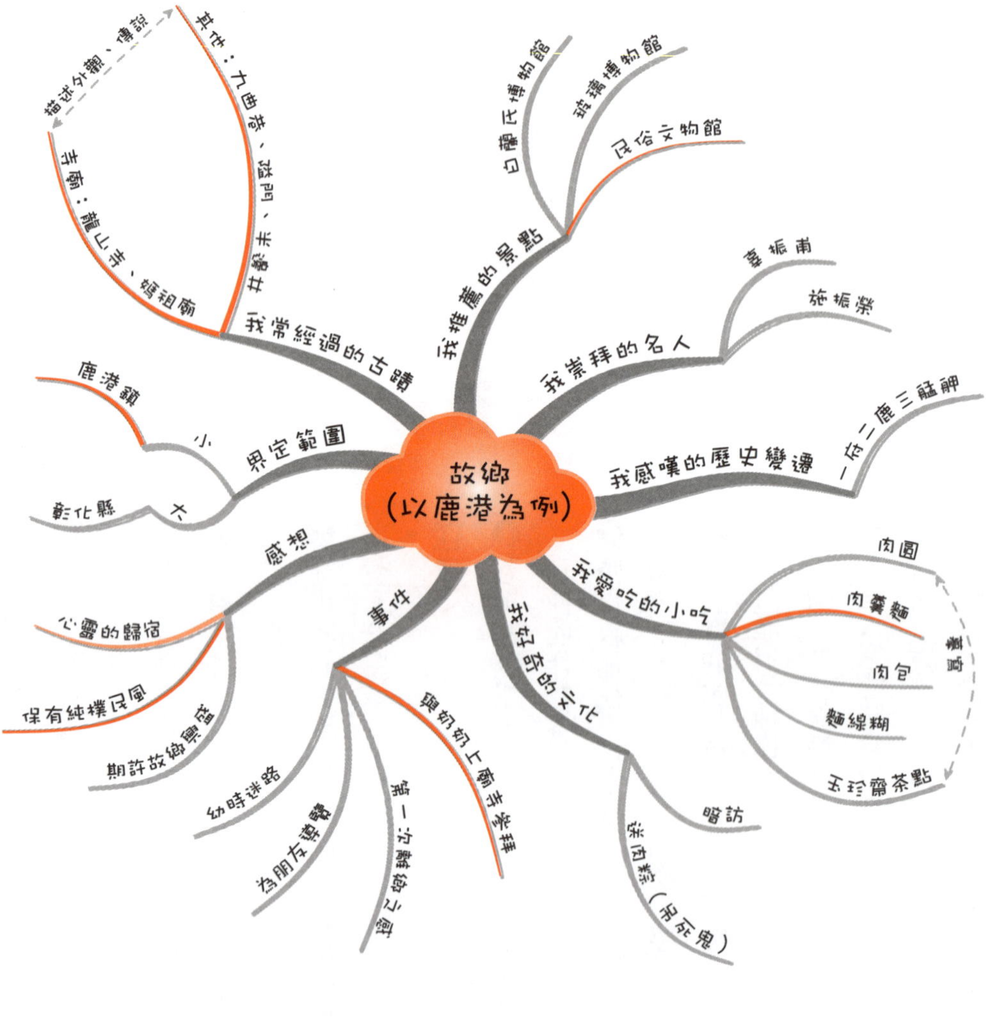

故鄉（以鹿港為例）
我常經過的古蹟
其他：九曲巷、隘門、半邊井
寺廟：龍山寺、媽祖廟
描述外觀、傳說
我推薦的景點
白蘭氏博物館
玻璃博物館
民俗文物館
我崇拜的名人
辜振甫
施振榮
我感嘆的歷史變遷
一府二鹿三艋舺
我愛吃的小吃
肉圓
肉羹麵
肉包
麵線糊
玉珍齋茶點
美食
我好奇的文化
暗訪
送肉粽（吊死鬼）
事件
與奶奶上廟寺參拜
第一次離鄉之感
為朋友導覽
幼時迷路
感想
心靈的歸宿
保有純樸民風
期許故鄉興盛
界定範圍
小
鹿港鎮
大
彰化縣

上色部份請參照P291教師範文

## 謀篇

**開頭：**約略敘寫故鄉對人的重要性，並點出你的故鄉在何處？

**中段：**❶往事一＋景點（可列舉數個景點）

❷往事二＋小吃

**結尾：**保有歷史及純樸民風。（因故鄉爲古鎮，適宜以此爲感想）

**叮嚀：**一定要把自己對於故鄉的熟悉感覺寫出來，你是歸人，而不是淺嚐輒止的旅客。

## 教師範文

### 鹿港，我的故鄉

【開頭一】故鄉對人的重要性

故鄉是人們心靈的依歸，也是血脈氏族的溯源處。習染已久的鄉音，住居多年的水土，在背井離鄉之時，突然顯得獨特出眾，鑿痕已深。像是多年前，負笈港都，人們聽到我的海口閩語，便知曉了我的來處。

【開頭二】衍伸故鄉之名

曾經，有野鹿在鎮邊淺灘逐水而居，鳴叫呦呦；曾經，它是一座港灣，水域深闊，商帆去來，而有了「二鹿」的讚譽。如今，它已成一座老鎮，繁華盡褪，風韻猶存，招引著如織的遊客前來叩訪。

---

是的，我來自鹿港，除了假期偶有的喧囂熱鬧，大部分的時光，它都是寧靜安好的。我喜歡趁著放學後，騎車晃蕩，轉入九曲巷，夕暉灼紅，厝壁磚色隨之鮮活起來，令人有了時空恍惚之感。巷道中可觀之處頗多，思婦尹娘曾蟄居的意樓、濟眾博施的半邊井、護守家園的隘門，每一指顧，都會令人湧生思古之幽情。

至於天后宮的繚繞香煙，更是給予鎮民無所不在的護持。猶記兒時的大年初一，天尚未光，父親便以摩托車載著我和奶奶，前往廟宇虔誠參拜。幼稚的童心，無欲無求，只是手拿清香呆立著，等著奶奶的祝願聲一落，這才隨之插香入爐，彷彿預約了今年的幸福安康。而後面臨人生的種種關隘，像是考試升學、從軍就業，我也都會至此懇請媽祖庇佑，一帆風順，無災無患。

食物，也是記憶故鄉的一種方式。自小，便習慣到一家麵攤吃食，經冬歷春，二十年流光忽忽而過，攤位數度遷徙，掌杓的老闆也已承傳後輩，我仍舊依循氣味而來，點上一碗肉羹麵，香滑順口，一如往昔。有時老闆也會親切問候，關於童稚時的種種情事，有時則定定的看著我，彷彿看著一捲，共存著變化與恆定的畫幅。

記得某次前往辜家舊宅的文物館內，覽看老照片所圈留下的過往物事，熟悉少，陌生多，若非有文字指點，幾乎以為那是拍攝於某個僻遠的城鄉了。希望歲月不再驚擾這座古鎮，永存此刻的靜謐安好，那麼在多年以後，我在街巷間追索過往身影時，還能有所依憑。

## 詞彙鍛鍊

- 空濛、釋然、恬和
  - ↓ 我喜歡在家鄉的巷弄行走，氣氛恬和，讓心靈也都空濛起來。
- 牽絆、掛腸、追憶、懷想
  - ↓ 故鄉一直是我心頭的牽絆，總在遇挫失意之時，追憶起在它懷抱中的溫暖。
- 孩提、青春、童稚、青春
  - ↓ 昔時孩提的足跡，在鄉間留存著，彷彿我不曾離開，彷彿一切都未曾更易。
- 依稀、模糊、隱晦(ㄏㄨㄟˋ)、朦朧
  - ↓ 我依稀記得，那些隱晦的過往，但是細節已模糊不清。我告訴自己，該是回鄉探源的時候了。
- 親切、親暱、熱絡、慇勤
  - ↓ 鄉親父老見到我回鄉，都慇勤訊問我的近況，面對那種熱絡的情感，我倍覺溫馨。
- 純樸、忠厚、古意、淳厚、馴良、憨(ㄏㄢ)直
  - ↓ 鄉間的淳樸古意，造塑了馴良憨直的一群人。希望日下的世風，不要改變了這一切。

## 成語運用

- 魂牽夢縈：形容十分掛念。
  - ↓ 離鄉多年，我格外想念巷口麵線糊的味道，那始終魂牽夢縈，揮之不去的氣息。
- 落葉歸根：長期居住在外，終究要回返家園。
  - ↓ 落葉終要歸根，倦鳥亦須知返。於外地工作的我，最盼望的是在退休之後，能夠回返故鄉。

- 近鄉情怯：久別故鄉，再重返家園時，所產生的一種既期待又畏懼的心情。

當我坐著搖晃的公車，沿著熟悉的街道近靠家鄉時，我突然情怯起來，疑惑起自己是個過客，還是歸人？

- 衣錦榮歸：功成名就後榮歸故鄉。

每個離家的少年，總是對自己許下承諾，來日必當衣錦榮歸，風光回返。

小筆記

學生作品

## 彰化，我的故鄉

陳宣維

都市包含著一點淳樸，而鄉村也摻雜著一點現代，純樸的鄉村味與現代的都市味混合在一起，卻又條理分明，那正是我的故鄉——彰化。

> 【說明】此段文句稍嫌饒舌。

彰化，它並不像台北，高樓大廈林立；彰化，它也不像台東，分散的鄉村聚落，而是高樓大廈混雜著矮平房，還有些許古蹟，像是孔子廟，還記得小學時的校外教學總到那兒參觀，每當老師在講解著它的由來時，我總在旁默默地聽著，所以現在我還可以將它背出來呢！

> 【說明】孔廟的描述，浮泛無意義。詳見改寫範文如何詮釋。

> 【措詞】「每當」應指多次，校外參觀較少多次參觀同一景點。

還有總是盤坐於八卦山上的大佛雕像，每年吸引近萬名遊客來觀光，當觀光客來觀光之時，也會順道來這兒參拜。現在還有一個傳說，據我所知，就是彰化從我出生到現在還未有過一場大災害，據說是大佛保佑著彰化，才使彰化不至於受到嚴重之禍害。而當最

> 【疑問】八卦山大佛是什麼地方吸引遊客？「來觀光」與「來參拜」有何不同？

> 【重複】「彰化從我出生到現在還未有過一場大災害」與「才使彰化不至於受到嚴重之禍害」意義重複。

【說明】流淚，太矯情，應刪去。

【疑問】貓鼠麵尚未著墨，做好收束，就跳到肉圓店，不好。

近上山時，我總是迷了路，也愈來愈生疏。

【疑問】未寫生疏之因，連接得有些突兀。

　　而火車站附近有一間聞名全台灣的小吃店，叫做「貓鼠麵」，我最近又到那兒去品嚐，味道仍與我小學時一樣，清香而不膩，而價格也與之前一樣不漲半毛錢。當我要到八卦山腳下的肉圓店去品嚐，卻聽說它已關門，我的眼淚不由自主且像斷了線的珍珠一樣掉了下來，小時候到那吃的畫面一片片的徘徊於我腦海中，每當我哭鬧時母親總會帶一顆肉圓回來給我吃，而現在那味道已離我而去。

【措詞】畫面怎會「一片片」「徘徊」？此處應作：畫面一幕幕放映

　　時間總是在我們不注意時，從指間流去，而使故鄉的人、事、物改變，所以當你在拼事業之時，也須常常回到故鄉，才不會有遺憾。

## 總評

- 描繪景點，只有蜻蜓點水，幾無深入描寫。
- 遣詞用句淺白，雖然易懂，但稍欠深度。
- 景點摹寫與事件敘述，銜接度不好，無法交融。

## 老師改寫

### 彰化，我的故鄉

　　這裡，有都市的現代，也有鄉村的淳樸，混雜出一種溫暖令人留戀的氛圍。這裡，是我的故鄉——彰化。

【仿句】這裡，有……，也有……

　　彰化，它並不像台北，高樓大廈林立；它也不像台東，鄉村聚落四散。矗立其上的大廈高樓，參差散落於三、四層樓高的屋厝間，還有零星的古蹟建物，在城市角落繼續述說它的滄桑的歷史。記得國小的戶外教學，老師總領著我們，參訪市區裡的孔廟。磚牆褪紅，屋瓦撲灰，壁上圖像也是斑駁難明，但我仍慶幸著市民能固守這樣一處地方，讓後人能溯源歷史，品嗅古香。

【仿句】○○，不像……也不像……

　　有時，在市區稍一抬眼，便能看見盤坐於八卦山上的大佛雕像，頷首低眉，照看祂座下的萬眾子民。據我所知，彰化似乎少有災禍，人們便說，都是山上大佛的庇祐。只是我被課業纏身，少有上山的機會，那條山路，曾是我幼時的最愛，如今，卻也愈漸生疏。

　　彰化美食，遠近馳名。火車站附近有一間「貓鼠麵」，已載譽數十年，每回登門光顧，味道仍鮮美如昨，清香不膩，價格也不曾調漲，彷彿時光仍停留在那兒，未曾更易。反倒是另間肉圓店，聽聞早已關門歇業，頗覺遺憾，猶記小時候哭鬧不休，母親總專程買回一顆肉圓餵食我，遏止那震耳的嚎啕。可惜那味道已成陳跡，難以覓求了。

時間總是在我們不注意時，從指間流去，抓不緊，留不住，故鄉亦隨之變遷改換，所以即便是旅居遠方，仍要記得回鄉探望，日後才能免去相見不相識的遺憾。

## 仿句練習

❶ **這裡**，**有**都市的現代，**也有**鄉村的淳樸，

❷ **彰化**，它並**不像**台北，高樓大廈林立；彰化，它**也不像**台東，鄉村聚落四散。

## 精選佳句

❶ 五〇年代台灣鄉下孩子常做的夢是：天亮進城。八〇年代的今天，他們長大了，做了城裡的中年人，開始夢想：入夜回鄉。（《十句話．陳義芝》）

❷故鄉是一個人童年的搖籃，壯年的撲滿，晚年的古玩。（《十句話・王鼎鈞》）

❸鄉情所以難忘，是對風景裡的人的牽掛。（《十句話・子敏》）

❹此刻，我才明白，勵行市場是我生命中的原鄉。人、氣味、攤架的貨物，這些眞實的物件，在我離開市場後的生活消失，那是我的人生走往虛無疏離的原因之一，我並不後悔選擇離開，可是，我必須承認當時的斷裂過於猛烈。（楊索〈回頭張望〉）

❺因而多年之後，當你在世界各城市中漂泊旅行，浪跡天涯時，你並不感到孤獨或寂寞，因爲有一座呼息規律的山林時時浮現在你心中，如詩一般，那是故鄉的柴山。故鄉那一座山，有著與眾不同的氣質和靈氣，也許你從來未曾了解她，但時空的距離卻讓你在回憶中更接近她……（張末〈因爲詩的緣故〉）

❻故鄉的記憶，是那麼多揮之不去的氣味，交錯著，一點也不雜亂，好像歸在記憶檔案裡的資料，一點都沒有遺漏，隨時一按鈕，就一一出現了。我第一次離開故鄉，忽然發現周遭的氣味變了，好像時差一樣，故鄉的氣味，也會在夜裡忽然醒來。在異地的夜晚，以爲沉睡了，以爲遺忘了，那氣味卻忽然浮起，使你無眠。（蔣勳〈南方的海〉）

❼畫家不只在異國開墾，也在畫布、雕塑中栽植鄉愁。既然選擇離鄉背井，他鄉便是故鄉，岩石的地面一樣要紮根立足，籐蔓纏實結。農夫模來已在異國的山林找到他心中的埔里。（方梓〈異國他鄉〉）

## 相關類題

愛己、愛人、愛鄉、愛國／以外地旅行者身分寫家鄉，題目自訂。／我愛家，我愛家鄉

# 住家

## 自訂／靈魂鬆綁

### 說明

家，是一處人們相依甚久的空間，由孩提至長成，我們在他的庇護下，如樹成蔭，如花展放。

與家人在客廳遊戲歡聊，陪伴母親於廚房炒煮作食，於廁衛洗浴身軀，引吭高歌，或是偎躺床畔，於你認爲家中劃隔開來的眾多空間，哪一處最讓你流連耽戀呢？請選擇家裡的一處空間，自訂題目，描繪出它的佈景，筆錄回憶，寫出它吸引你的原因何在？

### 審題

自行命題，可以透露出作者文筆的優劣，以及對此篇文章的掌握度，千萬不可草率爲之。如：我家的客廳、我的房間、廚房……命題示範如下：

❶ 房間：我的祕密花園、這是我的小宇宙、藍（裝潢以藍爲主）

❷ 廚房：聞香、柴米油鹽醬醋茶、食物的藏身處——廚房、君子，歡迎光臨（暗引「君子遠庖廚」）

❸ 客廳：家人們，集合！娛樂集散地、我家的心臟地帶

### 問題&思考

❶ 家裡的空間，你最喜歡何處？這個空間的用途與擺設，原本就是如此嗎？是否因爲某一個原因而有所變遷呢？

❷ 此空間的色調、裝潢、家具擺設有何設計巧思？

❸ 如果你一個人待在該處，你會如何去使用？感受爲何？若與其他家人共處於此，又有何感覺呢？

### 立意

❶ 家庭空間不如室外空間（如學校、城鎮）廣大，描寫要能細膩深入，才有辦法寫到足夠篇幅。否則難以爲繼，只能草率作結。

❷ 這個空間的視覺描寫，可細分爲：

⬇ 裝潢佈置、動線安排、光影變化（日、月、燈）

❸ 這個空間曾發生過的事情：

⬇ 一人獨處／兩人以上的互動／全家人

⬇ 喜怒哀樂皆可

❹ 寫出這個空間吸引自己駐足之因，以及對它的想法與感受。

# 聯想心智圖

## 住家

### 臥室
- 聽媽媽嘮叨
- 上下走動活眼
- 挫傷
- 遊戲
- 棉被
- 傳聲之感
- 遊戲之感
- 定義
- 連連娃娃羹羹羹
- 下午茶
- 蓮花
- 烤肉
- 我在這裡

### 庭園
- 花台
- 狗屋
- 烤肉架
- 野餐桌椅
- 休憩所在
- 定義
- 我在這裡

### 神明廳
- 信仰所在
- 牌位
- 神像
- 神桌
- 設備
- 我在這裡
- 過年祭神
- 有事祈求
- 犯錯罰跪

### 廚房
- 定義
- 美食所在
- 微波爐
- 瓦斯爐
- 冰箱
- 設備
- 我在這裡
- 被火灼傷
- 偷吃東西
- 自己煮菜
- 給媽媽煮菜

### 廁所
- 定義
- 解放所在
- 刮鬍子
- 排泄
- 看書報
- 我在這裡
- 洗澡
- 浴缸
- 唱歌
- 蓮蓬頭
- 刷牙
- 鏡子
- 馬桶

### 客廳
- 看電視
- 我在這裡
- 附贈
- 團聚所在
- 與家人聊天
- 招待朋友
- 設備
- 沙發
- 電視
- 伴唱機
- 音響

### 房間
- 私人所在
- 書櫃
- 電腦
- 衣櫃
- 鋼琴
- 設備
- 定義
- 打掃整理
- 自由擺設
- 我在這裡
- 換穿新衣
- 書書法
- 讀書
- 玩兒
- 睡覺

### 地下室
- 尋寶家中雜物
- 我在這裡
- 躲貓貓
- 定義
- 逃打潛入的小偷

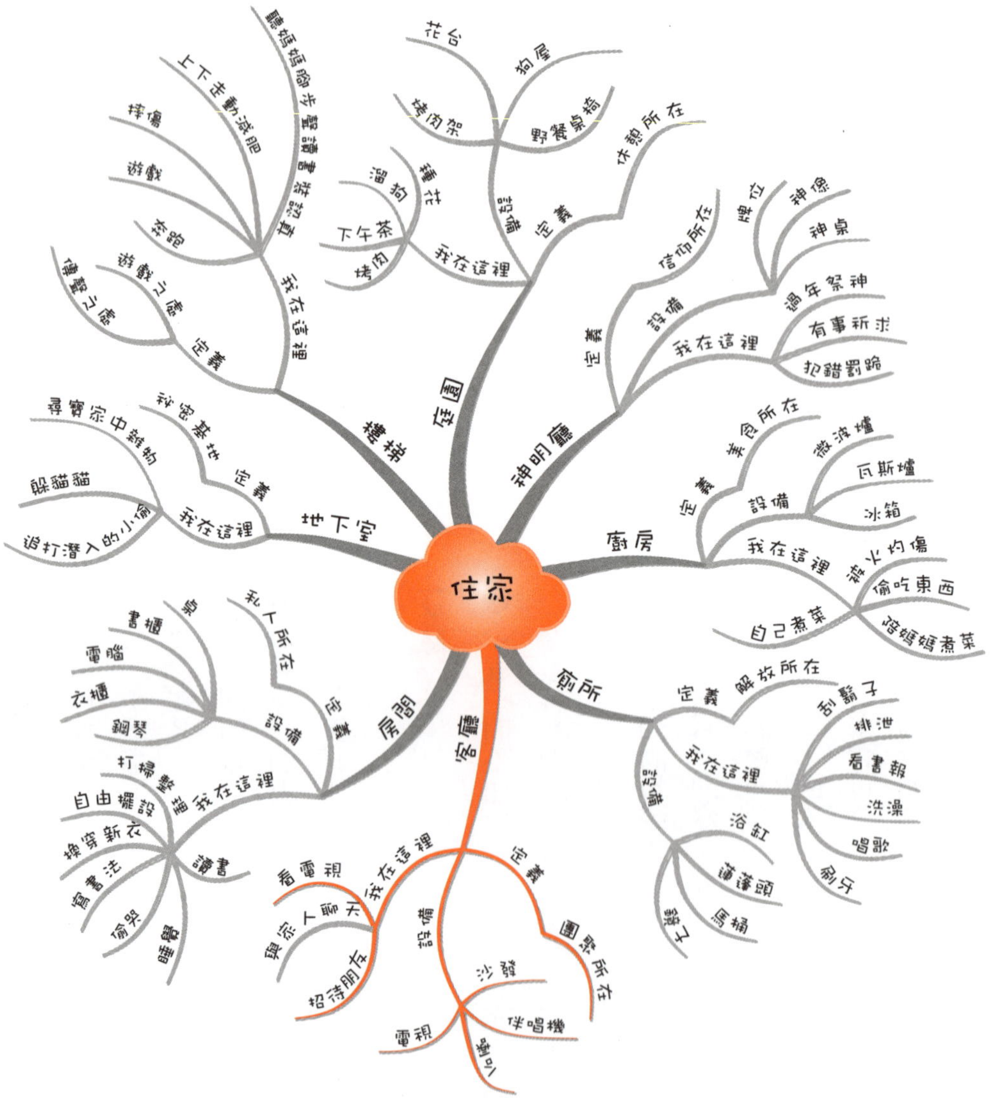


上色部份請參照P301教師範文

## 謀篇

**開頭：**點出家裡最喜歡的空間爲何處？並描寫空間裝潢、擺設。

**中段：**描寫此空間可從事的活動。

⬇聽音樂、觀賞電影、看電視（一個人獨處）。

⬇唱歌（眾人相聚）。

**結尾：**抒發對此處的感想。

⬇可靜可動，具娛樂效用，因此成爲我最喜歡的空間。

**叮嚀：**

❶空間的視覺摹寫一定要詳實，才能讓讀者身歷其境，也才能讓之後的敘事有所依託。

❷寫作時，千萬不可洩漏身分。

## 教師範文

### 靈魂鬆綁

【開頭】以譬喻法起始。

如果家原是一座港灣，我願能永遠停泊在這個渡口。

踏入家門，便可直接抵達此地，日光輕巧的從窗戶攀越進來，將玻璃**帷幕**上鐫刻的宋詞，投映牆上。ㄇ字型的沙發，亮黑大器，可於其上隨意坐臥。沙發前方壁牆，懸掛著大尺寸的電漿螢幕，側邊的電器櫃裡，陳設了各式視聽器材。還有八件式喇叭，各安其位，構築出變化環繞的音場效果。

是的，客廳便是我返家休憩時，駐留最久的空間。

扭開音響，輕靈有韻的旋律頓時滿溢整個客廳，我喜歡披著薄毯，賴坐在沙發上，讓雙耳接受樂聲的洗浴。王菲的魔幻歌吟，輕易擬造**慵懶**氛圍；由吉他**演繹**出的英文老歌，歌者的情感飽脹而濃郁，令人傾醉；至於閱覽閒書時，我則偏愛純粹的輕音樂，如微風拂吹，把心緒梳理得從容自在。

我也喜歡播映電影，轉置各異的生活步調。末日來臨，天崩地裂，極重低音的震晃，宣告著地球的喪鐘已響；超能英雄的孤獨與堅持，在鏡頭下更顯其悲壯動人。脫離現實的綑縛，從影片窺見另一種人生，體驗另一段遭遇，然後在返身觀照自我的人生，才能看得更客觀透徹。

有時，我也會約集友人，一起在客廳歡唱嘶吼。

翻開歌本，喚出點歌機裡頭待播的曲目，其實也順帶洩漏了自己心情的禁語。若是近況極為困窘，滿腹**牢騷**無處可訴，你便需要一首扯開喉嚨，狂叫吶喊的歌，帶給自己宣洩的滿足。倘若忽然憶起昔日的一場戀情，你或許會唱起對方最愛的某一首情歌，讓自己重溫當時的甜蜜愉悅。每個人都在這個小小的空間裡，傾聽著彼此的心事，彷彿就此得到救贖。

我喜歡客廳，它可以是一片汪洋，讓我漂浮**假寐**，也能是一座平原，讓我高聲喊叫。最重要的，它是一座安詳的天堂，讓心情寧靜，靈魂鬆綁。

重要注釋

❶帷幕：帳幕。
❷慵懶：懶惰。
❸演繹：推理。
❹牢騷：抑鬱不平。
❺假寐：閉目養神。

## 詞彙鍛鍊

- 屋廬、房宅、屋廳、斗室、舍軒、寓所、垣牆
  - 在這個時代，房舍的價格不斷攀高，市井小民只得四處賃居。
- 奢華、貴氣、隆重、富麗、輝煌
  - 朋友家的裝潢，奢華貴氣，置身屋內，彷若居處皇宮。
- 別緻、清爽、淡雅、大方、新穎、簡約
  - 我喜歡這個房間淡雅大方的擺設，沒有擁擠狹隘的感覺。
- 破敗、塌裂、狹仄、鴿籠
  - 回到那小如鴿籠的舊居，牆塌柱裂，破敗難以復修。
- 不紊、依次、勻整
  - 他龜毛的個性，在這個空間顯露無遺，每件物事都有條不紊的排列齊整。
- 紊亂、凌亂、狼藉、潦草、雜沓、龐雜
  - 朋友於此居住了一段時日，將整個房間地板，弄得狼藉一片，凌亂的程度，令人皺眉。
- 喬遷、遷徙、搬家、卜居、蟄居、幽居
  - 他買下一棟水湄家屋，擇日喬遷，準備幽居於此。
- 修葺、整治、修繕、陳設、塗飾
  - 連日來，他們催促裝潢師父，趕工修葺，希望趕在年底前，順利入住。

## 成語運用

- 井然有序：條理分明而有秩序。
  - 他的妻子善於整治家務，把家中所有物事，整理得井然有序。
- 飛簷高啄：形容屋簷高高翹起。
  - 那幢新屋，飛簷高啄，屋角直刺天空，有種渾雄的氣勢。
- 一塵不染：非常乾淨。
  - 每個人都嚮往一塵不染的家居，卻都懶於清潔打掃。
- 里仁爲美：選擇住處應挑有仁風的地方。
  - 里仁為美，挑選住所時要慎選鄰居，畢竟千金買屋，萬金買鄰，友善的鄰戶，得來不易啊！
- 安家落戶：到一個新地方建立家庭，長期居住。
  - 隨著工作的遷徙，他於台北盆地安家落戶，展開嶄新人生。
- 美輪美奐：形容房屋裝飾得極爲華美。
  - 第一次到他新購置的屋宅，裡頭佈置得美輪美奐，讓我都想長住下去了。

小筆記

# 師生對照鏡

## 學生作品

### 房間筆記

廖則穎

在我的家裡面，我的房間對我來說，是很重要的。它雖然不是一間很大的房間，但我每天睡覺、寫作業，做其他事也都是在我的房間。

【刪改】前三句的斷句與意義都稍嫌瑣碎。改作：在家裡能擁有個人專屬的房間，對我而言，是相當重要的。

【說明】此處說明平凡，甚為多餘。

我的房間，門一打開，便會看到一個小書櫃。書櫃裡擺放著一些我愛看的書，有漫畫，有小說，還有幾本厚重的字典。轉個彎，便可看到我的書桌，桌上有些雜亂，堆滿了我的講義。幸好我的桌子空間很大，可以讓我好好應用。而書桌旁就是一張床墊，床墊上沒什麼特別的，就是棉被、枕頭，床頭邊放了一本散文集，有空的時候就將它拿起來看。我的房間組成就只有這樣，並不會太大。

【換句】開啟房門之後。

【說明】床墊不特別，為何又要寫出來，堆疊冗句。請閱讀改寫的第四段。

【刪改】桌子空間大，還可應用什麼？沒寫出來，實為冗句，刪去。

【重複】「房間不會太大」的概念，已於首段出現過了。

但二、三年前，這間房間是不屬於我的，它原本只是一間電腦房。在那時候，姐姐有一間她的房間，但我沒有。所以就吵著跟爸爸要一間房間，最後爸爸只好將電腦搬到書房，從此這間房間就是我的了。

【段落】此段改移至倒數第三段，讓後段房間物事的描寫，得以移前集中。

【換句】剛開始，我的房間空無一物。

剛開始我的房間是沒什麼東西，除了一張床，但隨著時間流逝，我也放了一些自己喜歡的東西。一些從學校拿回來的作品，還有我自製的大聯盟球隊標誌。後來也放了一缸的小魚，當心情沉重或課業繁忙時，看一下他們，心情也會緩和許多。

【段落】此段於改寫時，只保留「房間一開始無東西」的概念，其他房間物事的描寫，統整於第二段中。

　　到了現在，我已經很會擺放一些東西了，雖然我並沒有使用它們很多年，但我很高興有這間房間。希望它可以陪我度過更多的歲月。

【說明】此句語焉不詳。

【段落】感想流於俗套。

## 總評

● 空間書寫，有關的物品與事件，應巧妙的做出連結。但此篇第二段，只描述物品的擺設與外形，卻又不夠細膩，也沒有寫下自己使用它們的過程與感想。

## 老師改寫

### 房間筆記

【開頭】先為房間做出定位，再以排比句型，寫出原因。

　　我喜歡我的房間，甚於家中其他的空間。它的坪數不大，卻收納了我的喜悅與悲傷，它的擺設簡單，但每一件事物都藏著一個祕

【仿句】它的……，卻……；它的……，但……

密。

【說明】學生作品中，沒有針對書櫃寫出「它與生活的關係」，有走馬看花之感。

一進入我的房間，便會看到一個小巧的書櫃。書櫃零散擺放著一些我鍾愛的書，有漫畫、小說、散文，還有幾本厚重的字典。臨睡前，我習慣到此隨意抽出一本書到床上閱讀，有時讀到夜深，有時讀個兩三行便酣然入夢了。

【仿句】……有時……有時……

轉個身，便可看到我的書桌緊鄰窗戶，陽光整片潑灑在桌面，瑩亮生光。國三學生的桌上，免不了散放各科講義，每回讀書總安慰自己，大考之後，定要將之一掃而空，還給書桌最潔淨的面容。書桌一角，擺放著學校美術課製成的陶藝作品，還有一缸悠遊的小魚，用它們自在擺動的身軀，鼓舞我灰沉的心情。

書桌旁則擺放著一張彈簧床墊，每回讀書疲累之餘，我總是縱身撲上，聞著棉被枕套熟悉的氣味，讓自己焦躁的心情，慢慢平復。偶爾便這樣躺著，什麼也不做，直看著天花板發呆，想著這地方原也不是屬於我的。

【仿句】每回……我總是……

最初這地方只是一個擺放電腦的房間，猶記當時年幼的我，看著父母共享一間敞闊的主臥，姐姐也有專屬自己的起居室，只有我寄居於父母的房內，沒有一塊獨占的小天地，所以便央求父親把這個房間整理給我，讓我在這個家中也有所依歸。

記得初始，我的房間空蕩簡靜，除了一張床之外，什麼多餘的東西也沒有，但隨著時間流逝，我擺放了一些自己喜歡的東西，讓它漸漸有了生氣。

我依戀它的窄小，也滿足於它提供給我的溫暖，希望未來的歲月，它仍舊能親密的陪伴我成長。

## 仿句練習

❶ **它的**坪數不大，**卻**收納了我的喜悅與悲傷，**它的**擺設簡單，**但**每一件事物都藏著一個祕密。

❷ 臨睡前，我習慣到此隨意抽出一本書到床上閱讀，**有時**讀到夜深，**有時**讀個兩三行便酣然入夢了。

❸ **每回**讀書疲累之餘，**我總是**縱身撲上，聞著棉被枕套熟悉的氣味。

## 精選佳句

❶ 安得廣廈千萬間，大庇天下寒士俱歡顏。（杜甫）

❷ 家不是講理的地方，家該是講愛的地方。

❸陽台的好，就在若有若無之情狀，明明看得見街面，卻又不屬於街道，而站在坐在陽台上的人，既是觀眾又是表演者。（《十句話．韓良露》）

❹舊時的女人，都有一扇窗。站在窗前的女人，是寂寞的。寂寞的等待，寂寞的眺望，嘆息成一個黃昏。只有窗是知意恆久的，女人最後愛上了窗。（張曼娟〈窗的表情〉）

❺許多年後，我陸續打開了許多時間的房門：那扇漆色剝落的門，旋轉門把上也許還黏印著最後一次關上房門的指紋；那扇嵌上了紗窗的木板門，我仍記得在帳網破漏的地方，用ＯＫ繃草率地黏補起來，在後來卻沾染上暗沉類似油垢的顏色，彷如一枚一枚受傷的痂印；是呵，甚至我還想起了，有一扇門總在開關之間，因爲在某關節處生了鏽卻未及上油的緣故，就會發出依依噢噢的聲音。（龔萬輝〈隔壁的房間〉）

❻一個衣櫥，疊著四季衣裳；二手電視，看了三年的《Six Feet Under》；一張書桌，桌前貼滿明信片；一張大床，床頭櫃倚著我愛的EgonSchiele；一個電腦桌，用了多年，陪我寫許多字、讀難解的拉岡；一個流理台，塞滿祕密的零食；組合式的書桌、房東的冰箱、透明冰藍的浴簾、落地的暖黃燈、某一年撕畫展覽的海報、妹妹送我的Snoopy面紙盒……（孫梓評〈麻煩把我搬走〉）

❼在陋巷，有時更容易發現上帝；有許多魍魎（ㄨㄤˇ ㄌㄧㄤˇ）反而出現在金色的殿堂。（《十句話．艾笛》）

❽所謂家，就是你離開它以後，第二天就會想它的東西。家的誘惑，就是你可以隨便躺隨便臥。人最愉快的，就是隨便，而它只有家才能給你。（《十句話．梅新》）

❾取暖最好的方法就是回家。（《十句話．洛夫》）

## 相關類題

回家／我的小天地

# 學校　校園之旅

## 說明

這個校園，我們曾經陌生。我們趁著下課，不斷尋訪這陌生的國度，希望自己青春的靈魂，能找到一處依歸。我們在其中駐足、流連，轉眼間，三年歲月忽忽而逝，一景一物都開始感染上我們的氣息。漸漸我們開始熟悉，提到操場，我們便想起校運會時的風光；提到大榕樹，我們便會想起昔日的迷藏遊戲。

你曾一個人徜徉其中嗎？或是約集朋友，熱熱鬧鬧的巡禮這親切的學習環境呢？請同學以**「校園之旅」**爲題，仔細書寫記憶中的校園風光，一景一物。

## 審題

**校園**　**之旅**

☐最懷念的，是學校轉角的那家蔥油餅攤販……
☑那座禮堂，見證了我們開學時的羞澀，畢業時的成熟。

【說明】應以校園內景觀爲主。

☐寫出不同地點的人與回憶。（只有敘事）
☑從學校景物（寫景），帶出自己的回憶。（敘事）

## 問題&思考

❶ 你最想書寫哪一個求學時期的校園呢？爲什麼？
❷ 你想描述哪一些校園景觀呢？爲什麼？是因爲它的美麗令人讚嘆？還是回憶大多生發於此？
❸ 遊逛校園前後，你的心情分別爲何？

## 立意

❶ 設定進行校園之旅的時間點：
- 剛入學→應懷有「好奇」、「陌生」之感。
- 就學時→純就當下事件進行敘述。
- 畢業前→應懷有「依戀」、「懷舊」之感。
- 畢業後→應懷有「感動」、「懷舊」、「溫習」之感。

❷ 文章線索，應以校園景點相對應的位置，順序描寫。
❸ 校園景點，可搭配的書寫題材有：
- 該建物的歷史緣由／個人回憶／景色描摹。

❹ 援引回憶，內容別太雷同，將下列元素穿插運用：
- 一人獨行（寫沉思）、多人簇擁（寫友情）。
- 喜、怒、哀、樂。
- 上課、下課、放學、寒暑假、社團。

# 聯想心智圖

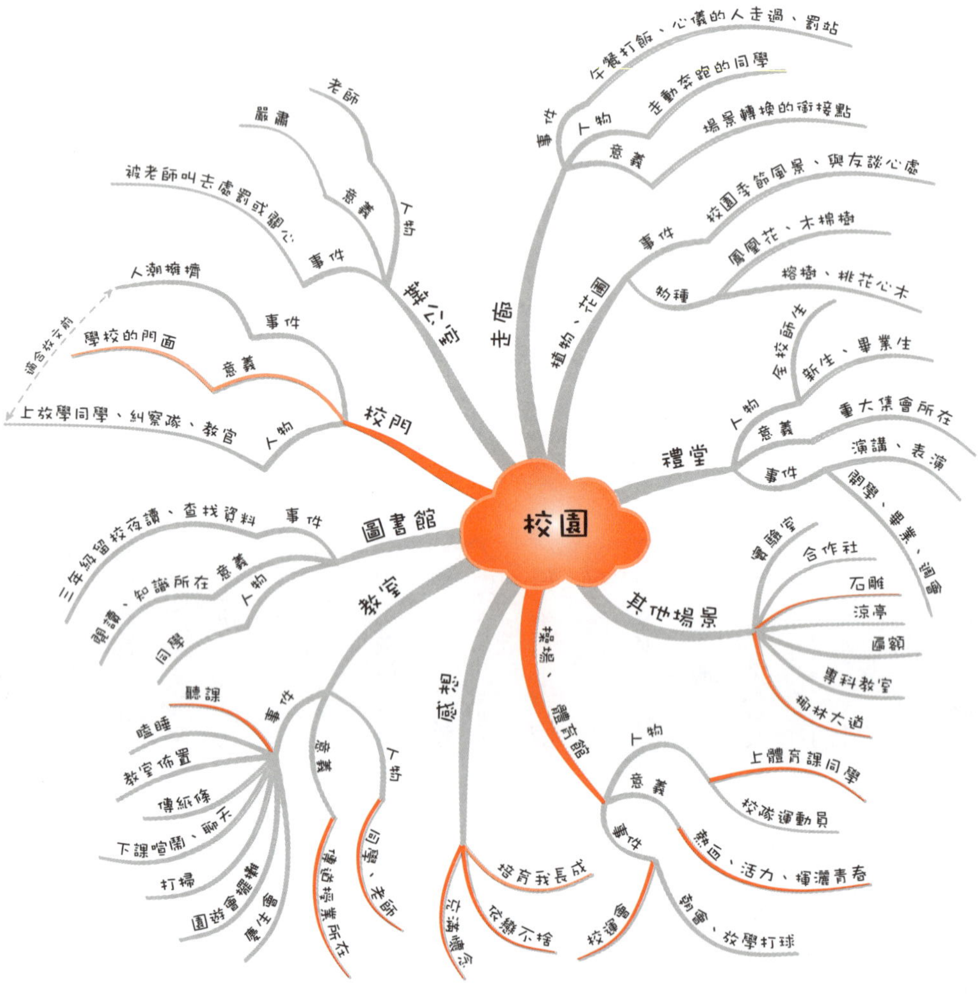
校園
校門
事件
人潮擁擠
意義
學校的門面
人物
上放學同學、糾察隊、教官
適合校文前
辦公室
事件
被老師叫去處罰或關心
意義
嚴肅
人物
老師
走廊
事件
午餐打飯、心儀的人走過、罰站
人物
走動奔跑的同學
意義
場景轉換的銜接點
植物、花圃
事件
校園季節風景、與友談心處
物種
鳳凰花、木棉樹
榕樹、桃花心木
禮堂
人物
全校師生
新生、畢業生
意義
重大集會所在
事件
演講、表演
開學、畢業、週會
其他場景
實驗室
合作社
石雕
涼亭
匾額
專科教室
椰林大道
操場、體育館
人物
上體育課同學
校隊運動員
意義
熱血、活力、揮灑青春
事件
朝會、放學打球
校運會
感想
培育我長成
依戀不捨
充滿懷念
教室
事件
聽課
瞌睡
教室佈置
傳紙條
下課喧鬧、聊天
打掃
園遊會擺攤
慶生會
意義
傳道授業所在
人物
同學、老師
圖書館
事件
三年級留校夜讀、查找資料
意義
閱讀、知識所在
人物
同學

上色部份請參照P311教師範文

## 謀篇

**開頭：**整體文章架構，設計爲「自己帶領校外朋友，遊逛校園」，故以第二人稱寫作。

**中段：**

⬇景點一＋歷史原由

⬇景點二＋回憶（一年級、校園運動會）

⬇景點三＋回憶（一人、散步吹風）

⬇景點四＋當下見聞（讀書聲）＋回憶

**結尾：**校園雖小，回憶甚多。

**叮嚀：**

❶請在書寫的過程中，讓讀者能夠想像出，校內各個建築物的地理位置。因此，在場景的轉換間，要特別注意。

❷千萬勿透露身分。包括校名、各式人名、學校特徵等。

## 教師範文

### 校園之旅

如果，你想要前來我們學校探訪，那麼，先從大門右前方的景致看起吧！

那是一尊手捧書籍、安靜蹲坐的「猴讀書」雕像，是前任校長設立的精神表徵，取其台語諧音，便是希望每個學生路過於此，都能不忘自己來校求學的目的。

石猴的前方是操場，球影拋飛，學生的嬉鬧聲不斷。你知道嗎？這是我最喜歡的一處地方。記得一年級的校運會，我憑藉自己的快腿，爲班上贏到一面獎牌，同學簇擁住我，歡聲雷動，直到今日，我彷彿還能聽見那一刻的嘹喨。

操場右側，則是一條椰林大道。我總選在多風的時候，行走於此。綠葉搖曳，灼燦的陽光從樹梢篩落，風在身旁穿梭，像是整個校園正在呼吸吐納，蓄積了一股蓬勃的力量。

有時，會有琅琅的讀書聲從隔壁的大樓傳來，如果你仔細聆聽，或許能辨認出我殘存的聲音。是的，國中時我的教室便在大樓的二樓，在那處空間裡，我曾與來自四面八方的同學聚首，悲歡與共，印證了彼此的青春年少。

你說，這個校園其實不大啊！我卻說，它的存在對我而言是重要的，昔時的身影留存於此，昔時的情感也收藏於此。

其實，這也是一趟撿拾回憶的旅程。

## 詞彙鍛鍊

- 琅琅（ㄌㄤˊ ㄌㄤˊ）、吟唸、誦讀

→ 走在長廊上，甜軟的童音繚繞著，孩子在教室裡，琅琅誦讀著剛學的篇章：天那麼黑，風那麼大，爸爸捕魚去，為什麼還不回家？

- 諄諄（ㄓㄨㄣ ㄓㄨㄣ）（叮嚀教誨不倦）、教誨（ㄏㄨㄟˋ）、善誘、學風

→ 師者諄諄，對我們這些荒唐頑皮的孩子，始終不曾放棄，循循善誘。

- 校舍、館堂、大樓、雕塑、庭園、中庭、步道、大道

→ 校地廣闊，校舍雄偉，尤其是那條椰林大道，走在上面，不免有種傲然之慨。

- 玲瓏、精巧、莊重、開敞、簡樸、雄偉、巍峨（ㄨㄟˊ ㄜˊ）、凌雲、堂皇

→ 學校雖然玲瓏精巧，卻是莊重簡樸，教授常常跟我們說：「大學、大學，重點在『學』而不在『大』。」

- 青春、飛揚、跋扈、韶華（光陰、青春）、年少

→ 我的青春呵，散落在這學校的每一個角落，當韶華已逝，那些記憶中的片段，更顯得彌足珍貴了。

## 成語運用

- 薪火相傳：師生授受不絕。

→ 我看見課室中，有著隱然的光亮。老師授業課徒，無私無怠，學生聽講讀冊，孜孜矻矻，文化薪火，於此遞傳著。

- 有教無類：施教的對象，沒有貴賤貧富的分別。

→ 我看見一個孩子，在僻靜的花園一角，來回逡巡。學生說：「老師常常羞辱他。」我心底突然一驚，每一位老師，不都應是有教無類的嗎？

- 春風化雨：比喻師長和藹親切的教育。

→ 在校園中，我是一莖嫩草，我是一株幼苗，老師的訓示如春風撫順我，老師的關懷如春雨滋潤我。

- 汗牛充棟：書籍極多。

→ 我喜歡學校圖書館的藏書，汗牛充棟，每個人都能在此找到與自己頻率相合的作品，消磨時光。

• 拔地而起：突出地面，有挺拔、高超的意思。

新的行政大樓，拔地而起，令人不禁仰望注視。

• 花木扶疏：花草樹木枝葉繁茂。

中庭種滿植栽，花木扶疏，盎然綠意，朋友說，這裡是他的桃花源，時常蹓來遊逛。

• 窗明几淨：形容居室明亮潔淨。

導師要求我們，教室必得窗明几淨，任課老師上課才能上得舒暢，我們也能安適的學習。

• 弦歌不輟：禮樂教化普及。

這間學校，始終弦歌不輟，誕育出許多優秀的校友，在各個領域發光發熱。

小筆記

學生作品

## 校園之旅

廖則穎

走進了學校，可以看見那開滿花朵的花圃，以及那高大的椰子樹立在校園內。整個學校被四棟大樓包圍著，還有中間一棟爲老師所建造的辦公室。很難想像，在這一那麼小的學校內，可以容納這麼多人。

【說明】學校人多，絕不會是一種校園特色，用半個段落來描述，有些浪費。

在那棟辦公室的旁邊，是學校的操場，在操場旁，有許多的籃球架，下課時，總是有許多人在球場上高興的打球。我很喜歡這個操場，因爲在這裡有著我跟同學的美好回憶，我們一起打球、追逐、練跑步，都在這個操場上。

【刪改】我喜歡這裡，因為它儲存著我跟同學的美好回憶。

來到了教室前面，是一條貫穿許多間教室的走廊。走在這條長長的走廊，可以感覺到風輕輕的往臉上吹，聽到那琅琅的讀書聲和那上課時開心的笑聲，看到學生認真寫考試卷，以及那明亮的太陽照射在校園裡。走在這個走廊上，讓我感覺到這個學校的生命力，

【冗雜】走廊重述兩次，稍嫌累贅。

【疑問】寫考卷怎會讓人感覺到「生命力」？「生命力」的感想，適合用在於第二段的操場。

有著生生不息的感覺。

走過這間面積不大的校園，卻有著許多美好的經歷，這對我來說，是十分特別的。這趟校園之旅，走過不只是外表看到的，經過了美好的回憶。

【段落】結尾不知所云。

## 總評

● 段落分明爲其優點。唯有寫景及敘事時，皆浮泛帶過，惜未多加以著墨。

## 老師改寫

### 校園之旅

我喜歡在清晨時走入校園，便可以看見百花爭妍的園圃，迎風搖曳，嬌小美麗。還有兩列大王椰子峙立，綠影婆娑，伴隨著沙沙的樹葉摩擦聲。每回走進校門，看見花樹交掩，總嗅聞到一種清朗的氣息。

我喜歡我們的校園，地雖不大，卻有著堡壘的感覺。教學大樓四面環繞，包圍著其中的操場與辦公室。我喜歡從二樓的教室，往

【說明】全文分段以「我喜歡」開頭，變成了行文中特殊的分列安排。

【仿句】我喜歡……雖不……卻……

【解釋】婆娑：舞蹈、舒展、茂盛、淚光

下俯瞰，同學們在籃球架旁揮灑汗水的模樣，我想，這就叫青春吧！我也有我的青春，在這片操場上，曾與好友結伴打球、奔跑爭逐，在校運會前練習跑步……每一個畫面，都歷歷在目。

我喜歡爬上大樓，來到這條貫穿許多間教室的走廊，行走於此，不僅可以感覺到風的精靈在這裡嬉鬧奔竄，還可以窺視不同的班級教室。有的教室，眾聲紛呈，琅琅的讀書聲以及哈哈的譁笑聲間雜著；有的教室裡頭，沉沉死氣，老師手執教鞭，來回逡巡，學生認真的書寫考卷。午後的陽光，斜斜的從窗戶投射進來，照在鄰窗學生的臉龐上，閃熠生亮。

走在這長廊上，讓我看到許多美好的畫面，無論歡欣，或是憂愁。

我喜歡走遍校園，像是經歷過不同時期的，屬於自己的種種回憶。對於這座校園的眷戀，始終不曾更易。

【解釋】閃熠：光芒四射。

【解釋】逡巡：徘徊。

【仿句】……，讓我……，無論……或是……

【說明】把學生範文「生命力」的感想做修改，較符合敘述的情景。

【仿句】我喜歡……，像是……

## 仿句練習

❶我喜歡我們的校園，地雖不大，卻有著堡壘的感覺。

❷走在這個長廊上，讓我看到許多美好的畫面，無論歡欣，或是憂愁。

❸我喜歡走遍校園，像是經歷過不同時期的，屬於自己的種種回憶。

## 精選佳句

❶原本就不寬敞的校園，因工程車進進出出，顯得更侷促。學生與我商量轉學考的事，態度十分堅決，因爲他不喜歡這個校園，這地方也曾美麗，但他沒趕上；這地方完工後可能有很好的遠景，但他等不及。青春如此倉卒呵。（張曼娟〈荷花生日〉）

❷教室與家中餐廳，是偏見最容易養成的地方。教師與家長在這些地方，也最容易施展權力。不過我相信，有作用力就會產生反作用力，學校裡的權力關係自不例外。是以我與學生常常同一陣線，抵抗集體的暴力或弱智。現在的學生告訴我，升學牢籠裡，他們是一群珍禽異獸。被豢養、被窺看、被要求維持亮麗而單調的毛色。（凌性傑〈青春的居所〉）

❸我們像是回頭尋找失物的旅人，再次走進那座校園，放輕腳步經過那些並排的課室。那長廊上搖晃著午後時光的樹影，渠道早已積了落葉。我們最後停在長廊的末端，掰開一扇玻璃百葉窗，從窗縫偷看那間空置的美術教室。高高矮矮的木凳仍然靜靜地堆疊在課室的角落裡。參差的影子被夕陽拉長，拉到擺靜物的矮几上。黑色的絨布還擺著石膏正方體、三角錐。好像誰也不曾移動過那樣。（龔萬輝〈素描時光〉）

## 相關類題

尊敬師長，愛護學校／校園生活記趣／校園一隅／當我看著黑板／教室內外

# 第六章

# 事件

◆ 遊記：自訂／我該如何跟你說集集

◆ 生活：從生活的一件事談起

◆ 閱讀：我最喜歡的一本書

# 遊記

## 自訂／我該如何跟你說集集

## 說明

旅行，可以是一種流浪；旅行，也可以是一種探險。當我們沿著輿圖，越嶺翻山，開始了空間的挪移，隨即啓動一趟屬於自己的旅行，不論是獨行或是結伴，都能探掘出意外的驚喜。

有人以文化爲主軸，行腳四方的古蹟遺址；有人以山水爲範疇，悠遊天地大化的遼闊；有人以廣聞爲目的，體驗在異國風情的美好。因此，在遊旅之後，我們的靈魂彷彿得到焠煉，變得壯大豐美。

請同學將某地的遊歷經驗，化爲文字，書寫旅行的見聞與感懷。題目自訂。

## 審題

❶ 題目可鑲嵌地名

- 時間：秋日台北、黃昏的淡水、夜探旗津。
- 特色：聽風的聲音——新竹、大佛足下的彰化。
- 其他：嘉義采風、九份剪影。

❷ 題目可以點出旅行的重點

- 海誓山盟→地點：花蓮。寫山與海。
- 古老的心事→地點：台南。寫古蹟。
- 尋食→地點：鹿港。寫小吃。

## 問題&思考

❶ 你最有印象的一次旅行，發生於何時何地？

❷ 此次旅行成行的原因爲何？一個人還是成群結伴？

❸ 該地最有印象的人物、景物爲何？有何感觸？（參考立意）

❹ 旅行過程中，是否有發生特別的經歷？

❺ 結束完此次旅行之後，個人有什麼收穫呢？如：豐富知識、轉換心情……

## 立意

❶ 確立此篇遊記的主軸：自然景色、觀光景點、歷史、風俗、住民、飲食、產業、綜合……。

❷ 確立遊歷之後的抒感：美麗、休閒、環保、時光短暫……。

# 聯想心智圖

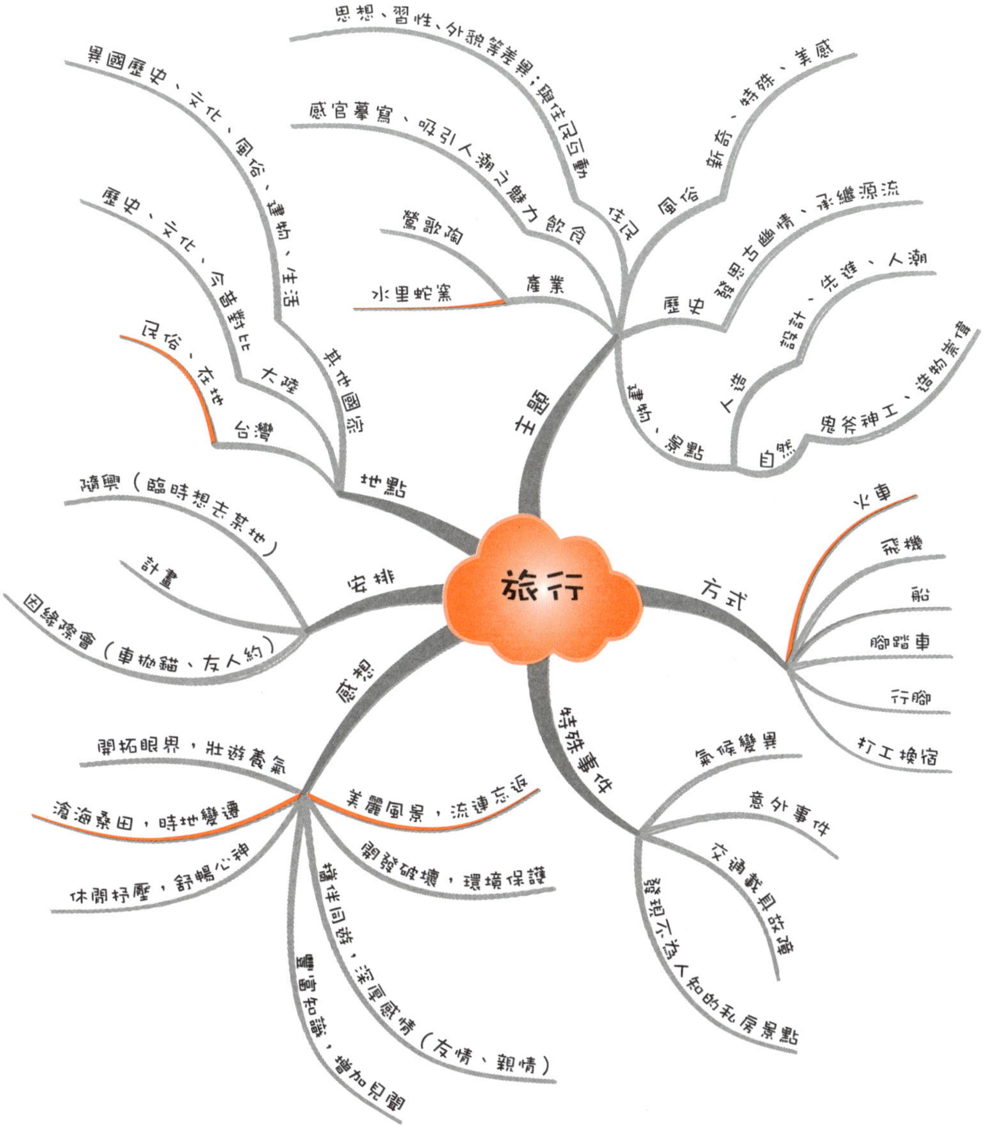
旅行
主題
住民
思想、習性、外貌等差異；與住民互動
風俗
新奇、特殊、美感
產業
感官摹寫、吸引人潮之魅力飲食
鶯歌陶
水里蛇窯
歷史
發思古幽情、承繼源流
建物、景點
人造
設計、先進、人潮
自然
鬼斧神工、造物者偉
地點
其他國家
異國歷史、文化、風俗、建物、生活
大陸
歷史、文化、今昔對比
台灣
民俗、在地
安排
隨興（臨時想去某地）
計畫
因緣際會（車拋錨、友人約）
方式
火車
飛機
船
腳踏車
行腳
打工換宿
特殊事件
氣候變異
意外事件
交通載具故障
發現不為人知的私房景點
感想
開拓眼界，壯遊養氣
滄海桑田，時地變遷
美麗風景，流連忘返
休閒抒壓，舒暢心神
開發破壞，環境保護
攜伴同遊，深厚感情（友情、親情）
豐富知識，增加見聞

上色部份請參照P322教師範文

**謀篇**

**開頭：**點出命題的用意。

**中段：**選出2～3個較有感觸的景點。（景＋情）

⬇瀑布　＋人事無常。

⬇綠色隧道　＋與對方的關係。

**結尾：**抒發感想。希望對方有一天能陪同重遊。

**叮嚀：**遊記的內容可以包羅萬象，可懷人，可寫己身思索，可抒發情緒，可偏考據紀錄。針對自己擅長的筆法發揮，效果最好。

**教師範文**

## 我該如何跟你說集集

臨行時，想起你的囑約，要我在旅歸後，對你親口敘說關於集集的回憶。

由於你的請求，使我在顛簸不定的車廂中，陷入怔忡。因爲不知該用怎樣的神情，怎樣的語氣，怎樣的文字以及記憶，來對你傳述集集的綽約風光，旖旎美景。

火車疾速直馳，穠麗繁豔的窗景也迅捷地改換，我一邊窺望窗景，一邊爬梳原本紊亂的思緒。抵站的同時，我才忽然領悟，旅途中閱見再多的景致，皆如雲煙過眼，無繫於心，只有遊覽後，那些難以言喻的幽微心情，才眞正值得追想聆聽。

於是我決定，用我的心情來向你說集集的心情。

出了車站，便直驅集集瀑布，只是許多來到此處的人，都不免驚詫：「那眞的是一道瀑布嗎？」

崖壁上並沒有披垂而下的白練，沒有震耳欲聾的水石相擊聲。來到此處，本想享受讓水花飛濺的清涼暢快，但現在什麼都消失無跡。我嘆了一口氣，滿是被誆騙後的無奈。

伸出手，我摩挲（ㄙㄨㄛ）那平滑如鏡的山壁，知道這兒的確曾有水瀑奔騰過，只是不知什麼原因，枯渴衰竭。關於它乾涸的原因，難以探究。其實在生命中，也有許多事情讓人銘心刻骨，但在時間的撫化下，一一地摧折消磨，有時還能依稀留存，有時便徹底的遺忘了。

如同那喧嘩的急瀑，曾經尖銳地割劃過山壁的胸膛，而今卻船過水無痕，搜尋不到任何跡影。

沿著山路，迂迴而上，我看見道旁兩行挺直的綠樹，高聳入雲，撐頂著那一大片湛湛青天。你知道嗎？我來到了綠色隧道。很久很久，就聽聞過這個浪漫寫意的名字，卻始終無緣親見。總在寤寐之際，揣想自己漫步在綠樹交纏的雙臂之間，拾揀那一片片飄搖而下的落葉，載負那一束束被葉縫篩落的陽光。

隧道裡的風，飄逸輕柔，阻絕了炎炙的熱浪，嗅吮著漂浮在空氣中的芬多精，我突然莫名地想起你。

我們之間，總是千山萬水，迢遙相隔。如果真能有著這樣的一條隧道，闢鋪在我們中間，任意地穿梭來去。我便可以準確地，依循這條瑩亮的綠徑，找到漾滿微笑的你。

其實這次，我還到過純樸悠久的明新書院，盤根錯節的大樟樹，以及頹圮殘破的水里蛇窯。只是返家後，我再也拼湊不出，遊歷那些地方的原始心情。

或許下一回，你能陪伴我，搭著搖搖晃晃的小火車，再來集集。我將仔細地，在你耳邊訴說，其它遺忘失落的心情。

**重要注釋**

❶綽約、旖旎：柔媚婉約。

❷穠麗：華麗。

## 詞彙鍛鍊

- 俯瞰、觀賞、賞玩、遠眺、環視、瞻仰、顧盼
  - 攀上八卦山，極目遠眺，城市燦爛灼亮，彷若珠玉所砌成。
- 觀光、旅行、暢遊、漫遊、遊歷、遊覽、尋幽、攬勝、蹓躂（ㄌㄧㄡˋ ㄉㄚ˙）
  - 拎起行囊，開始了無目的的漫遊，攬勝尋幽，盡其在我。
- 讚嘆、稱奇、驚訝、追憶、緬懷、陶醉、盡興、快慰
  - 行步於億載金城下，不免追憶沈氏勤懇為政的風範，但那已是前朝古事了。
- 講解、解說、介紹、導覽
  - 在解說員的導覽下，我突然明白半邊井的修設，有著怎樣寬厚的善念。
- 行樂、作樂、取樂、狂歡、盡興、散心、解悶、排遣、消磨
  - 來到旭海草原，散心解悶，排遣寂寥，就這樣晃盪一個下午。

• 騎、划、搭乘、駕駛、驅車、啓航、停泊、橫渡、飛行、導航

⇩ 大伙坐穩後，遊艇便轟隆啓航，站在船舷四下環顧，山影島蹤，盡皆映現潭面。

## 成語運用

• 遊人如織：遊客極多。

⇩ 花博展場，遊人如織，只為一睹芳菲的數大之美。

• 流連忘返：留戀而不忍離去。

⇩ 看著潮汐來去，夕陽西頹，我竟流連不肯離去，彷彿世界遺忘了我，我遺棄了世界。

• 別有洞天：風景極爲秀麗，引人入勝。

⇩ 步下台階後，竟別有洞天，廊道盡處，迸射出一道流泉。

• 風塵僕僕：四處奔波，旅途勞累。

⇩ 自台灣西部，一路上風塵僕僕，驅車直往台東，渴望拂沐來自太平洋的風。

• 按圖索驥：按照線索尋找、探求。

⇩ 手捧傳藝中心的簡介，按圖索驥，終於找到樸拙的古玩鋪子。

小筆記

# 師生對照鏡

## 學生作品

### 美城紐約

廖則穎

飛機緩緩停降在機坪上，此時已是夜暮。這裡是紐約，經過了一天的飛程，我橫越了太平洋，終於我來到了這個繁榮的地方。興奮的我，準備展開這次的異國之旅。

隔天早上，我坐著公車來到了紐約最重要的城市——曼哈頓。下了車，我便感覺到這個城市繁華的氣息，車子在馬路中穿梭來往，帶來許多廢氣。而我正前往，當地著名的休閒區——中央公園。到了那裡，我發現這個是一個非常大的公園，往前看都看不到盡頭，還有一群小孩，正準備進去一個公園裡的小型動物園。有些人躺在樹蔭下睡覺，有些人在步道旁吹奏樂器，賺些錢。來到這裡的人，非常輕鬆自在，而我也坐在椅子上放鬆心情。心裡想：在這麼大的城市內竟然有這麼一座公園，而在家鄉的城市卻沒看見，只有零零散散的公園。

【刪改】「飛程」改成行程。

【換句】前句已有主詞「我」，避免重複，換成「我橫越了太平洋，終於來到這個繁榮的地方，懷抱著一顆興奮的心，準備展開這次的異國之旅」。

【刪改】此句應與後面「這個繁榮的地方」結合。

【重複】前句已有「我」字，刪去。

【疑問】紐約已是城市，曼哈頓算特區。

【疑問】若要寫該地的繁華，怎會下接「車子廢氣」，有些突兀。

【刪改】小孩進入動物園，只用寥寥兩句。應略增幾句加強畫面感，或刪去。

【刪改】此處不是要呈現公園裡的悠閒氣氛嗎？不應提到「賺錢」。

【疑問】「完整」相對「零散」；「閒適」相對「雜亂」。此句的比較基礎錯亂。

　　接著我搭乘人潮擁擠的地鐵，來到曼哈頓著名的地標——帝國大廈。由下往上望去，它是一棟如此龐大的建築物。外觀看起來像早年的建築方式，但一進去，卻有著非常現代化的設備。我坐上了電梯，到了第八十九層樓，經過了一次又一次的檢查才能到樓上的平台觀看。站在平台上，強勁的風一次又一次的吹過，我將手緊緊握住欄杆，往下俯瞰。下面的事物，縮小了許多，就好像我突然變成了一個城市中的巨人。每一個大城市，都有一座象徵繁華的大樓，像台北的一〇一，以及這棟帝國大廈，這都是城市的結晶。

　　看完了大廈，我坐上了公車，來到紐約的海岸邊。浪一波又一波的打到岸上。海上的船，不是貨輪，而是一艘給觀光客坐的船。我將買好的票交給剪票員後，就上了一艘船。當船啓動時，我非常興奮。海風輕觸我的臉，感覺非常舒服。沿途經過一、兩座大橋，還有一些老舊的港口建築，但最主要的，是那矗立在一座小島上的自由女神像，這個神像是法國因美國獨立送的，所以它象徵著自由。

【說明】建物外表，書寫浮泛。參考改寫範文。

【疑問】觀景處應在86樓。寫作時，數字能避則避，避免犯錯。

【刪改】此處句子，多餘瑣碎，像是流水帳。

【刪改】裡頭現代化的設備也不是重點，可刪。

【重複】「繁華」一詞，從首段至此已用數次。

【措詞】應作「雕像」、「巨像」較為合適。

【段落】結尾老套死板。

這趟旅行，讓我見識到國外的世界，眞的是大開眼界。看完自由女神像，船回到了港口，已是接近傍晚了，我前進住宿的地方，準備明天的行程。

【結尾】這樣的結尾，較無收束之感，沒有針對此篇內容作結。

## 總評

● 出國題材，原能讓人眼睛爲之一亮，但此篇在取景方面，無法準確描繪；內容敘事，亦有不足之處。極爲可惜。

## 老師改寫

### 美城紐約

飛機緩緩停降在機坪上，此時已是夜暮。經過一日的飛翔，我橫越太平洋，來到繁榮喧鬧的紐約城。從機艙窗口探望出去，燈火或遠或近，在夜色中參差散佈，如同墨色絨布點綴星鑽，璀璨耀眼。這是我首次的異國旅行，心中自然興奮莫名。

翌日的行程，我選擇了曼哈頓作爲起點。有人說：世界的樞紐在紐約，而紐約的精華區則非曼哈頓莫屬了。人來車往，如蟻攢動，絡繹不絕，即便你立定不動，洶湧的人潮依舊會把你推趕促前。

【仿句】即便……，依舊會……

整個空間煙塵漫天，令人疲困，直到我躲入綠意盎然的中央公園，才能稍作歇息。

【仿句】直到……才能……

中央公園橫亙了整個曼哈頓島，四望無際，樹影參差掩映，人群三三兩兩漫步林道上，安靜閒適，與公園外的喧囂截然不同，有人坐臥在樹蔭下養神閉目，有人拿把吉他便哼唱起來了，我著迷於那人的歌聲，也尋把椅子坐下，在樂聲中尋求慰藉。我突然欣羨紐約人能在都市裡，闢出這樣一座林園，讓每顆渴望悠閒的心都能不受驚擾。

重回鬧熱的都市叢林，我搭乘地鐵，直抵帝國大廈，抬頭仰看它，外觀線條筆直，沒有太多繁冗的花飾，但其高聳入雲的氣勢，深深震懾了我。乘坐電梯直達觀景平台，露天的空間被風狂肆的灌入，強勁的拍打我的身軀，我將手緊握住欄杆，稍稍俯身下探，廣遠的紐約城市，遽縮咫尺，我好像成了一個孤傲的巨人，冷眼的看望著人群的往來。我想每一座偉大的城市，都會有棟宏偉的建物，作爲時代凝聚的結晶，市民信仰的寄託。

## 仿句練習

❶ **即便**你立定不動，洶湧的人潮**依舊**會把你推趕促前。

❷ **直到**我躲入綠意盎然的中央公園，**才能**稍作歇息。

❸ **我心中已不只是**無意義的興奮之情，**而是**豐盈的，覽閱世事後的深刻感動。

【說明】此處由具體描寫過渡到抽象描寫。

　　揮別市中心，我來到蔚藍的海岸旁，微微的潮浪，一掀一伏，最後碎散在石港邊。船隻接載著我往返陸海，穿越過鋼構巨橋，海風吹動著船身晃蕩，我用著不定止的視線，觀望陸上的陳舊建築。最讓我期待的，是聳峙小島上的自由女神像，瑩白潔淨的身軀，撐開了海天一色，仿佛也支開了歷史的沉痾，帶領新大陸的民眾，邁向民主，邁向自由。

【解釋】沉痾：久治不癒之疾。

　　此次的旅行，讓我眼界大開，難怪有人說，每個人一生中都該有次壯遊。走下返航的船隻，暮色已沉，如同我昨日初來的時刻。但，我心中已不只是膚淺的興奮之情，而是豐盈的，覽閱世事後的深刻感動。

【仿句】我心中已不只是……，而是……

## 精選佳句

❶搭火車是安全而緩慢的旅行。我把自己交給一輛駛向遠方的列車，彷彿把自己的一輩子交給另一個人，腦海卻更從容地，面對世界。（劉克襄〈十一元的鐵道旅行序〉）

❷我站在當初驚豔的十字路口。眼前便是昔時包辦所有嫁妝的北勢老街，一排長瘦的木造街屋，銜接著遠方的老舊三合院。繼續很早時代的風華，旅人最想停駐拍照的那種。（劉克襄〈後壁站〉）

❸讓人和自然更緊密地貼近，讓個體在遼闊的天地中更愉悅地舒展，讓更多的年輕人在遭遇人生坎坷前先把世界探詢一過……讓不同的文化群落在腳步間交融，讓歷史的怨恨在互訪間和解……讓我們的眼睛獲得實證地理課和歷史課的機會，讓深山美景不再獨自遲暮……（余秋雨〈閒話旅遊〉）

❹今天的羅馬，仍然是大片的象牙白。只不過象牙白已經蒼老，不再純淨，斑斑駁駁地透露著自己嚇人的輩分。後代的新建築當然不少，卻都恭恭敬敬地退過一邊，努力在體態上與前輩保持一致。（余秋雨〈興亡象牙白〉）

❺曾經有過幾次的旅行，火車停駐在下午的勝興。列車在上坡時速度很慢，甚至可以聽到鐵軌與枕木相互咬磨的聲音。從窗外俯望危橋，看到深谷下的溪流，總覺得那是與世隔絕的地方。穿越過幽黯的隧道之後，火車隨即進入車站，停靠在寂靜的月台。南下北上的列車在此交會，必須另外一班列車進站，才能繼續前進。在等待的時刻，心情特別興奮，想像自己是站在鐵路的最高點。（陳芳明〈車站〉）

❻我坐在長程巴士最後一排的座位，看著窗外一成不變的群山、河流、礫石灘，以及葉片開始變成淡金色的楊樹林，偶爾看見對面山脊上戴氈帽繫披風的藏民驅趕著一列山羊的黑影。或者在火車臥鋪，聞著另外三個陌生人打呼發出的濃濃酒臭味，看著高原凍土上，那灰綠色像水池底岩苔，又像是茶杯上覆了白毛的發霉菌落的怪異植被，那上頭總凹凹坑坑裸露出紅土，或積著一潭清澈的水。（駱以軍〈旅行者〉）

**相關類題**

千里之行，始於足下／我最想去的地方／○○記趣／一趟豐富之旅

生活

# 從生活中的一件事談起

## 說明

當我們著力於工作與課業時，卻忽略了自己的身體感官，慢慢喪失了對生活的感知能力。於是歲月的流轉、花木的榮衰、日月的潛換，盡成一幕幕無聲的背景，似乎與我們全無交涉。

偶爾放下腳步，細察生活週遭乍現的故事，思考此事帶給你的衝擊與啓發，或許，這樣的生活才更有意義。請以**「從生活中的一件事談起」**爲題，從生活中的任何一事爲主軸，推衍出自己的觀點與想法。

## 審題

**從 生活 的 一件事 談起**

【說明】此事必定取材自個人的生活經驗。

- ☑ 途經路口，眼前晃過一群刺龍刺鳳的惡少……
- ☐ 某天，爸爸在路上遇到一個乞丐，趴坐地上……
- ☑ 簡述車禍、自己推想肇事原因、猜想傷者親人如何難過……最後歸結到「更珍愛自己」。
- ☐ 車禍發生過程、警察如何處置、最後如何和解（全部敘事）

【說明】從……談起，意指由某件事的發生做起點，開展出自己的想法。

## 問題&思考

❶ 請問你想選擇生活中的哪一件事書寫？

❷ 這件事所引發的主要感想爲何？如友誼、親情、環保、信任、成功須靠努力……

❸ 此事有無不同角度的思辨？如寵物的死亡雖令人難過，但是曾經擁有便已足夠。

## 立意

❶ 敘事：簡單扼要，尤其「引發出感想的畫面」定要描述精采。

❷ 感想一——整體事件的感想：（以「車禍」事件爲例）

↓ 安全至上、駭人

❸ 感想二——事件過程的片段感想：

↓ 車禍發生前，過快的車速→危險、容易肇事。

↓ 撞擊的剎那→人的脆弱。

↓ 前來協助與看熱鬧的民眾→人的兩種正反特質。

↓ 呼天搶地的家人→家人承受極大的痛楚。

↓ 處理後，馬路恢復→沒人知道與理會，容易淡忘。

# 聯想心智圖

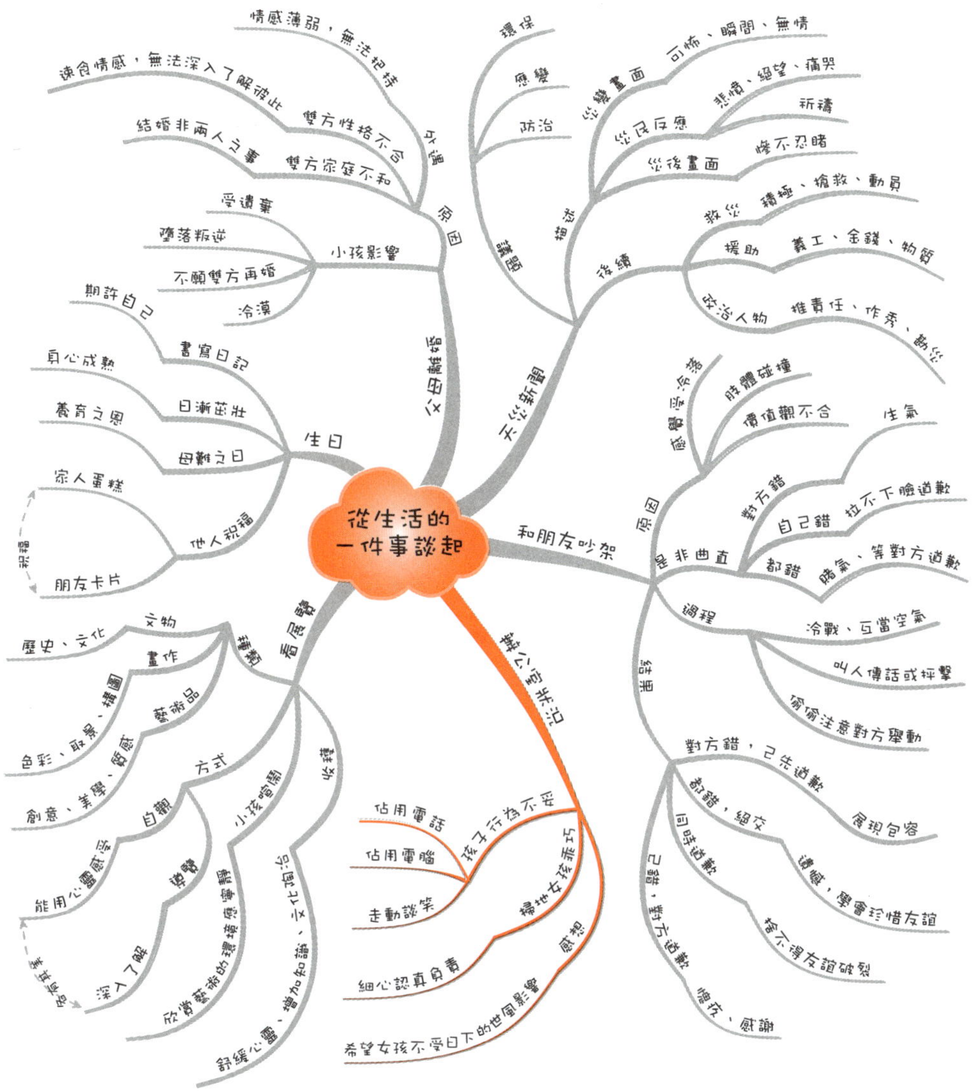


上色部份請參照P334教師範文

**謀篇**

**開頭：**點出時間地點。以學生兩種截然不同的表現，帶出所要描寫的主角。

**中段：**

- 學生的體貼→自己的慚愧，以及對該生老師的佩服。
- 學生盡責詢問有否疏漏→老師不應苛責，應給予鼓勵。

**結尾：**希望日下的世風，不會影響到這些純良的孩子。

**叮嚀：**敘事與抒感的穿插描寫要掌握好，否則便容易凌亂不堪。也可將敘事與抒感拆分書寫，先在文章前半完整敘述事件後，在文章後半，才進行感想的引申。

**教師範文**

## 從生活中的一件事談起

雖是掃地時間，辦公室的人潮依舊洶湧。有些孩子占著電話，訂購留校所需的晚餐，有些孩子坐在公用電腦前敲打著鍵盤，有些孩子在狹窄的走道上聊天談笑，移步緩慢。這樣哄鬧的場景，難以禁絕，不免令人心浮氣躁。

但在另一個角落，總能看到幾位眼熟的小女孩，每日按時前來，手執掃把，仔細專注的，將地上的垃圾灰沙掃起。相對於其他孩子，她們不馬虎，不怠懶的態度，格外讓人激賞。

某次，女孩來到我的座位附近，其中一人輕聲細語，極有禮貌的詢問：「老師，可以幫您掃一下地嗎？」我與鄰桌的老師，急忙側身讓開，看著從桌下被掃出的穢物，不免深覺慚愧羞赧，那本應是我們自己得清理整頓的。

鄰桌的老師笑說：「你來幫我們掃地，還要問可不可以呀？怎麼那麼有禮貌？」女孩笑了笑，便繼續著她們的工作。我看著她們的背影，突然有種難以言說的感動：怎樣的家庭，才能栽養出這樣純良體貼的孩子？怎樣的老師，才能教出這樣懂事乖巧的學生？

有時掃完地後，女孩還會殷勤詢問：「還有沒有哪裡不乾淨的？」更是讓我訝嘆不已。我回答：「已經很乾淨了。」只有短暫的十分鐘，來打掃偌大的辦公室，這樣細心善意工作的她們，需要磨耗掉了多少心力呢？即使稍有瑕疵，身為老師的我們也應該包容對待。更別說她們認真的態度，早已讓整個空間光采煥亮。

在這個學生漸漸妄狂的時代，我欣然見到還有這樣的孩子，守禮、不逾份。希望將來的他們，心靈依然摯誠，態度依然謙卑，不會隨波逐流，成為令人嘆息的一群。

## 詞彙鍛鍊

- 感動、同情、共鳴、感慨、無奈、喟(ㄎㄨㄟˋ)嘆、唏噓、惻隱
  - 面對眼前的車禍，我不由得唏噓感嘆，一場撞擊，將青春飛揚的生命，輕易註銷？
- 瓜葛、牽連、干涉、攸關、波及、株連、牽涉、羈絆
  - 他對親情有太多的牽絆，因此他無法下定決心遠赴異國求職。
- 忽忽、倏地、乍然、猝然、驟然、遽(ㄐㄩˋ)然、驀然、猛然
  - 朋友的離去，使固執的他遽然醒悟，自己的偏執，已造成很多人的負擔。
- 刻骨、銘刻、烙印、淪浹、深邃(ㄙㄨㄟˋ)、淺薄
  - 對於父親的記憶，已逐漸淺薄，我屢次想將他銘刻心中，他的形影卻總是輪廓模糊，難以描摹。
- 紊亂、紛亂、凌亂、混淆、蕪雜、雜沓(ㄊㄚˋ)、狼藉、錯落、潦草
  - 我的日子紊亂至極，皆歸咎於我潦草的個性，無法將蕪雜物事，一一安放歸位。

## 成語運用

- 無動於衷：心裡一點也不受感動。
  - 面對同儕的指責，他依舊無動於衷，任性妄為。
- 休戚與共：關係密切，憂愁喜樂都有所關聯。
  - 我們倆總是休戚與共，無論前方是坦途或坎坷，皆能相互支援，不離不棄。
- 始料未及：最初所沒有料想到的。
  - 這項比賽的失利，是向來自負的他所始料未及的。他臉上的表情先是錯愕，然後嚎啕痛哭。
- 淺嘗輒止：稍微嘗試一下就停止了，比喻做事不徹底。
  - 在學習才藝的過程中，他往往淺嘗輒止，欠缺深入鑽研的堅持，最後竟無一技足以傍身。

- 雜亂無章：雜亂而沒有條理。

他所提出的計畫總是雜亂無章，像是一塊東剪西縫的拼布，難以卒讀。

- 見微知著：看到事情的些微跡象，就能知道它的眞象及發展趨勢。

凡事若能見微知著，就可以避免掉很多不必要的麻煩。

- 扞（ㄏㄢˋ）格不入：彼此的意見完全不相合。

我與父母親的觀念，始終扞格不入，導致衝突與激辯不斷發生。

- 矯揉造作：裝腔作勢，刻意做作。

我最憎恨那些矯揉造作的人，虛假的言語，浮誇的表情，簡直看不見他們的本心了。

小筆記

## 師生對照鏡

### 學生作品

### 從生活中的一件事談起

王冠勛

　　在一個風雨交加的夜晚，「轟」一聲巨響，只見窗外的電線桿應聲倒地，頓時，屋內已是一片漆黑，伸手不見五指，父親連忙點燃蠟燭，全家人圍著燭火，看著這微弱的亮火，令我想念有電、有光明的過去。

　　黑暗中，我們用電照亮一切；酷寒中，我們用電溫暖身軀；炎熱中，我們用電傳送冷風；當我們想獲得訊息，也用電播放新聞。電燈、暖爐、冷氣、電視都需要電。但電卻是得來不易，會產生核廢料的核電廠，會排放大量廢氣的火力發電廠，在我們獲得電力時，大自然卻一點一滴受到破壞。

　　而平常的我總是毫無節制的使用電，電腦玩一整天；電視看一整夜；電燈亮一整晚。常等到父母大聲斥責，才去關掉。我在黑暗中想著，後悔著。

【疑問】似已停電多年。

【疑問】此處應是「電」來驅動「機器」，才能有這些功效。

【措詞】「播放」新聞應改成「接收」新聞。

【刪改】「電燈、暖爐……」一句與前面敘述類似，刪去。

【疑問】此處關於「環保」的論述，應擺放至文章後段。

在黑暗中，耳邊少了熟悉的音樂，總提不起勁；四周少了溫暖的亮光，心裡冷冰冰的；眼前少了彩色的臉孔，感覺生活無趣。少了電，隨身聽、電燈、電視都不能運作，所有的一切簡直都停擺了，連身體的動力彷彿跟電一樣消失殆盡。只能窩在窗旁的一隅，看著遠方模糊的燈光，不禁嘆息。

終於有電了，一瞬間，彷彿光線圍繞在我身旁，電燈開了；有陣熟悉的音樂竄入耳中，原來音響也開了。「人們總是失去了才後悔。」如今，我了解到電的重要，再也不會浪費了，才不會後悔未能珍惜用電。

【疑問】不是停電嗎？怎遠方還有燈光？

【措詞】此處「彩色的臉孔」有點怪異。

【冗雜】前段提及「少了音樂」、「少了亮光」、「隨身聽電燈都不能運作」，此處又提到「電燈開了」、「音響也開了」，十分累贅。

【換句】如今，我體會到電的重要，不再浪費耗用它，才不會在能源枯竭的未來，後悔莫及。

## 總評

- 段落分別為「停電之因」、「電的用途」、「浪費電」、「無電可用之感」、「珍惜用電」，層次分明。
- 唯其內容稍嫌貧乏，文句過於口語。電視、電燈等詞彙重複出現。

老師改寫

## 從生活中的一件事談起

猶記某年的颱風夜晚，窗外風狂雨驟，星月無光，一片渾沌。只聽得「轟」一聲巨響，窗外的電線彷彿被爆雷劈中，冒出火花，頓時，屋內外陷入一片漆黑，父親連忙點燃蠟燭，讓全家人在黑暗中有所依憑，看著這微弱的燭火，令我想念平日有電供我們使用的幸福。

【修辭】利用排比句，敘述人類利用電能的情形。

黑暗中我們使用電力，讓燈泡得以燃放光明；寒意襲人時，電暖爐溫熱了我們身軀；然後利用電扇吹送涼風，藉由電視傳播消息。於是在生活中，人們對電力的倚賴愈來愈深，然後習以爲常，開始毫無節度的浪費。

曾經我總是毫無節制的使用電，任由電腦整天沒意義的運轉；或是在電視前疲倦的睡去，讓螢幕閃爍了一夜；又或是出門前忘記捻熄電燈，任憑它虛耗光亮。

我在黑暗中想著，後悔著。

【說明】另起一行，呈現此為轉折處。

我想到在使用電力的時候，加速了核電廠廢料的製造，也增快了火力發電廠廢氣的排放，我用自然環境的毀敗，換取得來不易的

【仿句】我用……換取……

能源，然後再漫不經心的浪費。

　此刻，我耳邊少了熟悉的音樂，生活顯得空洞冷清；屋室少了溫暖的亮光，整個空間黝暗森冷。我突然覺得整個世界陷入停擺，自己身體的能量也消失殆盡，只能窩在窗旁的一隅，愣愣的看著遠方，忽然，稀微的燈光，從遠方慢慢亮了過來。

【說明】此句能順暢銜接下段。

　電力終於恢復了，屋內光明乍放，音響的旋律驟起，在方才冗長的黑暗中，我忽然明瞭珍惜能源的重要，因爲有些破壞，只會持續擴大，永遠無法回復逆轉。

【仿句】有些……，只會……，永遠無法……

## 仿句練習

❶ **我用**自然環境的毀敗，**換取**得來不易的能源。

❷ **有些**破壞，**只會**持續擴大，**永遠無法**回復逆轉。

## 精選佳句

❶ 把人視爲機器的人，他將在這個塵世喪失很多美麗的東西。凡事講求效率的人，也將無法體驗很多美麗的東西。（王溢嘉〈美與效率〉）

❷人，原是具有比平日表現更好的本質的，但爲什麼只有在災難中才會自發性的呈現呢？（王溢嘉〈浩劫後的溫馨〉）

❸坐在池裡，眺望山下城市繁華夜景，知道繁華處正自喧鬧，卻於我無關。（蔣勳〈竹內〉）

❹人不都是如此嗎？當我們未接觸一樣事物之前，常塑造了過於美好的幻想，而眞正獲得之後，卻發現那只不過是一件極平凡的事物而已。（劉墉〈想像的美〉）

❺當我們心神不寧的時刻，找一件引發興趣的事去做，要比枯坐在屋裡，更能夠產生安定的作用。（劉墉〈黑紙眼鏡〉）

❻台灣直選總統後，很多人認爲我們的民主已登峰造極，這恐怕是皮相之談。民主沒有法治，只能產生暴民與莠政。認眞的法治，才能使人養成守法的習慣，最後，法律才能繫而不食。……所以，若問台灣什麼時候才能算是有民主？我敢說，當紅綠燈下面還站著交通警察的時候，眞正的民主就還沒有來。（張作錦〈紅綠燈下的交通警察〉）

❼不過，著手之後，其實有些偶拾的驚喜。一顆石頭、一片樹葉、發霉的花瓣、學生的貼心小卡片，還有他們的人文台灣主題地圖作業，做成抱枕、燈籠、耳環、相簿、面紙盒……，甚至還有做成墓碑造型的「公墓分佈圖」，我都捨不得丟，各種視角的台灣，將研究室演繹成無限想像的繁複空間。這個蕪亂的空間裡，生活內容和時間濃度難以計數，那也許只是生活的垃圾品，也許是可以不斷再製、再生的生命元素。我眞的對自己的無序、零亂，以及戀物癖感到驕傲。（楊翠〈戀物者物語〉）

## 相關類題

試述一則感人的故事／當我做錯事的時候／迎接美好的一天／談考試／令我感動的場面／限電給我的啓示／學習的樂趣／考試的看法／生活中的感動／我對結交異性朋友的看法／發現生活的美好／在生活中學習／用心看世界／生命中的感動

## 閱讀

# 我最喜歡的一本書

### 說明

有沒有這樣一本書，讓你手不釋卷，沉浸其中？有沒有這樣一本書，讓你反覆翻讀，三絕韋編？有沒有這樣一本書，讓你擊節讚賞，衷心推薦？

它可能是一冊幼時的床前童話；可能是一部懸疑驚奇的偵探小說；可能是一卷情意豐沛的詩集；也可能是一本詠嘆生活的散文。請你以**「我最喜歡的一本書」**爲題，寫下這本好書吸引你的原因。

• 韋編三絕：本指孔子勤讀易經，致使編聯竹簡的皮繩多次脫斷。後用來比喻讀書勤奮。

### 審題

**我 最 喜歡 的一本書**

☑《香水》營造出一種詭譎迷幻的氛圍，幾令我窒息。且題材獨特新穎。

☐ 我喜歡《哈利波特》，因爲有拍成電影，而且還有魔法，超好看。【說明】喜歡的原因，請具體且詳細的說出。

☑《野火集》一書，筆鋒犀利，燎原了數個世代。【說明】許多「文章」，才能集結成「一本書」。

☐ 朱自清的〈背影〉，其中描寫的親情十分動人。

### 問題&思考

❶ 你覺得閱讀的感覺是怎樣的？如快樂、傾聽、難熬……

❷ 如果有人想請你推薦他一本書，你會推薦哪一本？你如何說服他到書店買下此書翻看呢？

❸ 你自己是因爲什麼機緣，而接觸到此書？

❹ 此書哪一個地方吸引你？如：作者、人物、情節、文句、知識……

❺ 能用百字以下，簡短扼要的介紹此書內容嗎？

❻ 此書帶給你什麼啓示與感動呢？

### 立意

❶ 具體方面，就作者的介紹、情節的安排、技巧的獨特，來說明此書的精采程度。

❷ 抽象方面，描寫此書帶給自己的想法與感覺，進而評論此書的感染力。

# 聯想心智圖

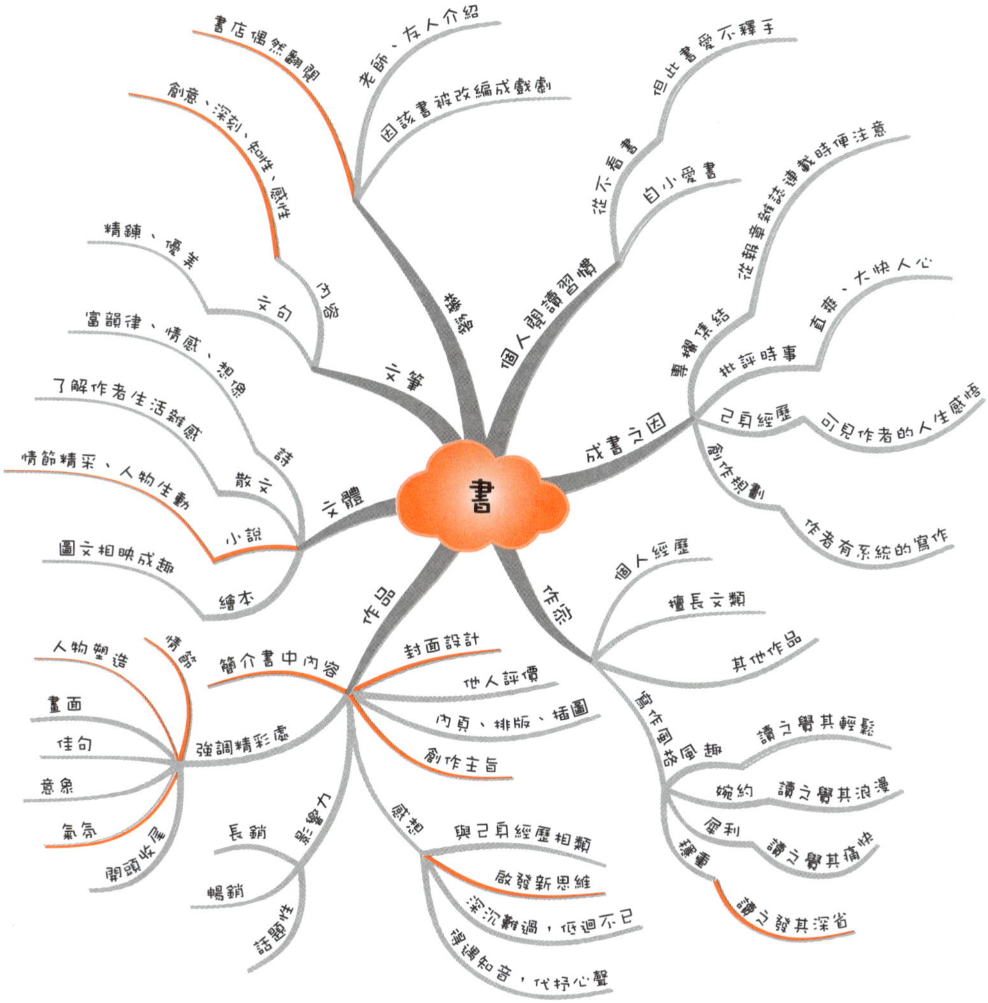
書
機緣
老師、友人介紹
書店偶然翻閱
因該書被改編成戲劇
個人閱讀習慣
從不看書
但此書愛不釋手
自小愛書
成書之因
專欄集結
從報章雜誌連載時便注意
批評時事
直接、大快人心
己身經歷
可見作者的人生感悟
創作規劃
作者有系統的寫作
文筆
內容
創意、深刻、知性、感性
文句
精鍊、優美
文體
詩
富韻律、情感、想像
散文
了解作者生活雜感
小說
情節精采、人物生動
繪本
圖文相映成趣
作家
個人經歷
擅長文類
其他作品
寫作風格
風趣
讀之覺其輕鬆
婉約
讀之覺其浪漫
犀利
讀之覺其痛快
穩重
讀之發其深省
作品
簡介書中內容
封面設計
他人評價
內頁、排版、插圖
創作主旨
強調精彩處
情節
人物塑造
畫面
佳句
意象
氣氛
開頭收尾
影響力
長銷
暢銷
話題性
感想
與己身經歷相類
啟發新思維
深沉難過，低迴不已
尋遇知音，代抒心聲

上色部份請參照P344教師範文

## 謀篇

**開頭：**寫下翻閱書籍時的場景氛圍。

**中段：**寫出此書吸引你的原因。（任選2～3點書寫）

- 作者的其他作品與風格。
- 創作本書的緣由。
- 此書內容的簡介。
- 曾被翻拍成戲劇電影。
- 呼應自己的生活經驗。
- 童書：純眞、趣味、回憶。
- 小說：主角、劇情、風格。
- 散文、詩集：句子、情感、內容、技巧。

**結尾：**

- 此書帶給自己的啓示與感動。
- 期許作者能夠多寫一些好作品。

**叮嚀：**本篇最重要的，是寫出自己受書籍吸引之因。另簡述書籍內容時，要控制字數在百字以下，千萬不要通篇都寫書中情節。

## 教師範文

### 我最喜歡的一本書

在一個冬季午後，我在書店閒逛，陽光暖洋洋的從落地窗灑了進來，將整個室內照得明亮。無意中，在藏書萬卷的櫃間，看見了一個熟悉的書名：笑傲江湖。我不假思索的把它拿起，封皮依舊是典雅蘊藉的書畫，我還記得多年前第一次翻看它的心情，是那樣欣喜雀躍，我隨即找了一個角落，安靜地溫習書中的劇情……。

作者在書中著力最深的，便是正邪之辨。曲洋以魔教長老的身分，卻與劉正風生死與共；風清揚劍術通神，卻因劍、氣之爭被視爲偏邪；令狐沖磊落光明，卻遭正派人士唾棄；岳不群名號君子劍，卻巧取豪奪，只爲當上五嶽劍派盟主……。尖銳的人性衝突，讓我**悚然**以驚，人間的是非對錯該如何論斷？在**詭譎**的江湖裡，又有幾人可以笑傲群雄？

我非常欣賞作者筆下描繪的俠士令狐沖，平日雖放蕩不羈，喜歡飲酒嬉鬧，但身處公理正義的**隘口**時，他仍舊誓死捍衛，不肯退縮分毫。這樣灑脫耿介的個性，讓身旁的人都樂於親近，而我也深深爲他的熱血熱腸所折服。

書中鋪陳的江湖生活，能夠仗義行俠，浪跡四方，是我一直嚮往的。與現在相較，被課業縛鎖的生活顯得乏味至極。所以每當煩躁時，我便會拿起這本書，讓自己徜徉在虛構的武俠世界中，扶弱濟傾，豪氣滿胸。

我將手上的書緩緩闔上，方才閱讀過的情節依然在我腦海流動著，雖然它只是一本虛構的小說，但它裡頭刻畫的人性令我深省，並且釋放了我**禁錮**的心靈，能自由的在江湖中縱聲長嘯。

重要注釋

❶ 悚然：恐懼的樣子。
❷ 詭譎：變化無窮的樣子。
❸ 隘口：狹窄而險要的山口。意指關鍵處。
❹ 禁錮：限制。

## 詞彙鍛鍊

- 背誦、吟哦、誦讀、默讀、精讀、熟讀、泛讀、略讀、拜讀、捧讀、過目、披覽、閱覽、咀嚼

↓ 他讀到喜歡的篇章時，總愛大聲吟哦，藉此咀嚼文字中的精魂，解讀作者傾注的深情。

- 清亮、圓潤、沉悶、甜潤、溫柔、悅耳、響亮、尖利

↓ 我喜歡孩子朗讀課文的聲音，清亮圓潤，滿懷著自信與篤定。

- 驕傲、自滿、馬虎、謙虛、專注

↓ 閱讀，應是謙虛領受書中的述論，而非自滿傲物，馬虎帶過。

- 歸納、概括、理解、剖析、切磋、推敲、探究、鑽研、斟酌

↓ 誦讀文章時，我一面探究作者遣詞的斟酌，一面剖析字句背後的意涵。

- 弔詭、新穎、老練、剽竊、竄改、捉刀、代筆

↓ 她貴為文壇前輩，卻傳出文章剽竊之事，令人驚愕。

- 曉暢、通順、扼要、洗練、剴切（切中事理）、精湛、精闢、清雋

↓ 我喜歡他洗練的文筆，能用清雋的文字，表達繁複的意念，十分耐讀。

- 冗贅、重複、堆砌、空洞、索然、貧乏、生硬

↓ 我對內容貧乏的書籍極為反感，贅疊文句，堆砌字詞，徒然浪費紙墨而已。

- 淺白、淺顯、通俗、晦澀、深奧、艱深

↓ 好的作家，能將艱深的道理，用通俗的語言說出。庸俗之輩，則慣用晦澀的字詞，來掩飾自己思想的不足。

## 成語運用

- 孜孜（ㄗ ㄗ）不倦：勤勉而不知疲倦。

↓ 孜孜不倦的勤讀，提升了他的眼界，也使其文章所內蘊的義理更加豐厚。

- 擲地有聲：形容文辭巧妙華美、音韻鏗鏘有致。

↓ 此書擲地有金石聲，是近年少見的佳作，每讀之，總不忍釋卷。

- 洛陽紙貴：比喻著作風行一時，流傳甚廣。

↓ 席慕蓉的《七里香》出版後，洛陽紙貴，人手一本，盡皆拜服於她的才情。

- 不求甚解：讀書著重理解義理，不過度鑽研字句解釋。

↓ 我讀書向來不求甚解，只求自己能與作者交心神會，觸動靈魂的震顫。

- 斷章取義：隨意擷取某句某段解讀，不顧全文的原意。

↓ 文章有時也成了殺人武器。隨意將別人作品斷章取義，曲解添味，便能陷人入罪。

- 開卷有益：讀書有收穫。

↓ 開卷自然是有益的，並不是指官祿的謀取，而是對己身境涯的提升。

- 不落窠臼、自出機杼：詩文的組織、構思，獨創新意。

↓ 這年輕人的文章，文氣縱橫，機鋒四露，每一字句皆自出機杼，無所習仿。

- 斐（ㄈㄟˇ）然成章：言語或文章富有文采，且成章法。

↓ 作者才華洋溢，大筆一揮，即斐然成章，洋洋灑灑數千字，如珠璣串貫，令人讚賞不絕。

- 大筆如椽：稱揚著名作品、作家或寫作才能極高。

↓ 余秋雨先生的如椽大筆，將中國壯麗的山水以及淵深的歷史，巧妙地做了連結。

- 含英咀華：品味文章的要旨，咀嚼辭藻的華美。

↓ 一本好書，值得讀者含英咀華，吟詠再三。

- 皓首窮經：年老而仍持續地鑽研經書。

↓ 每每看見新聞裡的老者，皓首窮經，孜孜矻矻的鑽求學問，心裡總會湧生崇敬之意。

## 師生對照鏡

學生作品

### 我最喜歡的一本書

王冠勛

在成千上萬種書籍中，令我難以忘懷，極爲喜愛，便是作者木藤亞也的自傳——一公升的眼淚。

一位即將步入青春的國三女孩，亞也，竟被診斷出罹患了脊髓小腦萎縮症，這改變了她的一生，但在家庭的支持下，她從原本的逃避，不願接受，轉變爲努力與它共存，接受了上帝所開的天大玩笑，並將自己的奮鬥史記錄在此書中。

【疑問】國三已是青春年華。

【疑問】病情沒有書寫出來。

而令我刻骨銘心的是，當她罹患絕症後，卻仍可以處之泰然，勇敢面對，還說出了：「哪怕是多麼微不足道的弱小力量，我還是希望能夠幫助別人。」這番話，深深打動我的心，都已經自顧不暇了，卻還有想幫助別人的慈悲心懷，恐怕只能用「偉大」兩字來形容吧！

【措詞】刻骨銘心為：感激在心，永難忘懷。應改作「印象深刻」。

【重複】罹患絕症在上一段已說過。

亞也的文字裡沒有華麗誇張的辭藻，但在字裡行間卻充滿了她對生命的渴望，讓讀者感受到，原來活著，是一件快樂的事。令人想一讀再讀，而不覺得枯燥乏味。

【重複】最後一段感想已經有百看不厭了，此處可刪。

亞也的一生可以當成大家的典範，當遭遇挫折時要想辦法度過，不要一心只想著逃避，最後終究都會遇上，若不能解決，就像亞也一樣，就接納它吧！

一公升的眼淚不但百看不厭，還可以在讀者陷入低潮時拉他一把，所以它是我最喜歡的一本書。

【重複】首段已提過。

## 總評

- 此文的種種描述，如點水蜻蜓，沒有更加深入。如第二段的患病，沒有針對病情描述。
- 文句太過素樸，沒有修辭點綴。如「極爲喜愛」、「想一讀再讀」、「百看不厭」，都是較爲直接平凡的形容詞。

## 老師改寫

**我最喜歡的一本書**

曾有這樣的一本書，在繁若星海的書市中，以獨特的光亮，吸引了我的注意，反覆翻讀後，令我低迴不已。書名題作《一公升的

【仿句】○○中見○○，○○裡見○○。

眼淚≫，是作家木藤亞也，以生命作筆，描述自己多舛卻堅毅的一生。

【仿句】以○○作○，描述……

青春正好的女孩亞也，在升上高中之際，檢驗出罹患了小腦萎縮症，醫生說病發後，雖然意識清楚，四肢卻會慢慢的癱瘓，靈魂自此被囚困於軀體，然後等待死亡。亞也原是深感驚怕恐懼，但在家人的支持下，她從原本的逃避、抗拒，開始試著努力與它共存，挺身接受了上帝施予的試煉，並將自己與病症的奮鬥史，一一筆錄。

亞也未曾因病而停止自己的想望：想要奔跑，想要戀愛，想要緊擁父母。雖然明知這都是無法抵達的幸福，卻無損她對未來的美麗信仰。甚至，在書中的某個段落，亞也篤定的說著：「哪怕是多麼微不足道的弱小力量，我還是希望能夠幫助別人。」讀到這裡，令我爲之動容，拖著這樣虛弱的病體，她卻仍想多給這世界一些什麼，令我見識到「苦痛中見慈悲，平凡裡見偉大」的偉大人性。

亞也的文字輕淡樸實，沒有太激昂的情緒藏伏其中，只有一股對生命的渴望，在字裡行間勃發著，讓讀者也能輕易的感受到，活著是件多麼快樂美好的事情。

亞也不僅是說書者，更以生命詮釋了「逃避它，不如接受它」的眞義，告訴世人，要勇於接受失敗帶給我們的教訓，勇於接受挫折帶給我們的磨鍊。

那時，這本書曾帶給失意的我深摯的安慰。倘若你也遭逢生命的低潮，不妨來閱讀亞也的故事，我相信，書中的燦爛輝光，定能替你驅走陰霾，並灌注你一股重生的勇氣。

## 仿句練習

❶ **以**生命**作**筆，**描述**她多舛卻堅毅的一生。

❷ 苦痛**中見**慈悲，平凡**裡見**偉大。

## 精選佳句

❶ 每個人所能接觸的世界，總是很有限，但是閱讀這些古典小說，卻可以幫助我們突破現實的框框，去體會各種人生的滋味。小說所寫的，就是人性，就是人情，而我們讀小說，其實就是在讀「人」。（白先勇〈閱讀文學是一種情感教育〉）

❷文學藝術類的作品，當你欣賞到有一分過人之處時，其實作者已耗了十分的力氣。（黃永武〈勝人與獨詣〉）

❸我們併肩坐下，將書攤展開來，平放在她右邊膝蓋與我的左邊膝蓋上，我們的視線與呼吸幾乎調成一致，配合著彼此的速度與感受，有時候她先讀完一頁，有時候我先讀完一頁，我們必須按捺住好奇，耐心等待，等著一起翻頁，一起發出驚歎或笑聲，有時是眼淚。可能因爲併肩貼靠著的關係，我特別能感受到同伴在閱讀過程中的細微變化，眼珠的轉動，氣息的頻率，情緒的起伏，彷彿我在窺探的，是她內在的靈魂，一個祕密的領地。從那時候我就知道，閱讀是一件很深沉的事，一種很繁複的活動。（張曼娟〈閱讀的姿態這麼美〉）

❹據說讀書是不應該讀出聲音的，就算嘴唇微動地默讀也不好；這是種初學者的閱讀方式，幼稚的習慣，不止減慢了閱讀的速度，還會擾動那沉靜安寧的氣氛。然而我們都曉得，默讀只不過是種晚近的歷史現象，起碼在沒有標點符號的年代，讀書是必須讀出聲音的，大人小孩都要在閱讀的時候聆聽自己的聲音，否則你怎能隨順一句話的語氣韻律去決定它該停斷的位置呢？沒有聲音的讀書是印刷術出現之後的事，是標點符號的伴生物。因爲標點符號的主要作用就是代替實際的發聲，代替「之乎者也」一類的助語詞，代替你去安排語氣的停頓和轉折、疑惑與驚嘆。既然符號已經把聲音交給了書本，讀者也就可以沉默了。（梁文道〈朗讀者〉）

## 相關類題

一本書的啓示／交益友，讀好書／我最難忘的一課／讀書聲／讀書的樂趣／仲夏夜讀書記／書／讀書與運動／讀書的苦與樂／逛書店的收穫／讀書的甘苦談／讀書與做人／我最欣賞的一部文學作品／閱讀寫作與我／逛書店／讀書之樂樂無窮

# 第七章

# 心情

◆ 難過：最令我難過的一件事

◆ 快樂：我的快樂來自○○

◆ 凝思：傾聽心裡的聲音

# 難過

## 最令我難過的一件事

### 說明

我們都曾傷心失意，流淚哭號，憤懣不能自已。也許遭受父母無情的指責，也許目睹朋友決絕的離去，也許因爲寵物罹患惡疾的煎熬，也許感懷於災變之後，天地同悲的慘況。然後心緒變得紛雜紊亂，消沉無力。而身懷濃重的哀愁後，你又如何排解這樣的情緒呢？請同學以**「最令我難過的一件事」**爲題，細述事件的前因後果，並具體深刻的描繪心中的鬱結。

### 審題

- □ 盪鞦韆時，我從上面跌下，膝蓋滲出血來……
- ☑ 從不曾口出惡言的我，卻被誣指在網路上謾罵任課老師，就連好友也質疑起我的操守。

【說明】要突顯「最」字，千萬不可舉此無關痛癢的事情。

**最令我　難過的一件事**

- □ 弟弟搶走我的玩具，讓我很不爽。
- ☑ 弟弟搶走我心愛的玩具，媽媽不但沒出言制止，反而罵我不懂禮讓幼弟，我突然覺得自己不屬於這個家庭。

【說明】此事應主要表現出難過的情緒，而非「生氣」、「懷疑」……

### 問題＆思考

❶ 請問最令你難過的是哪一件事？

❷ 請問此事讓你鬱悶的癥結點爲何？因爲其中牽涉的人，談吐舉措令你不悅；還是整件事情的發展令你難以承受？

❸ 事情剛發生的時候，你的心情爲何？接著，隨著事件的推移，你的情緒漲跌如何變化呢？

❹ 最後，你用何種方法，排解掉這種低潮的情緒？

### 立意

❶ 情緒本就是抽象無狀，如何具體形容，且深刻表達出內心難過的情緒，必須多加著墨。

❷ 難過應是百味雜陳的情緒，隨著事件變化，心理層次必須有輕重緩急的改換。

❸ 現代人易怒易躁，須學習排解自己的負面情緒。因此，文章後段，必得把自己如何脫出難過情緒的「關鍵」、「方法」，一一詳述。

# 聯想心智圖

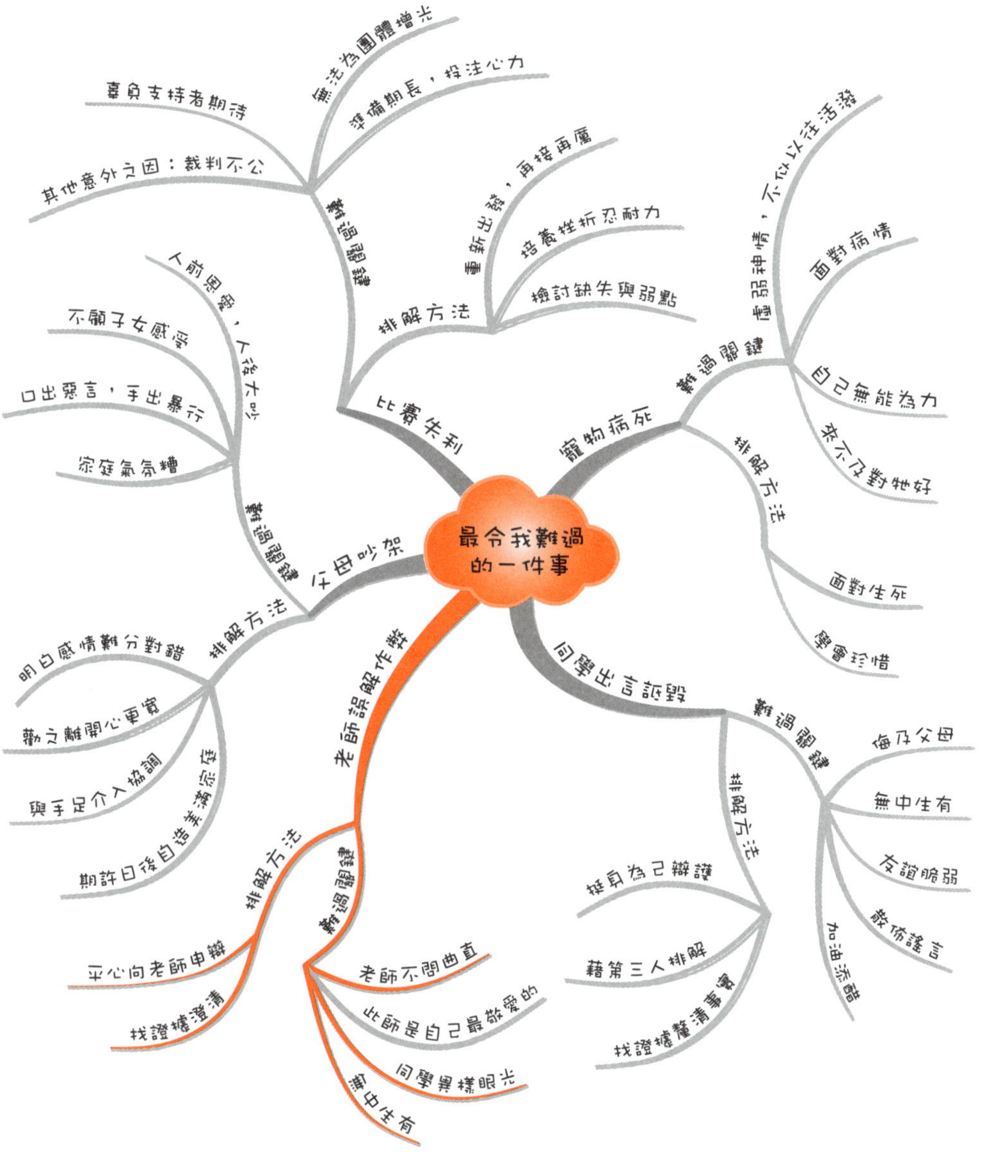
最令我難過的一件事
比賽失利
難過關鍵
無法為團體增光
準備期長，投注心力
辜負支持者期待
其他意外之因：裁判不公
排解方法
重新出發，再接再厲
培養挫折忍耐力
檢討缺失與弱點
寵物病死
難過關鍵
虛弱神情，不似以往活潑
面對病情
自己無能為力
來不及對牠好
排解方法
面對生死
學會珍惜
同學出言詆毀
難過關鍵
侮及父母
無中生有
友誼脆弱
散佈謠言
加油添醋
排解方法
挺身為己辯護
藉第三人排解
找證據釐清事實
老師誤解作弊
難過關鍵
老師不問曲直
此師是自己最敬愛的
同學異樣眼光
無中生有
排解方法
平心向老師申辯
找證據澄清
父母吵架
難過關鍵
人前恩愛，人後大吵
不顧子女感受
口出惡言，手出暴行
家庭氣氛糟
排解方法
明白感情難分對錯
勸之離開心更寬
與手足介入協調
期許日後自造美滿家庭

上色部份請參照P356教師範文

## 謀篇

**開頭：**可採倒敘法，先以自己痛哭難過的畫面情境導入文章。

**中段：**事情的始末＋情緒的起伏。

- 詳述事情初始，令你難過的關鍵。

  情緒：錯愕、愣住、憤怒、強裝鎮定、崩潰流淚……

- 事情發展。

  情緒：痛哭、絕望、失神……

- 尾聲與排解方式，如散步、談心、聽音樂、找出解決之道……

  事情圓滿解決的情緒：平靜、成長、傷痕仍在……

  事情尚待改進的情緒：學著堅強、遺憾……

**結尾：**詳述經過此事後，自己學習到什麼經驗？

**叮嚀：**

❶難過的情緒表現，可分為外在（表情、眼神、應對……）與內在。

❷外在表現，應加強視覺摹寫；內在情緒，需將之具體化（譬喻、轉化）。

## 教師範文

### 最令我難過的一件事

傍晚，暮光漸隱，我拖著沉重的腳步，悶聲不吭的走入家門。在廚房料理晚餐的母親，看見我無精打采的神情，順口詢問發生了什麼事？我胡謅一個上課疲憊的理由，搪塞過去，旋即走入房間。

坐在床沿，回想早上發生的事，仍覺冤枉。一張寫滿答案的紙條落在旁邊走道，老師走來，俯身撿起，質問是否是我的小抄，我極力否認，但老師不願相信，說是筆跡近似，而且我曾經犯過類似的錯。

我突然愣住，原來作弊的標籤一直牢固相隨，即使在我認錯之後。原來被汙染的靈魂，就永難漂白潔淨。老師取消了我的分數，連聲斥責，同學鄙夷的眼光紛紛投射過來，使我心情甚為低落。

再想到懲戒單上的返校打掃處分，更讓我激憤莫名，眼淚狂瀉而出，我搥打著牆壁，大喊紙條不是我的。母親似乎被我嚇了一跳，拍門詢問，卻不得其門而入。激動的情緒，耗竭了我的體力，身子蜷縮在被窩裡，依舊感到稀微寒意，我需要一些聲音，提醒我自己依然眞切的存在著。

按下音樂播放的鍵鈕，音樂從耳機傾訴出來，往昔隱約模糊的歌詞，此刻卻比什麼都來得清晰，裡頭滿是熱情與鼓勵、勸慰與安撫，漸漸安寧了我躁動的心情。倘若自問無愧，就無須在意，只是自己的聲譽，仍需澄清申辯。

我打開房門，把事情略述給母親知道，她說會嘗試向老師解釋，釐清真相，然後，給了我一個大大的擁抱。剛剛的憤懣，摧磨我的心魂，此刻的樂聲與擁抱，療慰我的傷痕。也許人生不如意事，繁如牛毛，懂得調節情緒，才是我們最需學習的課題。

## 詞彙鍛鍊

- 泣、噙淚、抽噎、凝噎、哽咽、嗚咽、啜泣、飲泣、啼哭、揮淚、漣漣、潸潸、唏噓、泫然、嚎啕
  - 老人昔日權傾一時，今日卻背駝蹣跚，拾荒為業，令人唏噓。
- 勃然、氣忿、髮指、嗔怒、憤懣、激憤、悻悻然
  - 面對老師的無理批評，同學皆感激憤，我們雖然不是人中之龍，但也絕非惹事生非的頑劣份子。
- 犯愁、抑鬱、鬱卒、惆悵、愀然、憂思、氣結、慟絕、慘然、悲愴、神傷、鼻酸、寡歡、哀戚
  - 自從弟弟出車禍後，母親便寡歡抑鬱，愁眉難展。只能祈求弟弟早日康復，才能使大家重拾笑顏。
- 頹廢、衰頹、黯然、委靡、沉淪、沮喪、氣沮、黯然、消極
  - 父親外遇，母親黯然離去，完好的家庭四分五裂，無法復原。
- 反感、厭憎、痛惡、鄙棄、嫌膩
  - 對於漫天彌地的流言，我感到深惡痛絕，毋須查證求真，大帽一扣，便能抓人入罪。
- 焦灼、煎熬、急躁、浮躁、煩亂、忐忑、慌張、失措
  - 當老師與校方正斡旋著我的去留時，焦灼的母親，頻頻想出聲為我申辯。

## 成語運用

- 深惡痛絕：厭惡、痛恨到極點。
  - 面對弟弟的卑劣行徑，連身為親人的我，也深惡痛絕。

• 怒不可遏：憤怒到不能抑制的地步。

➊ 看見妹妹一場糊塗的成績，爸爸先是怒不可遏的咆哮，然後又悲嘆子女難以成材。

• 義憤填膺：胸中充滿因正義而激起的憤怒。

➊ 看見同學被外校人士欺侮，我義憤填膺，立即聯絡警方前來處理。

• 意興闌珊：興致極爲低落。

➊ 爺爺過世後，奶奶變得意興闌珊，連最愛的歌仔戲也少看了。

• 五內如焚：五臟如被火焚燒一般。形容非常焦慮。

➊ 好友因溺水而送醫急救，我只能在病房外祈禱踱步，五內如焚，期盼他一切安好無虞。

• 涕泗橫流：形容哭得很傷心。

➊ 競賽失利後，運動員於場上涕泗橫流，怨嘆自己努力不夠。

小筆記

## 師生對照鏡

### 學生作品

# 最令我難過的一件事

王冠勛

大家都出發旅行了，卻只有我被排除在外，只有我被迫待在家裡，只有我流下傷心的淚珠，此時，我發覺他們離我好遠好遠。

一週前，大家還開開心心的討論著，車子的座位，房間的編排，小組的成員，旅遊的行程等，零零碎碎的事，大家還約好要玩到通宵，爲自己的中學生涯畫上最後完美的句點。可是，我都沒想到，我的夢境在一場棒球比賽中被無情的摧殘下，破碎了。

出校爭光，換來的只是身體的不便，以及心靈的空洞。只因爲我受傷了，導致一生無法痊癒的傷口，剝奪我去旅行的權利，這一切我該向誰求償呢？

出院後，我獨自一人在家，沒有熟悉的面孔來探望我，沒有要好的朋友關心我，沒有和藹的老師安慰我。因爲他們都去旅行，離我而去了，剩我孤獨的在屋子一角哭泣，心靈的匱乏，誰能彌補呢

【標點】用頓號較適宜。

【措詞】「夢境」【換句】為校爭光，改為「美夢」。

【換句】為校爭光，

【說明】此處的「傷心的淚珠」，第四段的「屋子一角哭泣」，皆單純用淚水表達內心鬱悶，淺淡不深入。

【疑問】傷口是指「身體」或內心呢？主詞應標明。

【段落】此段情感過於誇張。

【疑問】如何被「無情的摧殘」？應加強描寫。

【重複】此句意思，已與上段「心靈的空洞……該向誰求償呢？」重複。

【段落】此段「沒有……離我而去了」部分，蕪雜平凡。改寫部份，加上「偏激情緒」、「柔性追想」，更顯出自己的煎熬。

？我就彷彿行屍走肉般，無所事事過了這幾天。

大家回來了，而我卻無言以對，我們之間好像有一堵無形的牆，使得我們沒有話題，只能在旁聽他們述說旅行的美好。直到，他們對我說：「來！這是給你的。」這句話把我的一切鬱卒打破了，原來，他們沒有忘了我，還為我帶回禮物，使得這一切都值得了。

【說明】應先提及「聽見他們討論」，才感受到「無形的牆」。

【措詞】把我積累已久的鬱卒給打破了。

【段落】結尾稍嫌倉卒，沒有仔細處理。

## 總評

- 抽象的情緒，沒有以譬喻或轉化等修辭，使之具體生動。
- 情感浮誇，不寫實。

## 老師改寫

### 最令我難過的一件事

那天，從醫院返家後，便呆坐窗前，遙看著學校的方向，想像著遊覽車自校門魚貫而出，揭開了畢業旅行的序幕，同學們暫時掙脫升學的囚牢，快意流浪，我彷彿聽見他們的歡唱悅談聲，從車窗隙縫四處逸散。被迫在家養病的我，更覺孤立無依，同窗共硯，原僅咫尺之差，此刻卻似天涯之迢遙。

猶記數週前，我與摯友圍坐討論畢旅事宜，興高采烈，喧鬧不止。還私下計畫了一套夜遊行程，準備通宵狂歡，那麼苦悶的年少青春，總得留下一些精采的亮點，供未來追索尋味。可是，這美好的想望，在昨天的一場校際棒球賽中，徹底幻滅。當時，對方投手的一記觸身球，直往小腿擲來，我聽見喀啦一聲，像是骨頭碎裂的聲音，驟感劇痛，癱坐在地。

忽然，一個念頭竄升腦際：畢業旅行必須缺席了。我憤恨的眼神，直射對方投手，再多的抱歉與愧疚，都無法逆轉這遺憾了。我的臉色鐵青，雙拳緊握，重重往地上一捶，原想爲校爭光的我，竟硬生生地被剝奪旅行的權利，有誰能夠彌補我呢？

翌日出院，畢旅也已啟程，只有幾封躺在手機裡的冰冷簡訊，傳遞慰問之意，沒有任何熟悉的面孔前來探望。原來友情如此廉價，抵不上一場旅行——我偏激的咒罵著。我恍如被大家擱置拋棄，

【仿句】再多的……都無法……

【仿句】話中的……把我……

只能憑藉想像，尋索摯友的蹤跡。少了我的陪伴，他們是否略感寂寞？合照留影時，會發現少了張笑顏嗎？

千愁萬緒，在胸口翻攪著，眼淚流得緩慢，無法盡抒內心的煎熬。

三天就這樣過去了，我也若無其事的回到學校上課，聽著他們雀躍的討論旅程中的點滴，交換著一張張笑容燦爛的合照，我不禁黯然無言，我們之間好像有一堵無形的牆，硬狠狠的把我從他們身邊隔開。突然，一位好友徐徐走近，放了一個精美的手工製品，在我的桌上，說：「這是我們特地爲你買的，我們沒有忘記你喔！」話中的深情厚意，把我心裡的鬱結都解開了——原來，自己一直被珍惜惦念著。

這段令我輾轉難眠的回憶，就這樣結束了。逝者已矣，來者猶可追，後來朋友與我相約，大考結束後，再陪我重返南方國度，在星光都沉滅的夜半，秉燭共遊。

## 仿句練習

❶ **再多的**抱歉與愧疚，**都無法**逆轉這遺憾了。

❷ **話中的**深情厚意，**把我**心裡的鬱結都解開了。

## 精選佳句

❶ 面對它，接受它，處理它，放下它。（聖嚴法師）

❷ 只有阿麥，不說不笑也不動，佇立在角落裡，一亮一滅的香煙頭，像是藉以維持著生命力。層層煙霧中，是一雙被痛楚焚燒的眼睛。（張曼娟〈一條流動的星河〉）

❸ 這些年來，極脆弱的心靈日漸柔韌；即使受傷，復原能力也相當神速。（張曼娟〈呦呦鹿鳴〉）

❹ 逃避所有朋友善意的探詢、溫柔的安慰，彷彿內在的某些東西，特別寶貴的東西，正在死亡，而且，必須死得徹底，才不會痛苦。（張曼娟〈明月明年何處看〉）

❺ 有時候，笑比哭還要悲傷；有時候，哭比笑還要快樂。（《十句話・端木野》）

❻ 反正悲傷已經湧到喉頭，爲什麼不哭他一個天崩地裂。（《十句話・蕭蕭》）

❼ 忘憂，不代表無視於憂的存在，而是跟一條電線學習，偶爾停電一下。（《十句話・簡媜》）

❽ 哭泣的時候，我聽見自己被撕扯碎裂的聲音，然後，一擦乾眼淚，我又重新捏塑了另一個自己。（《十句話・朵思》）

## 相關類題

生氣的時候／我哭了

# 快樂

## 我的快樂來自○○

### 說明

據調查，現今的學生大多覺得壓力沉重。鋪天蓋地的升學壓力、身心遽變的青春期、變化渾沌的人際關係、迷茫失向的未來，一層一層的堆疊在你們身上，原應燦爛奪目的青春年華，頓時黯淡無光。

但生命總能找到出路。苦悶的人從寫作得到療慰，煩躁的人則四處行旅，覽觀萬里風光而神凝氣定。你覓求快樂的方式爲何呢？請以**「我的快樂來自○○」**爲題，分享滿溢的快樂。

### 審題

□拋開惱人的數學習題，我投入線上遊戲的爭鬥。

☑拋開惱人的數學習題，我攤開稿紙，準備醞釀一篇故事。

【說明】快樂的範圍，應爲「正向開朗」。

**我的　快樂　來自　○○**

【說明】儘量不要以課業成績爲內容，流於平庸。

□我的快樂來自鋼琴，彈琴時最令我愉悅。

☑我的快樂來自音樂，演奏時能抒感，放歌時能盡歡，聆賞時能澄慮，創作時能馳思。

### 問題&思考

❶請問你最大的壓力來源爲何？

❷請問你怎麼排遣壓力，從何處尋得快樂？

❸爲什麼你會將之視作最重要的快樂根源？

❹請問你當時所感受到的快樂，是輕若微風，還是熱烈如煙火？你可以用更具體的描述，來說明這抽象的情感嗎？

❺你覺得生活充滿負面思考，會產生什麼影響？反之，若是樂觀看世事，又會有怎樣的不同？

### 立意

❶必先提及自己主要的鬱悶原因，再敘述如何藉由○○，找到重拾快樂的方法。文章氛圍，應充滿「正向思考」的樂觀感覺。

❷快樂泉源可分以下數種：

- 人物：家人、朋友、孩子……
- 興趣：寫作、唱歌、跳舞、運動、旅行、電影……
- 環境：自然、家庭、海洋、山林……
- 事件：服務、分享、健康、成長、成功、失敗（反向思考）

第七章　心情　快樂

# 聯想心智圖

**我的快樂來源**

- **抽象**
  - 自我實現
    - 競賽成績傑出
    - 夢想與現實結合
    - 擺脫成績低落陰霾
    - 對未來充滿理想
    - 成就感
    - 投入才能深入
    - 找到生命價值
    - 自信、堅持
  - 失敗（反向思考）一帆風順時存敗
    - 極盛時存敗
    - 曾敗屢戰
    - 驚人勵志
    - 蘊藏驕銳之氣
    - 得到再充電的機會
    - 檢視自己之不足
    - 化為東山再起力量

- **服務**
  - 社區志工
  - 學校糾察
  - 慈善募款
  - 班務協助
  - 社區清潔
  - 醫院志工
  - 使同學行路安全無慮
  - 認識朋友，給弱勢族群歡樂
  - 習得幹部辦事經驗
  - 維護環境，感染偷勤
  - 帶來歡笑，溫暖空虛心房

- **知足**
  - 不與人爭，減少爭奪
  - 不怨天尤人
  - 不強求表現
  - 滿意現存所有
  - 禮讓惠與回饋
  - 珍惜並感謝
  - 知曉能力所及
  - 別人給予關愛
  - 更懂惜福

- **具體**
  - 寵物
    - 忠心護主
    - 值得驕傲
    - 可對生人
    - 特殊才藝
    - 模樣可愛
    - 遊戲互動
    - 親暱近人
    - 憐愛疼惜
    - 解悶消愁
    - 陪伴依偎
  - 田園
    - 無所偏私
    - 歡迎眾人
    - 不嫌人略
    - 枝草點露
    - 步調悠閒
    - 風景優美
    - 簡單規律
    - 豐富心靈
    - 出入作息
    - 無爭競心
  - 親人
    - 全家出遊
    - 訴苦傾聽
    - 傑出表現
    - 成長過程
    - 家庭氣氛
    - 溫暖陪伴
    - 撫慰創傷
    - 鼓勵讚賞
    - 指點迷津
    - 放鬆自在
  - 朋友
    - 運動
      - 汗水淋漓
      - 誦讀舒暢
      - 有益健康
      - 身體舒展
      - 團隊合作
      - 組織爭雄
      - 精神充實
      - 締造紀錄
      - 擅長運動
      - 挑戰自我
      - 抒發鬱結
      - 天賦所在
    - 上課筆談
    - 嬉遊打鬧
    - 比賽伴練
    - 同慶生日
    - 抒發心緒
    - 陪伴互動
    - 直言嚴評
    - 祝福珍視

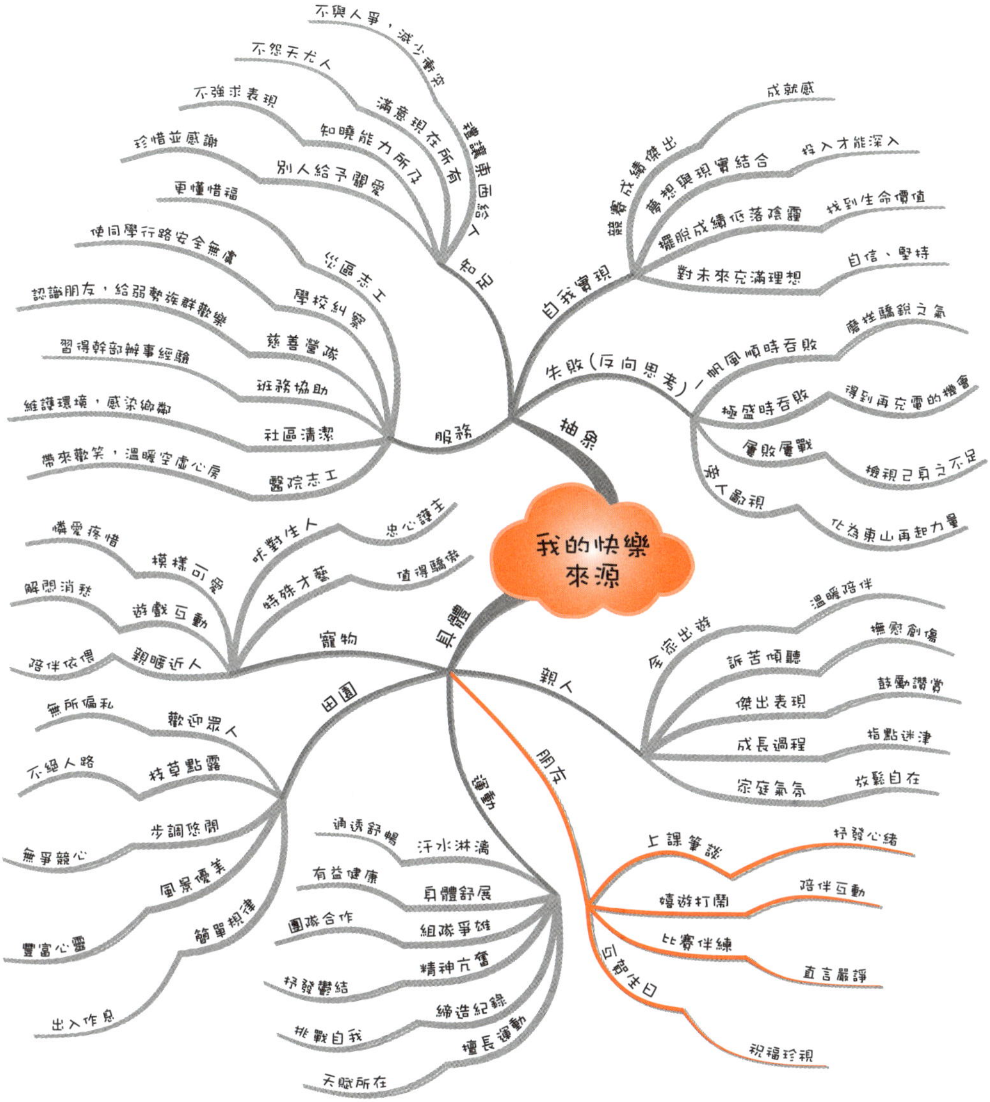


上色部份請參照P366教師範文

## 謀篇

**開頭：**開門見山，點出自己的快樂泉源——朋友。

**中段：**

➊描寫與朋友的互動。點出不同快樂感覺：談心、陪伴、嬉鬧。

➋描寫自己珍視朋友之因：家中唯一男孩。

**結尾：**希望友誼長存。

**叮嚀：**需要具體狀寫快樂的情感，並仔細分析，○○爲何會帶來快樂給你？千萬不可馬虎帶過。

## 教師範文

### 我的快樂來自朋友

每個人的快樂，都其來有自，或因親人的陪伴而洋溢幸福，或因投入喜愛的物事而感到滿足。而我的快樂，則是與同窗共硯的朋友，一同從稚嫩步向熟成。正因爲如此，我總是洋溢微笑，對於生活懷抱著希望，彷彿未曾遭逢憂患。

在悶熱的教室裡，老師在台上振筆疾書，我與鄰座的朋友便乘隙交換紙條，吐訴青春年少的怨愁。下課時，大伙也會圍聚成圈，高聲談笑，或是靠倚在走廊欄杆邊，向空中輕擲紙飛機，隨著它的乘風飛翔而驚呼，它的墜落迫降而嘆惋。若是一時興起，便在狹仄的教室中追逐打鬧，短短的下課時分，倏忽即逝。或許對朋友而言，這都是極無聊的片段，但對我來說，卻是極飽脹的喜悅。

因爲我在家中，經常是孤獨寂寞的。雖上有長姐，但因爲年齡差距及性別之分，也就很少談天互動。我像尾游居在空曠池塘的魚，當看見天光雲影的倒映時，只能獨觀，無法分享。所以每放長假，我就開始期待重返鬧熱喧騰的校園生活。

我也記得，在參加演講比賽的時日，他們每週撥了一晚的空檔，陪我習練，然後收起嬉鬧的心情，給予客觀有益的講評。雖然賽後成績極糟，但他們仍然煞有介事舉辦了一場慶功宴，肯定大家的努力。我們還能牢記彼此的生辰，互贈禮物和祝福，原本毫無意義的數字，此刻卻成了友誼的密碼，鎖住這一段美好的青春回憶。

【解釋】煞有介事：眞有這麼一回事似的。

臨靠畢業，我不禁憂忡煩惱，倘若失去他們的陪伴，我的天地定將陷入黑暗。只能希望在各奔前程後，我們都還能有所聯繫，定期歡聚。倘若斷了音訊，也能以過往的回憶爲薪柴，爲自己生火取暖。

## 詞彙鍛鍊

- 失笑、含笑、憨笑、竊笑、莞爾（微笑）、發噱（ㄐㄩㄝˊ）、絕倒、捧腹
  - → 她無厘頭的言論，與平日正襟危坐的模樣，截然不同，不禁令人絕倒。
- 喜悅、欣然、怡然、快活、雀躍、歡愉、舒暢、陶然、酣暢、開懷、歡樂、愜意、歡騰
  - → 當日出時，我欣喜於晨曦的燦亮；當雨落時，我陶然於天地的昏茫；當花開時，我雀躍於芳叢的馥郁；當你來時，我迷醉於伊人的笑顏。
- 抖擻、鼓舞、亢奮、昂揚、激越、起勁
  - → 聽見這首進行曲，我的精神便隨著鏗鏘的節奏激昂起來了。

## 成語運用

- 笑逐顏開：心中喜悅而眉開眼笑的樣子。
  - → 聽見自己得獎的消息，弟弟笑逐顏開，歡樂非常。
- 躊躇滿志：自得的樣子。
  - → 經過這段困頓的人生，我體悟許多道理，能夠躊躇滿志地迎對未來的挑戰。
- 如沐春風：如同沐浴在春風之中，和暖舒暢。
  - → 聽著他的勸慰與開導，我心中的積雪融盡，彷若受到春風的沐洗。
- 海闊天空：心胸開闊或心情開朗。
  - → 在紛擾過後，我重新爬梳自己的心情，希望回到工作崗位時，一切都已海闊天空。
- 如釋重負：比喻責任已盡，身心輕快。
  - → 打架事件落幕後，讓我如釋重負，不必再承受師長的苛責。
- 忍俊不禁：忍不住的笑。
  - → 看見網路上的留言，各種奇聞謬論層出不窮，越看越令人忍俊不禁。
- 喜出望外：因意想不到的喜事而特別高興。
  - → 接到錄取通知，我喜出望外，對天空嘶喊了好幾聲。
- 不亦樂乎：喜悅、快樂。
  - → 溽暑之際，剖瓜大啖，肉甜汁涼，不亦樂乎？

# 師生對照鏡

## 學生作品

### 我的快樂來自朋友

王冠勛

有人的快樂是源於家庭，有人的快樂是源於職場，而我的快樂是來自朋友。

當上課枯燥時，①身旁總會冒出幾句引人發笑的言詞，②把我從乏味的課堂中，拯救出來，③偶爾還會做出許多怪異的舉動，④招來哄堂大笑，⑤他們帶給我歡笑，⑥帶給我快樂，他們就是我獨占的開心果。

當我考試考差了，心情陷入谷底時，他們總出現在我面前，起初，冷嘲熱諷少不了，但最後卻被他們的滑稽言語給欺騙了，又回到原本的喜悅、快樂。

他們的笑容也是令我快樂的一大利器，每當見面時，看到他們的笑容，總不忍說出什麼不快樂的話語，時間一久，在他們的笑容下，我的快樂必自然表露無遺。

【疑問】職場多讓人覺得「疲憊」。

【段落】此段粗泛的說快樂來自何處，卻未點出讓人感到快樂的關鍵。

【刪改】此句應加入主詞→朋友總會冒出幾句……

【重複】①＋②與③＋④句義相似，有重複冗雜之感。⑤與⑥亦是如此。

【換句】但最後卻被他們的滑稽言語給逗笑

【刪改】此處的「冷嘲熱諷」，讓朋友有刻薄之感，宜略去。

【段落】此段應改成考試失誤，「溫馨陪伴」。否則會與第二段「我低潮，友說笑」重複。

【措詞】「不忍」指不忍心，似乎不適合放於此處。

【標點】。

【段落】二～四段都是「我低潮，朋友說笑，讓我開心」稍嫌單調。且此段偏屬感想，適合後移，讓「打球」的敘事段前移。

平常，無所事事時，大家偶爾會相約，一起出去打打球，在球場上一同揮灑汗水，時而互相切磋，看看彼此的實力。時而互相合作，一起對抗不同的隊伍，在球場上的快樂最令我難忘，往往一轉眼功夫就過了。

【標點】。

【標點】：

【疑問】缺少主詞。可改成：「一場球賽」往往一轉眼功夫就過了。

朋友能帶給我快樂，在枯燥中給我歡笑，在傷心時給我安慰，在球場上給我力量。我一切的快樂全都來自朋友。

【段落】此段觸點到前文所述及的概念，有回顧與強調的效果。

## 總評

- 敘事不夠深入，點到為止，無法讓文章營造出喜樂之感。
- 「快樂」一詞，充斥全文，欠缺變化。應以不同手法，表現快樂情緒，如下所示：

❶ 有人的快樂是源於家庭→（換句話說）有人從家庭中，找到幸福的源頭。

❷ 他們帶給我歡笑，帶給我快樂→（譬喻、轉化）朋友如同甘霖，滋潤了即將乾枯的我。

## 老師改寫

### 我的快樂來自朋友

有人從家庭中，找到幸福的源頭；有人在工作裡，尋得成就與自信；而我最大的喜悅和滿足，則是來自朋友的陪伴。

【修辭】三階段排比。前兩階段應「抽換辭面」以避重複，最後階段可變化句型，以求新奇。

每當教室沉悶無趣，老師的聲音平板如念經時，身旁的友人，便會隨意說出幾句令人發噱的言詞，又或是做出許多幼稚搞笑的舉動，逗得我忍俊不已。我便如即將枯槁的草木，忽逢甘霖滋潤，瞬時甦活過來。

【解釋】忍俊不已：忍不住的笑。

當我考試失常，心情跌墜谷底時，他們會刻意前來陪伴，散一段長長的步，然後誠懇的勸慰：「下次第一名就是你的了。」或是帶著一堆書，拉我上圖書館勤讀，督促我的怠懶。於是原本消沉的心，被朋友鼓舞振奮後，立即豁然開朗，像是飛蛾破繭，鳴蟬蛻殼，重拾面對挑戰的勇氣。

他們也是我的最佳戰友。閒來無事時，大伙便會相約打球。時而互相切磋，較量彼此的實力；時而結隊合作，力抗不同的對手。馳騁於球場時，我發覺彼此的靈魂是多麼契合，進攻協防，極有默契的呼應著，讓人無法覷隙進擊。我們各是拼圖的一枚片段，缺漏其一都是遺憾。

【仿句】時而○○○○，……；時而○○○○，……。

我格外迷戀他們的笑容，像是暖暖春陽，可以把所有冷硬消融軟化。即使我臉臭如糞，這些朋友啊，總能把我逗弄開懷。我永難忘記，**他們在枯燥中給我歡笑，在傷心時給我安慰，在球場上給我力量**——他們是我最豐沛的快樂泉源，不饒不歇地澆灌我的生命。

【仿句】在○○○給我○○，在○○○給我○○，在○○○給我○○。

## 仿句練習

❶ **時而**互相切磋，較量彼此的實力；**時而**結隊合作，力抗不同的對手。

❷ 他們**在**枯燥中**給我**歡笑，**在**傷心時**給我**安慰，**在**球場上**給我**力量。

## 精選佳句

❶ 世上所有的悲傷與痛苦，都來自希望自己幸福；世上所有的愉悅與快樂，都來自希望別人幸福。

❷ 先爲別人的快樂著想，是聖人；先爲自己的快樂著想，是凡人；使別人不快樂，自己也不快樂的，是笨人。

❸ 一個對這個世界沒有微笑的人，對自己也是沒有微笑的。（《十句話‧季季》）

❹ 走出電影院的時候，我發現看這場電影的觀眾都是一臉笑意，腳步輕盈。我連日的疲憊與煩悶，就這樣被一場電影療癒了。（凌性傑《美麗時光‧十一月》）

❺ 我聞到了（白松露）之後，眞的就像中邪一般，眉開眼笑而不知如何自制。（凌性傑《美麗時光‧十一月》）

❻ 快樂是一種等待的過程。突然而來的所謂「驚喜」，事實上叫人手足無措。（三毛〈快樂〉）

❼今年夏末，我們成了「幾家歡樂」之一了，陰霾已過，全家洋溢著喜悅，親友的道賀聲紛紛湧至。〈鍾麗慧〈明年再來！〉〉

❽我喜歡這條小路。花開的季節，固然五彩繽紛，小粉蝶逡巡其間，捨不得離去；平常時候，他們恣意地成長，葉子迎風飛舞，他們都是快樂的樹啊！我舉目四望，一片盎然的生意，益發覺得生活裡縱有愁苦挫折，祇要心中有希望，就會有美麗的明天。（涵〈惜情〉）

❾記不得有多少個星期假日，我們闔家投身戶外，坐在運河的渡船裡，因新奇而雀躍的孩子們，一會兒指著船尾長長的水帶，一會兒又對外海返航的漁船歡呼，儘管運河的水是黑黝黝的，我卻因而泛起對故鄉小河的聯想，而感到無比的親切。（徐意藍〈那段難忘的日子〉）

❿她的笑，生動了我們苦難的生活，她的笑，使我忘記了命運的災難，這雖是極短暫的一瞬，可是，掌握我一切幸福的妻，現在所賜我的一點點，勝於富裕環境裡給我她的所有。〈文奎〈妻的微笑〉〉

**相關類題**

令我興奮的一件事／讓內心充滿快樂，使社會洋溢溫情／快樂的泉源／我最快樂的一件事／快樂的一天／微笑／喜悅的時刻

# 凝思

# 傾聽心裡的聲音

## 說明

有時候，我們容易變得茫然失措。父母的關懷指導，束縛我們躍動的青春；老師的嚴斥深責，使我們驚顫畏退；同學的嬉引鬧誘，鼓動起我們輕浮的玩興；媒體的渲染報導，汙濁了我們單純的想法。

能不能閉起所有感官，使心靈澄亮明澈，返溯萬事的初衷，辨析紊亂的思路。請以**「傾聽心裡的聲音」**爲題，從書寫中，讓自我心聲變得清晰而深刻。

## 審題

- □ 我認爲自己已經遭遇瓶頸，無法突破。
- ☑ 我聽見一個聲音，嚴肅的提醒著：你近日表現，僅是原地踏步，毫無任何改變。

【說明】題目給你的時間定義，必須弄清楚。

**傾聽　心裡的聲音**

【說明】應以「自我省思」爲範疇，非「無厘頭的搞笑」或「恣意的謾罵」。

- □ 被朋友出賣後，我在心裡暗暗的咒罵他，以後出事就別來找我。
- ☑ 我想到友誼的崩裂，如此迅速決絕，讓我對人性產生了強烈的質疑……

## 問題&思考

❶ 現在的你，對那一件事情，產生了困惑、質疑、煩惱、期待等情緒？

❷ 若心情是困惑、質疑、煩惱的，請問你關注的癥結點爲何？

❸ 若心情是期待的，你又會擔憂過程中發生哪些突發狀況？

❹ 整個想法的思辨過程，順利或是曲折？又帶給你何種感受或啓發呢？

❺ 最後，針對此事，你的結論爲何？

## 立意

❶ 思辨過程中，一來一往、一正一反、一問一答的層次越多，所能觸發的想法、激盪的情緒便會增強。

❷ 整個思辨過程，應有助於釐清原本紛亂的理路。千萬不可在文章中後段，繼續呈現紊雜的想法。必須針對此事，提出一個肯定的結論。

# 聯想心智圖

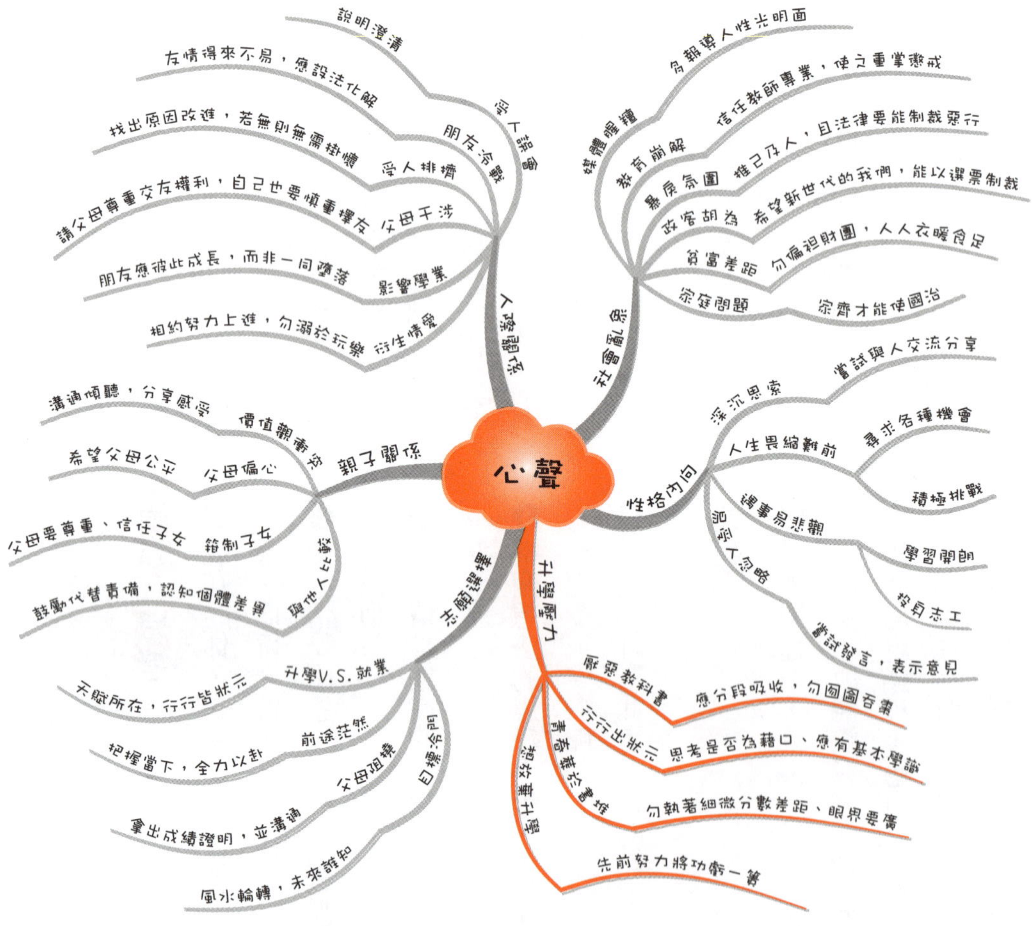

心聲
人際關係
受人誤會
說明澄清
朋友冷戰
友情得來不易，應設法化解
受人排擠
找出原因改進，若無則無需掛懷
父母干涉
請父母尊重交友權利，自己也要慎重擇友
影響學業
朋友應彼此成長，而非一同墮落
衍生情愛
相約努力上進，勿溺於玩樂
社會亂象
媒體腥羶
多報導人性光明面
教育崩解
信任教師專業，使之重掌懲戒
暴戾氛圍
推己及人，且法律要能制裁惡行
政客胡為
希望新世代的我們，能以選票制裁
貧富差距
勿偏袒財團，人人衣暖食足
家庭問題
家齊才能使國治
親子關係
價值觀衝突
溝通傾聽，分享感受
父母偏心
希望父母公平
箝制子女
父母要尊重、信任子女
與他人比較
鼓勵代替責備，認知個體差異
性格內向
深沉思索
嘗試與人交流分享
人生畏縮難前
尋求各種機會
積極挑戰
遇事易悲觀
學習開朗
投身志工
易受人忽略
嘗試發言，表示意見
志願選擇
升學V.S.就業
天賦所在，行行皆狀元
前途茫然
把握當下，全力以赴
父母阻撓
拿出成績證明，並溝通
目標冷門
風水輪轉，未來誰知
升學壓力
厭惡教科書
應分段吸收，勿囫圇吞棗
行行出狀元
思考是否為藉口、應有基本學識
青春葬於書堆
勿執著細微分數差距、眼界要廣
想放棄升學
先前努力將功虧一簣

上色部份請參照P375教師範文

**謀篇**

**開頭：**以情境畫面入題，拈出文章重點——升學壓力。

**中段：**提出心裡疑惑，並對之釋疑。

➊快樂閱讀變痛苦→因臨時抱佛腳。

➋升學壓力反增添→因自我要求高→建議別斤斤計較分數。

➌青春埋葬書堆中。

**結尾：**鼓舞起自己的鬥志。

**叮嚀：**對問題的質疑須切入要點，爲自己解答蒙昧的說法，要言之成理。

**教師範文**

## 傾聽心裡的聲音

深夜，我獨對幽燈，伏桌苦讀，睡意與意志力拉扯碰撞，煎熬著我的靈魂，滿腹牢騷，無處可宣。往窗外看去，偶有幾扇窗戶瑩亮發光，在夜裡清晰可見，想來也是年紀相仿的朋友，正爲明日的考試作準備。

我突然深感沉重無奈，島上的年輕學子，總是被升學制度壓得難以喘息，肆恣的狂笑消聲歛息，飛揚的夢想瞬間折翼。我皺眉嘆息，苦水滿腹：閱讀不是件令人愉悅的事情嗎？爲何我總如此疲累？今日升學管道暢通，即使成績低劣，依然有學校可供落腳，爲何我要如此認眞呢？行行出狀元，爲何我要把青春生命埋葬在書堆中，像尾奄奄一息的泥塗之魚？

夜更深了，街頭的燈又熄了幾盞。此刻自我怨艾的心裡，卻如同春雷乍響，迴盪著一句話：態度，決定了你的高度。我驚覺抱怨與愁悶，並不能提升自己的境涯，反而將自己逼入仄巷，難有成就。

仔細審視自己的困局，我發現自己的疲憊，多源於平日的怠懶，將可堪細細玩味的書籍，強迫自己在短時間吸收，無怪乎會難以消化，身心俱倦。

而責任感的強烈驅使，讓我對任何挑戰都全力以赴，證明自己求學生涯並無虛耗，期許成績能讓有目者都能共睹。但執著於此微的分數加添，似乎毫無意義，有更浩瀚美好的天地，待我拓尋。

幾番追問後，心中湧現靈光如星輝，照亮了我的昏昧，釋解了我的質疑。

我已投注無數心力，直驅自己昔日所設定的目標。我深信此刻犧牲享受，明日定能享受犧牲，如果為了偶生的牢騷而棄守，不就功虧一簣，枉費自己曾流的汗水。

探掘知識便如挖取寶礦，能使生命價高豐盈。思量之後，意志力戰勝了睡意，抱怨也因此煙消雲散，我重新打起精神，繼續鑽研學問，我知道身受其利的，永遠是自己。

## 詞彙鍛鍊

• 考慮、忖度、推敲、琢磨、剖析、斟酌、揣摩、辨證、沉思、冥想、反芻

→ 是否繼續升學，父母並無任何強迫。只提醒我要反覆斟酌，不要倉卒決定。

• 論定、推斷、印證、證實、應驗

→ 此事孰是孰非，不可輕易論定，否則對雙方都會造成傷害。

• 曲解、誤判、錯勘、傳聞、駁斥

→ 我曲解了老師的善意，反而對他高聲回嗆，此刻我懊悔萬分，深感抱歉。

• 臆測、猜疑、迷惘、納悶、蹊蹺、狐疑、多心

→ 關於我錢包的去向，鄰座朋友的說辭反覆，讓我不免有所猜疑，會不會是他偷走的？

• 抒發、表露、顯露、表明、體現、意會

→ 他心裡的感受，從未表露於面龐，總是合宜的微笑，合宜的問候每一個人。

• 感觸、獨白、感想、膚受

→ 那一篋詩篇，便是我對這美好夜色，讚嘆陶醉後的獨白。

## 成語運用

• 深思熟慮：仔細而深入的考慮。

→ 成年之後，他變得深思熟慮，不再像幼時一樣莽撞。

• 疑信參半：對某事抱有懷疑的態度，無法盡信。

→ 經過此一教訓後，我痛下悔悟，絕不再虛擲自己人生。但朋友疑信參半，不敢盡信。

• 眾說紛紜：各式各樣的說法紛亂不一致。

→ 此事眾說紛紜，我心想，最好還是噤聲不語，才不會招惹禍端。

- 心懷鬼胎：心中藏有不可告人的念頭。
  - 身為孤臣孽子，不免要心懷鬼胎，才能在險惡的世局中，全身而退。
- 如坐針氈：比喻心神不寧，片刻難安。
  - 外面狂風驟雨，父親卻尚未返家，我如坐針氈，不斷到窗口窺望，希望他一切安好。
- 無地自容：無處可以藏身。形容羞愧至極。
  - 對於他的指責，我真是無地自容，畢竟，是我做得太過逾矩了。
- 百感交集：各種感受混雜在一起。比喻思緒混亂。
  - 回顧往事風煙，我一時百感交集，畢竟青春難返，友誼也無跡可尋了。

小筆記

學生作品

## 傾聽心裡的聲音

廖則穎

每一個人對未來會發生的事，都有著許多的疑惑。但對未來要走的路，這便是個人可以決定的。

【段落】段前、段後意義難以銜接。

上了國三，老師要我們選擇自己適合的高中。這時我思考了一下，發現從小到大我未曾認真想過，我要就讀哪所高中，更別說是大學的科系，或未來的工作了。

回到家後，我躺在床上，開始凝思。以前長輩們常問我，長大以後想當什麼？我總回答想做個對社會、環境有貢獻的人。但要如何具體的做到呢？這時腦海中浮現出許多古今中外的偉人。有的是發明家，有的是音樂家，不管是什麼職業，他們都擁有一些相同的特質。他們喜愛自己所做的事，而且將它淋漓盡致的發揮到這上來。

【疑問】後面也未談論到「如何具體做到」。

回到我自己，想想什麼是一件有用而且我感興趣的事？突然，

【疑問】對社會、大自然有貢獻，不一定要朝此目標走。結論過於武斷。

①我想到了之前科學展覽時，我做實驗的情景。③我知道了，做實驗和研究便是一件適合我的事。而且想要對社會、環境有貢獻，便可以朝向一個自然環境研究的目標向前走啊。

這時想到我未來的路，我十分的開心。我相信只要了解自己所愛的，懂什麼事對自己有利的。那我想，找到屬於自己未來的路，一定不會太艱難。

【換句】確立了自己未來該走的路，原本閉鎖的心，豁然開朗。

【段落】說得太過虛泛。參考改寫範文所述。

【說明】思緒的推演，應是①想到②思辨評斷③知道自己適合。但此處並未提到②思辨評斷的過程。

## 總評

- 自己的心理思辨，處理得不夠詳盡。

## 老師改寫

### 傾聽心裡的聲音

每個人的一生，都會存在許多選擇，或許對之存疑，或許對之成竹在胸，但在仔細思辨之後，最終必得做出決定，無論崎嶇或是坦途，都得昂首闊步，往自己的未來走去。如今，我又面臨這樣的取捨。

【仿句】但……必得……，無所謂……或……

升上國三，老師要我們仔細深思高中或高職，公立或私立，哪一間學校才是自己適合的學習環境？這才發現，往昔稚嫩的自己，從未思索過這個問題。更別說之後的大學科系、安身立命的工作職業，對我來說，都是一片迷茫。

但人生必得往前續航，無所謂靜止或逆溯。猶記那天回家後，我仰臥在柔軟的被窩中，凝神細思，我到底要成爲怎樣的人？怎樣做才能成爲一個對社會有貢獻的人呢？我突然想起了雲門舞集的林懷民，美國職棒的王建民，搜救災民的佳暮三英雄……，他們的職業各異，帶給人心的豐盛感動卻是相同的，他們熱愛自己的工作，惜視自己的天賦才能，因而締造了極高的榮耀。

反思己身，我曾經做過什麼有興趣又深具意義的事情呢？①我腦中突然湧現先前研究科學展覽的主題時，耗盡心力鑽研的畫面。②反覆的實驗與修正，我非但不覺煩躁，反而發憤忘食，樂以忘憂，憑藉著自己靈動的思考，一一破疑解惑。這才發現，原來，理性的分析、精準的研究，都是我所具備的天賦特質，只是被太多死記

【仿句】我非但不覺……，反而……，……

【說明】①想到②思辨評斷③知道自己適合

硬背的課程，搞壞了學習的胃口。

③眼前的迷茫朦朧，頓時消散殆盡，我隱隱感覺到，自己的血液，正在沸騰燃燒著。

如果你也跟我一樣，對未來懵懂失向，請你定要沉靜思慮，側耳傾聽來自心裡的聲音，了解自己的特質性向，選擇自己所擅長的工作來努力，那麼，你定可以走出一條屬於自己的光明道途。

## 仿句練習

❶ 但人生**必得**往前續航，**無所謂**靜止**或**逆溯。

❷ **我非但不覺**煩躁，**反而**發憤忘食，樂以忘憂。

## 精選佳句

❶ 然而，在許多場合裡，仍會特別注意到沉默的年輕人。年長的緘默，可能是洞悉世事人情以後的豁達恬淡；年少的緘默，很多時候只是禁錮著掙扎的靈魂，強自抑制。（張曼娟〈當時年少春衫薄〉）

❷ 我的白鳥不是凍死的。我知道。牠曾擁有很多愛；而後又失去全部的溫柔。牠的死亡，緣於心碎，緣於我的疏忽。我的錯，究竟是在後來停止我的愛；或是在開始，付出太多的愛。（張曼娟〈心碎的白鳥〉）

❸你感到孤絕，因爲沒有人可以與你分擔心中的隱痛，你得自己背負著命運的十字架，踽踽獨行下去。（《十句話・白先勇》）

❹我卻因此陷入沉思，這是一個多麼好的啓示，人的眼淚是有世界性的，既然投生爲人，就必然會傷心，必然會流淚。有許多號稱從來不流淚的人，只不過是成人以後的自我壓抑，當遇到眞正傷心的時刻，或者眞心懺悔的時候，或是在無人看見的地方，還是會悄悄落下傷心之淚。（林清玄〈愛水〉）

❺有一種慾望，是那樣奇異地牽引著我。焦慮而不安地牽引著我。冰封的心，緊張地想要爆裂，幾乎是一種接近愛戀的情緒。到了中年以後的歲月，能夠保持如此強悍的欲望，應該是值得祝福的事吧。慾望太大，而時間苦短，是我回到學院以後的最深感受。（陳芳明〈鐘聲向晚〉）

**相關類題**

心裡想說的話／我們青少年的心聲／深夜靜思／惑／成長的喜悅與煩惱／成長中的喜悅與煩惱／我的煩惱／我想說的話／反躬自省

國家圖書館出版品預行編目資料

用心智圖寫作文【修訂版】／施翔程著.—— 二版.
—— 臺中市：晨星出版有限公司，2025.06
384面；16.5×22.5公分.——（Guide Book；333）

ISBN 978-626-320-896-4（平裝）

1. CST：漢語教學 2. CST：作文 3. CST：寫作法
4. CST：中等教育

524.313 113010031

Guide Book 333

# 用心智圖寫作文【修訂版】

## 會考、學測、統測拿高分祕笈

作者 施翔程
編輯 劉冠宏、余順琪
校對 余思慧
封面設計 耶麗米工作室
版面設計 李京蓉
內頁排版 林姿秀

創辦人 陳銘民
發行所 晨星出版有限公司
407台中市西屯區工業30路1號1樓
TEL：04-23595820　FAX：04-23550581
E-mail：service-taipei@morningstar.com.tw
http://star.morningstar.com.tw
行政院新聞局局版台業字第2500號

線上讀者回函

法律顧問 陳思成律師
初版 西元2011年07月15日
二版 西元2025年06月01日
讀者服務 TEL：02-23672044 / 04-23595819#212
FAX：02-23635741 / 04-23595493
E-mail：service@morningstar.com.tw
網路書店 http : //www.morningstar.com.tw
郵政劃撥 15060393（知己圖書股份有限公司）

印刷 上好印刷股份有限公司

定價 420 元
（如書籍有缺頁或破損，請寄回更換）
978-626-320-896-4

Published by Morning Star Publishing Inc.
Printed in Taiwan